바둑  사전 시리즈

사활의 기본 유형을 체계적으로 정리하여 길잡이 역할을 하는 공통사활사전!

공통사활 新 사전

04

양재호 九단 해설

BM (주)도서출판 성안당

머리말

바둑은 어쩔수 없이 승부다. 승부가 바둑의 전부라고는 말할 수 없지만, 승부를 빼고 바둑을 논하는 것은 무의미하다. 바둑이 승부라는 말은, 바둑은 사활이라는 말과 같다. 사활(死活)은 바둑의 처음이자 마지막이다. 알파요, 오메가다. 바둑을 처음 배울 때 무엇을 배우는가. 상대의 돌 하나를 포위해 따먹는 것부터 배운다. 사방을 둘러싸 따먹으려고 하고, 포위당해 따먹히지 않으려고 달아난다. 그것이 곧 사활이다. 따라서 바둑은 사활로부터 시작된다.

바둑은 궁극적으로 집의 많고 적음을 다투는 게임이지만, 집이란 결국 삶의 터전이다. 살기 위해서 집을 짓는 것이고, 집이 없는 돌은 죽는다. 집을 짓기 위해 사는 것이 아니라 살기 위해 집을 짓는다. 계가(計家)는 누가 더 많이 삶의 터전을 확보했느냐를 헤아리는 행위이다.

우리 룰이나 일본 룰에서는 집수만을 헤아려 승부를 가린다. 그러나 중국 룰의 계가에는 집수와 함께 바둑판 위에 살아 있는 돌의 숫자가 전부 합해진다. 그런 의미에서는 중국 룰이 우리나 일본 룰보다 합리적이며 바둑의 본질에 접근하는 것이라 할 수 있다.

바둑을 두다 보면 큰 곳을 놓쳐 대세를 잃는 수가 있다. 급한 곳을 빼앗겨 비세가 되는 경우도 있다. 그래도 대세는 만회할 수가 있고, 비세에 처했다 하더라도 참고 기다리다 보면 기회는 또 온다.

그러나 사활은 결정적이다. 더구나 그것이 대마인 경우에는, 대마의 죽음은 곧 패배이다. 만회할 시간이 없고, 참고 기다릴 여유가 없다. 대마의 사활이라고 해서 특별한 것은 없다. 대마의 사활과 소마(小馬?)의 사활이 다른 것은 아니다. 두 집이 나면 사는 것이고, 두 집이 없으면 죽는 것이다. 모든 사활은 그것의 연장이며 응용이다. 바둑의 여러 부분 중에서 특히 사활의 기초가 중요하다고 하는 까닭이 여기에 있다.

사활은 크게 분류하여 궁도에 관련된 사활과 맥에 관련된 사활로 나눌 수 있는데, 일반적으로 취급하는 사활은 궁도 사활에 해당하기 때문에 궁도를 이루는 급소의 개념을 알고 그 수순을 조합하는 요령을 아는 것으로 기본적인 사활은 해결되는 것이다. 형세판단과 같은 추상적인 개념과는 달리 사활은 엄격한 룰이 지배하는 것이기 때문에 실력의 고하를 막론하고 죽고 사는 것이

뒤바뀌는 법은 없다. 따라서 엄밀히 말하면 묘수풀이 역시 사활의 밤주를 벗어나지는 못한다고 보아야 할 것이다. 대개의 경우 묘수풀이도 실전의 사활에서 얻은 아이디어를 가공하여 만들 수밖에 없기 때문이다.

이 책은 바둑을 배우는 누구나 공통적으로 거쳐야 할 사활의 기초와 중급 수준까지의 응용을 다루었다. 사활을 다룬 책은 이미 나와 있는 것만 해도 수백 권에 이르는데, 이 책은 그것들과 구별되는 한 가지 뚜렷한 특징을 갖고 있다. 사활의 온갖 형태를 유형별·계통별로 일목요연하게 체계화한 것이다. 똑같은 모양이라도 공배 하나가 있고 없고에 따라, 돌 하나가 바둑판의 제1선에 젖혀 있느냐 아니냐에 따라 사활의 천국과 지옥은 갈라지는 법인데, 똑같은 모양이라고 경솔히 판단해, 가일수를 해야 할 곳에서 손을 빼거나, 손을 빼도 무방한 곳에서 가일수를 한다면, 그래서 대마를 잃거나, 잡을 수 있는 돌을 살려 주어 바둑을 망친다면 … 이 책은 그런 허망함에서 벗어나는 정확한 길잡이 역할을 해 줄 것으로 믿는다.

사활의 훈련은 수읽기의 힘을 기르는 가장 빠르고 확실한 방법이다. 사활의 체계를 잡으면서 수읽기의 힘을 저절로 키울 수 있으니 일거양득이 아닐 수 없다. 또 이 책은 사활을 단순한 문제풀이의 차원에서 접근하지 않고, 사활의 형태가 나타나기까지의 과정을 보여 주고 있다. 그것은 또 다른 재미이며, 과정의 공부는 추리력 향상을 위한 최적의 훈련이 된다. 독자 여러분 자신이 어느 순간에 이르면 스스로 실감하시게 되리라 믿는다.

이 책은, 초보에서 중급 수준의 응용까지를 다루었다고 했는데, 사실은 아마추어로서는 고수(高手) 소리를 듣는 세칭 1급 기력(棋力)의 소유자들 중에도 사활을 이런 식으로, 유형별로 체계적으로 공부한 사람은 의외로 드물다. 따라서 고급자들도 이 책의 일독은 기력을 다지고 강화하는 데에 큰 도움이 될 것이라고 생각한다. 튼튼한 기초는 무한한 향상을 보장하는 법이다.

끝으로 이 책의 출판을 허용해 준 도서출판 업투(옛 탐구원) 여러분에게 감사드리며, 바둑팬들의 건승을 기원한다.

양재호

차 례

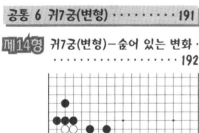
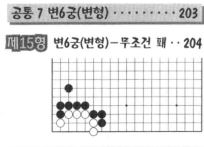
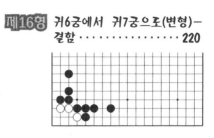

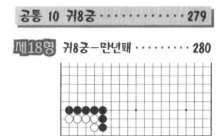
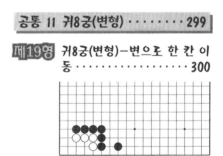
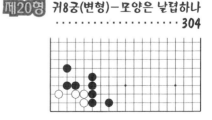

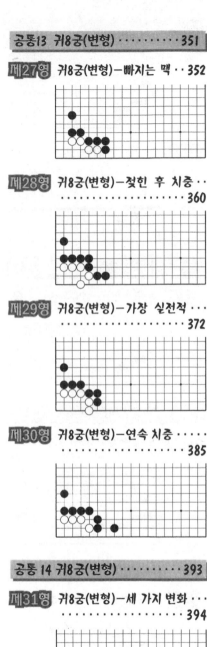

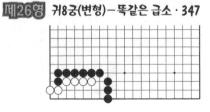

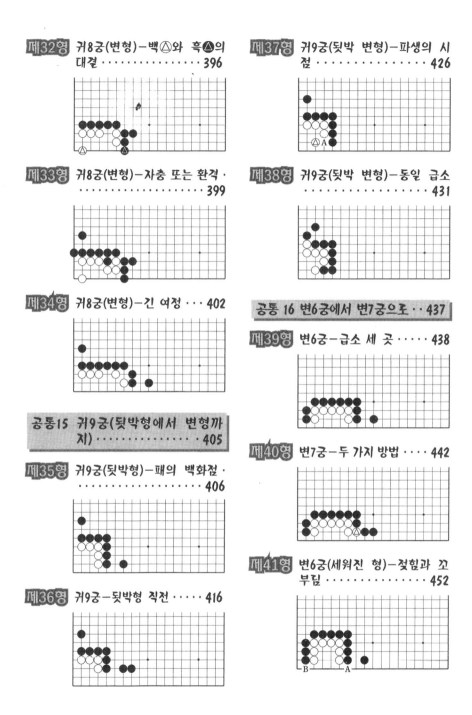

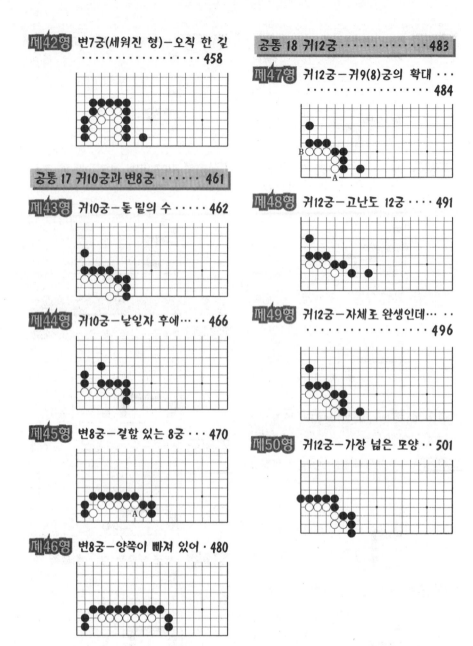

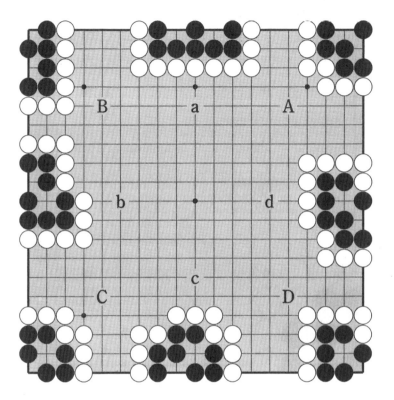

귀3궁과 변3궁이란 3궁의 가운데에 두어 독립된 두 개의 눈을 확보함으로써 사는 모양을 말하며 위의 그림들은 모두 기본형이다. 그 중 가장 적은 돌로 살 수 있는 모양은 위에서 보듯 귀에서 6개, 변에서 8개가 필요하다. 또 중앙에서는 10개가 필요하지만, 여기서는 응용이 가능하므로 생략하기로 한다.

귀와 변에서 만들이지는 가장 기본적인 형태는 위의 그림들처럼 귀와 변 각각 4가지 형태가 전부인데 **그림 C**와 **그림 D**는 사실상 동일한 것이므로 귀의 모양은 3가지가 되고, **그림 b, c, d**도 동일하므로 변의 모양은 2가지가 된다.

귀3궁-'1의 1'이 급소

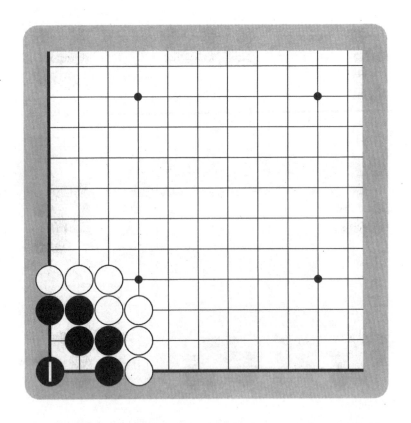

　이 모양은 흑1로 두어 '2의 1' 두 곳에 눈을 확보하여 사는 모양이다. 이 모양에서 기억해 두어야 할 사항은 이런 모양이 만들어지는 과정 중에 '귀곡사'나 패를 조심해야 한다는 점이다.

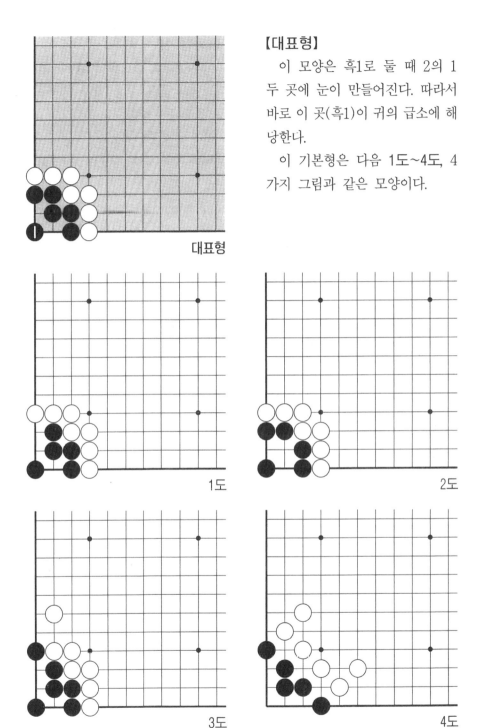

【대표형】

　이 모양은 흑1로 둘 때 2의 1 두 곳에 눈이 만들어진다. 따라서 바로 이 곳(흑1)이 귀의 급소에 해낭한다.

　이 기본형은 다음 1도~4도, 4가지 그림과 같은 모양이다.

대표형

1도

2도

3도

4도

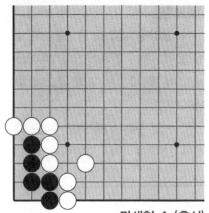

파생형 1 (흑선)

【파생형 1】

기본형으로 유도해야 살 수 있다. 귀의 끝은 항상 패와 귀곡사를 조심해야 한다.

따라서 1도의 흑1로 두어야 기본형과 같이 된다. 2도는 패가 되므로 실격이다.

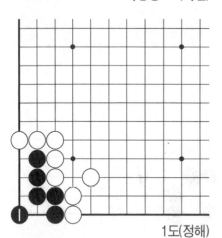

1도(정해)

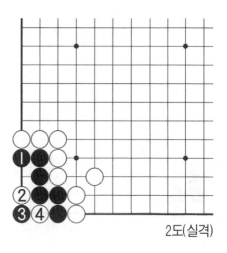

2도(실격)

【파생형 2】

이 모양 역시 기본형으로 유도해야 살 수 있다. 그렇지 않으면 이번에는 귀곡사로 잡힌다.

따라서 1도가 올바르다. 2도는 귀곡사로 잡힌 모양이다.

파생형 2 (흑선)

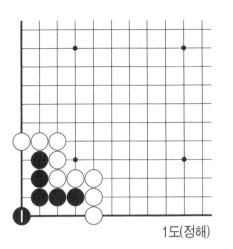

1도(정해)

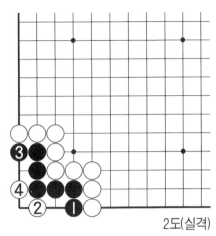

2도(실격)

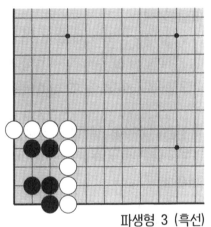

파생형 3 (흑선)

【파생형 3】

이 모양은 귀6궁형에서 또다시 다루겠지만 기본형으로 유도하지 않으면 살 수 없다.

따라서 1도가 올바르다. 2도나 3도처럼 두는 것은 패가 된다.

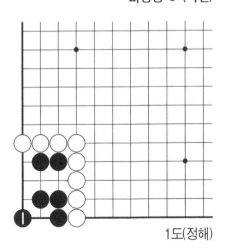

1도(정해)

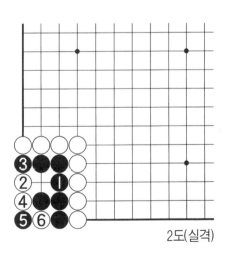

2도(실격)

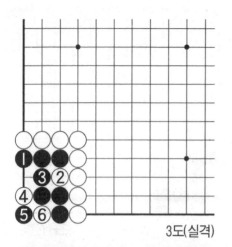

3도(실격)

3도(패)

백2로 4에 먼저 두면 2도로 환원되지만, 본도의 흑1이면 백으로서는 이 수순이 옳다.

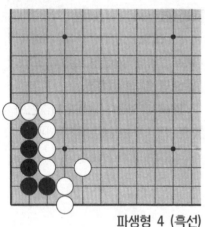

파생형 4 (흑선)

【파생형 4】

이 모양은 두 가지의 삶이 있다. 제1형으로 유도하여 사는 방법과 제2형으로 유도하여 사는 방법이다.

1도의 수순은 제1형의 삶이고, 2도는 제2형으로 유도해서 사는 방법이다.

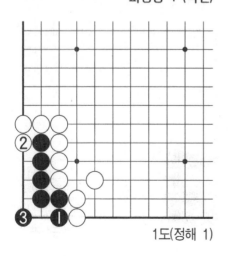

1도(정해 1)

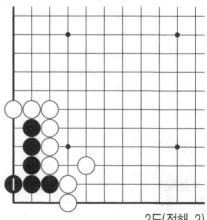

2도(정해 2)

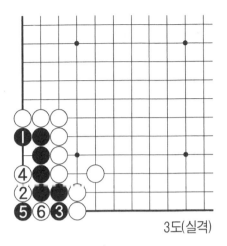

3도(실격)

3도(패)

흑1은 귀의 특성을 충분히 이해하지 못한 수다. 백2가 흑의 자충을 유도하는 맥으로 패가 된다.

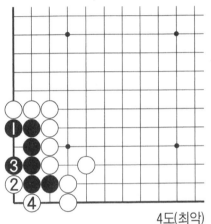

4도(최악)

4도(흑 죽음)

백2 때 흑3은 착각이다. 백4로 패없이 그냥 잡히기 때문이다.

[유제]

유제와 같은 경우, 귀끝의 흑집을 없애는 수법은 풀이의 백1·3이며, 이 수순은 결국 4도와 같은 것이다.

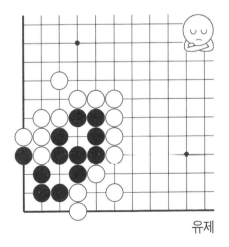

유제

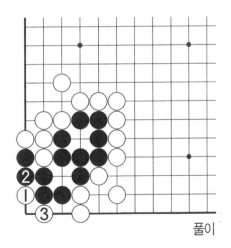

풀이

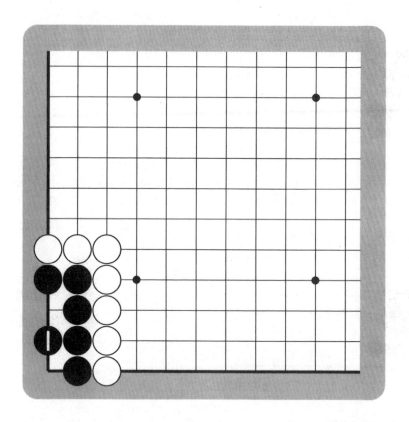

    이 모양 역시 귀끝에서 6개의 돌로 사는 대표적인 기본형 중 하나인데 제1형이 변으로 이동하고 있는 과정이라 할 수 있다. 이 모양도 마찬가지로 패를 조심해야 한다.

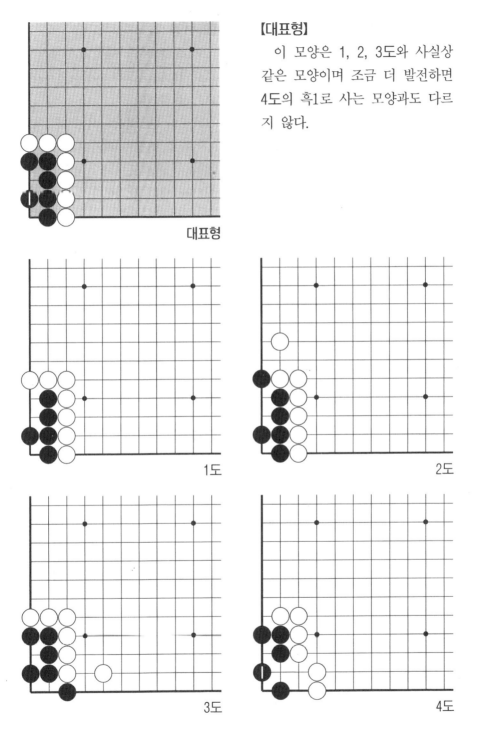

【대표형】

이 모양은 1, 2, 3도와 사실상 같은 모양이며 조금 더 발전하면 4도의 흑1로 사는 모양과도 다르지 않다.

대표형

1도

2도

3도

4도

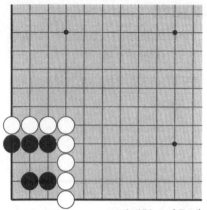

파생형 1 (흑선)

【파생형 1】

귀6궁형에서도 다룰 모양이지만 대표형으로 유도하지 못하면 패가 되어 실격이다.

따라서 1도 흑1로 사는 것이 정수이며 2, 3도는 패가 나므로 실격이다. 단, 4도는 1수 늘어진 패이므로 백의 실격이다.

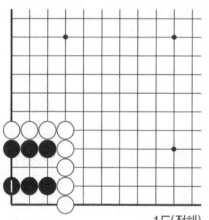

1도(정해)

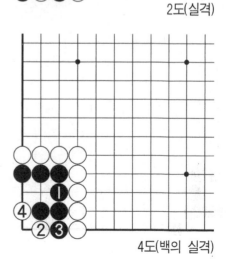

2도(실격)

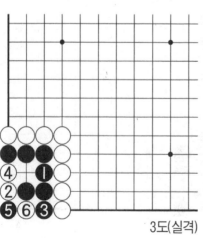

3도(실격)

4도(백의 실격)

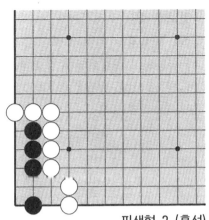

파생형 2 (흑선)

【파생형 2】

이 모양도 결국은 기본형과 다르지 않다. 사는 방법과 급소가 동일한 곳이기 때문이다.

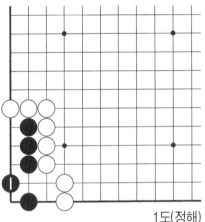

1도(정해)

1도(요령)

흑1로 늦추어 두 눈을 확보하는 것이 요령이다. 이것으로 '1의 1'과 '1의 3'에 두 눈을 만들고 있다. 이 모양은 결국 참고도와 같은 이치이며 대표형의 4도와 같은 것이다.

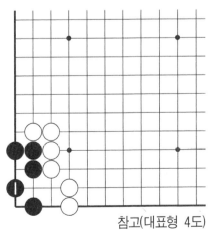

참고(대표형 4도)

[참고]

흑1로 두어 사는 요령은 대표형 4도에서 본 것이다.

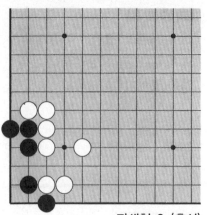

파생형 3 (흑선)

【파생형 3】

이 모양은 기본형이 변으로 한 칸 이동하여 변형되었다고 생각하면 될 것이다. 그렇지만 사는 방법은 다르지 않다.

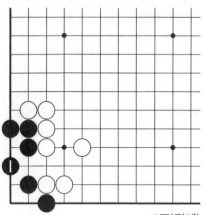

1도(정해)

1도(늦춤)

흑1로 늦추어 사는 것이 옳다. 이렇게 한 칸 늦추어 눈을 확보하는 모양은 자주 나타나므로 눈에 익혀 두는 것이 좋다.

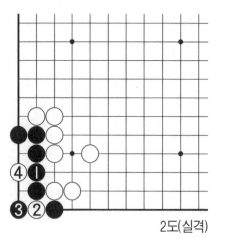

2도(실격)

2도(먹여침)

늦추지 않고 흑1로 궁도만을 넓히려 하는 것은 백2로 먹여침을 당하여 두 눈을 확보할 수 없다.

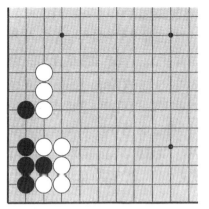

파생형 4 (흑선)

【파생형 4】

　이 모양은 대표적인 실전형인데 요령은 늦추어 받는 것이다. 또 이 모양에서는 '귀의 4사6생'이라는 바둑 격언도 함께 익혀 두는 것이 좋다.

　1도의 흑1로 늦추는 것이 요령이다. 백2에는 흑5까지 변에 한 눈을 더 만들 수 있다. 2도의 백2라면 흑3으로 4집을 만들어 살 수 있다. 3도 흑1은 요령 부족이다.

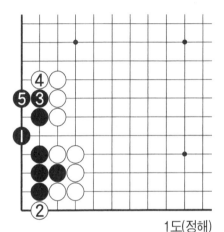

1도(정해)

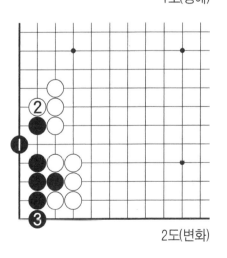

2도(변화)

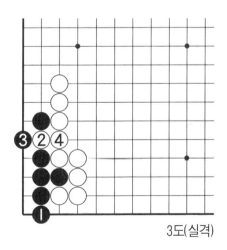

3도(실격)

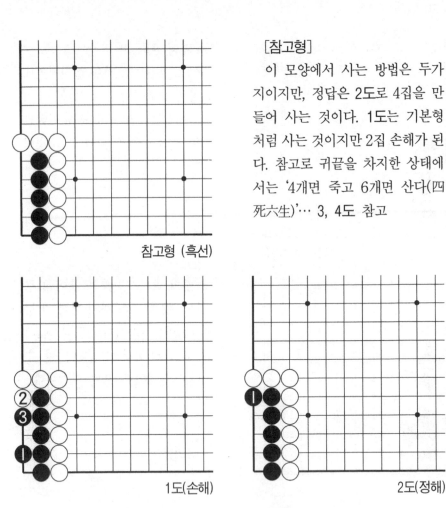

참고형 (흑선)

이 모양에서 사는 방법은 두가지이지만, 정답은 2도로 4집을 만들어 사는 것이다. 1도는 기본형처럼 사는 것이지만 2집 손해가 된다. 참고로 귀끝을 차지한 상태에서는 '4개면 죽고 6개면 산다(四死六生)'… 3, 4도 참고

1도(손해)

2도(정해)

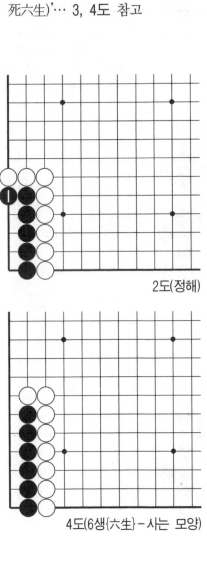

3도(4사{四死} - 죽는 모양)

4도(6생{六生} - 사는 모양)

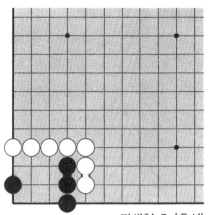

파생형 5 (흑선)

【파생형 5】

허술해 보이는 이 모양도 알고 보면 제2형과 같은 원리가 적용된다.

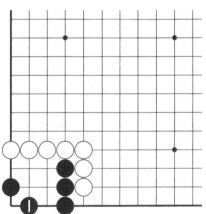

1도(정해)

1도(급소)

흑1이 급소다. 이 곳이 아니고 서는 살 수 없다.

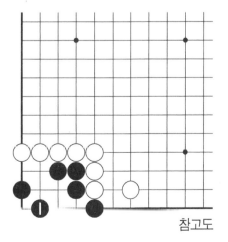

참고도

참고도(동일한 급소)

이런 모양에서 흑1로 사는 것도 같은 맥락의 방법이라고 할 수 있다.

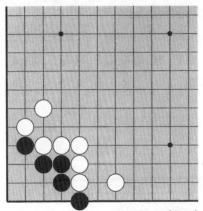

파생형 6 (흑선)

【파생형 6】

실전형이자 고전 묘수풀이에 빠지지 않고 등장하는 것인데, 이 모양은 제3형으로 발전하는 과정이라고 볼 수 있다.

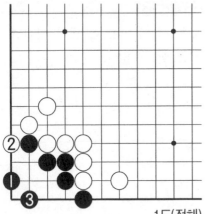

1도(정해)

1도(수순)

흑1·3이 정확한 수순이다.

'1의 1'에 독립적인 한집을 마련하는 것이 요령이다.

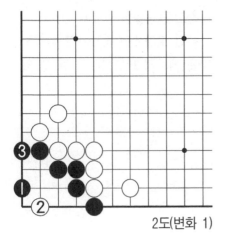

2도(변화 1)

2도(치중)

독립 공간을 방해하여 백2로 치중하면 흑3으로 크게 살 수 있다.

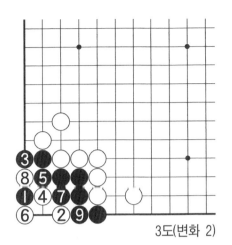

3도(변화 2)

3도(양패)

백2의 치중은 약간 긴 수순을 필요로 한다. 흑9까지 양패로 살게 되는데, 이 수순은 기억해 둘 필요가 있다.

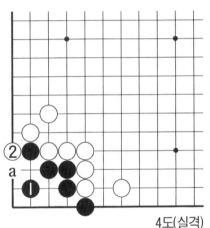

4도(실격)

4도(패)

흑1로 두면 백2의 단수에 a로 패를 할 수밖에 없어 실격이다.

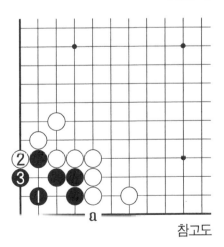

참고도

참고도(패가 최선)

그러나 a에 흑돌이 없다면 이와 같이 패를 하는 것이 최선이다.

귀3궁 — '2의 1'이 급소

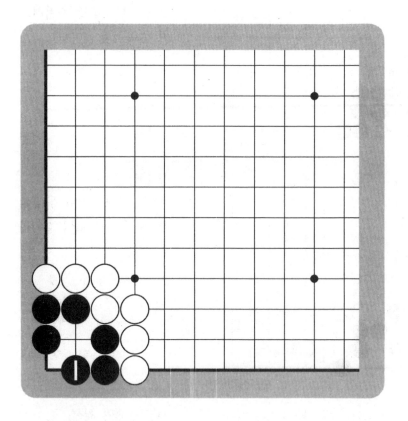

흑1로 두어 사는 모양은 실전에서 가장 많이 나타나는 기본형인데, 이 모양은 '1의 1'과 '2의 2'에 두 눈을 확보하여 사는 것이 요령이다. 이 모양까지가 귀의 기본형이라고 생각하면 될 것이다.

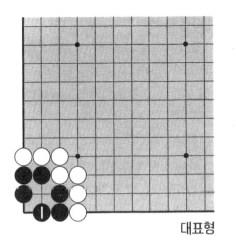

대표형

【대표형】

흑1로 두어 사는 모양은 참고도와 약간 다른 모양처럼 보이지만 사실상 크게 다른 점은 없다. 그 이유는—

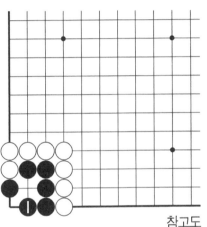

참고도

참고도(비교)

참고도 흑1로 사는 모양과 비교하여, 2도 백1로 두었을 때 흑2로 살면 참고도가 되는 것이고, 1도 흑1로 두었을 때 흑2로 살면 기본형이 되는 정도의 차이일 뿐이기 때문이다.

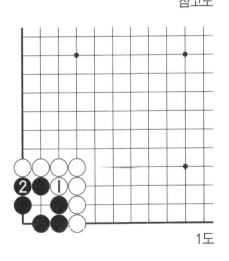

1도

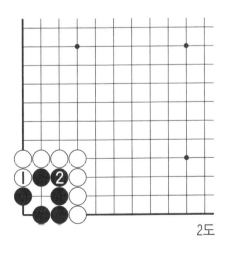

2도

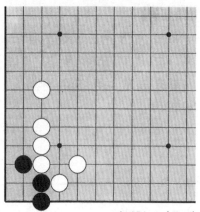

파생형 1 (흑선)

【파생형 1】

　기본형으로 유도하는 수순이 필요하지만 어려운 것은 아니다. 1도 흑1로 늦추는 것이 요령이다. 2도 흑1은 백2로 귀곡사가 되어 잡힌다.

　유제 1과 유제 2도 역시 마찬가지 요령으로 살면 될 것이다.

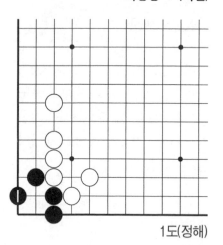

1도(정해)

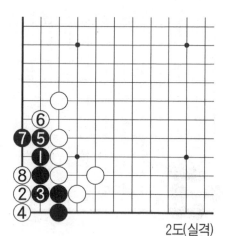

2도(실격)

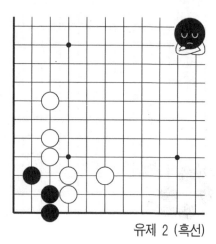

유제 1 (흑선)

유제 2 (흑선)

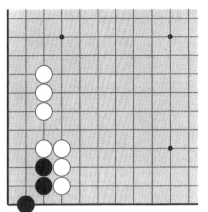

파생형 2 (흑선)

【파생형 2】

이 모양은 자주 등장하는 실전형이지만 정확한 수순을 모르는 분들이 의외로 많은 것 같다. 그러나 무심코 두다가는 낭패를 보기 십상이다.

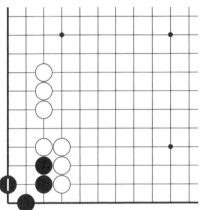

1도(정해)

1도 흑1로 두는 것이 정확한 수순이다. 2도를 보면 기본형으로 유도되었다는 것을 알 수 있을 것이다.

3도 백2로 잡으려 할 때는 흑3으로 끊는 수가 성립하여 안전하다.

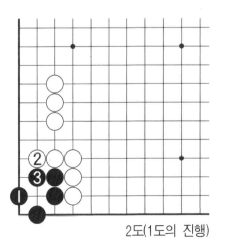

2도(1도의 진행)

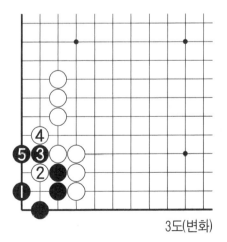

3도(변화)

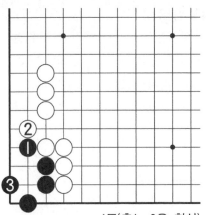

4도(흑1·3은 환상)

4도(일방적으로 생각)

흑이 1·3으로 살 수 있다는 것은 착각이다. 이 모양에서는 이런 부분을 조심해야 하는 것이다. 백은 2로—

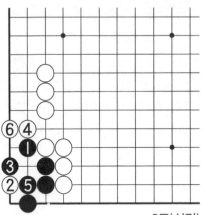

5도(실격)

5도(흑 죽음)

흑1은 백2로 치중당하여 삶이 없다. 이 수순은 사활에서 자주 등장하는 것이므로 반드시 기억해 두어야 한다.

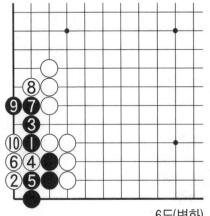

6도(변화)

6도(죽음의 궁도)

백2의 치중에 흑3으로 궁도를 넓히는 것도 백10까지 삶은 없다. 백 4점을 잡는다 해도 '죽음의 궁도' 이기 때문이다.

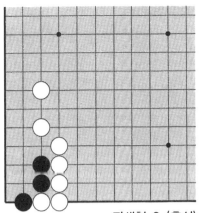

파생형 3 (흑선)

【파생형 3】

이 모양은 실전형이기도 하지만 고전 묘수풀이에도 빠짐없이 등장하는 기본형이다. 그러나 요령은 파생형 2와 다르지 않다.

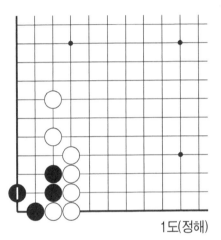

1도(정해)

1도(요령)

파생형 2와 마찬가지로 흑1에 두는 것이 요령이다.

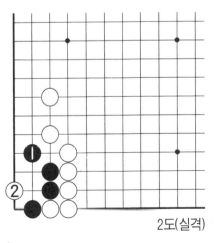

2도(실격)

2도(치중)

흑1에는 백2의 치중으로 더 이상 수가 없다.

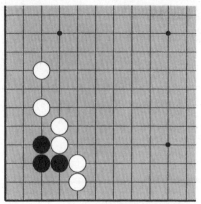

파생형 4 (흑선)

【파생형 4】

이 모양은 고전 묘수풀이에 빠짐없이 등장하는 것이지만, 실전형이기도 하며 기본형이기도 하다.

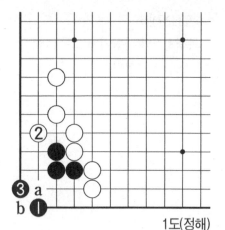

1도(정해)

1도(수순)

흑1·3의 수순에 주목하기 바란다. 이것으로 흑은 a(2의 2)와 b(1의 1)에 두 눈을 확보하고 있는 것이다.

2도(실격)

2도(수순착오)

흑1은 수순착오다. 백2로 두면 이것으로 흑이 사는 궁도를 만드는 것은 불가능하다.

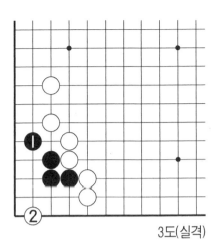

3도(실격)

3도(마찬가지)

흑1도 백2로 두게 되면 사는 궁도를 만들 수 없다.

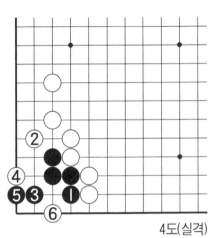

4도(실격)

4도(이탈)

흑1로 궁도를 넓히는 것도 급소의 위치를 이탈한 것이다. 참고로 백4로는 백6에 먼저 두어도 잡을 수 있다.

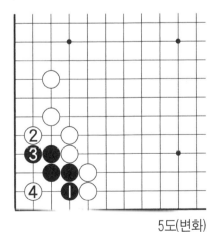

5도(변화)

5도(급소 치중)

이 모양은 흑1·3처럼 궁도만 넓힌다고 해결되지 않는다. 문제는 눈을 어느 곳에 어떻게 만드느냐 하는 것이다.

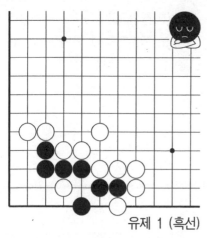

유제 1 (흑선)

[유제 1]

고전 묘수풀이에 등장하는 모양인데 이 역시 같은 맥락에서 생각하면 된다.

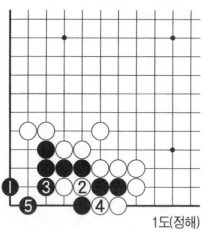

1도(정해)

1도(희생타)

본도처럼 흑2점을 희생하면서 '1의 1'과 '2의 2'에 두 눈을 만드는 것이 요령이다.

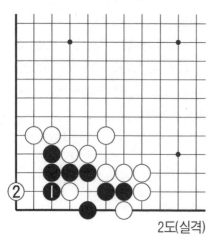

2도(실격)

2도(비마)

단순히 흑1로 두어 백2의 비마로 잡히는 모양은 파생도 4의 2, 3도와 같은 맥락이다.

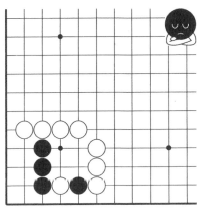

유제 2 (흑선)

[유제 2]

이 모양도 유제 1과 같은 요령으로 살 수 있다.

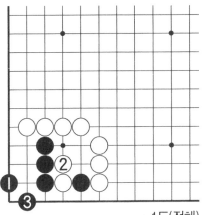

1도(정해)

1도(같은 요령)

이 모양 역시 흑1·3으로 1의 1과 2의 2에 두 눈을 만들 수 있다.

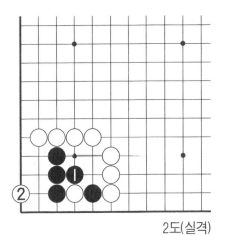

2도(실격)

2도(비마에 주의)

흑1로 두어 백2로 잡히는 모양 역시 파생형 4의 2, 3도와 같은 맥락이다.

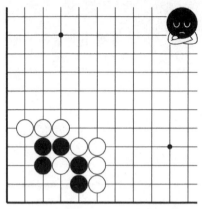

유제 3 (흑선)

[유제 3]

이 모양도 고전 묘수풀이에 단골로 등장한다. 다만 변화의 수순 중에 한 가지 익혀 둘 만한 맥이 숨어 있다는 점이 다르다.

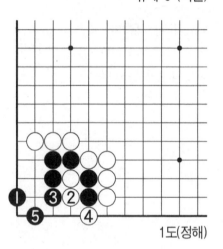

1도(정해)

1도(긴요한 수순)

이 모양도 마찬가지로 흑1·3의 수순이 긴요하다. 백2·4로 흑 두 점은 잡히지만, 흑5까지 가까스로 두 눈을 확보할 수 있다.

2도(실격)

2도(패)

흑1로 백 한점을 잡는 것은 백2의 치중으로 패가 되어 실격이다. 수순 중 흑5로 먹여치지 않고 백6의 곳에 받는 것은 패도 없이 그냥 잡히고 만다.

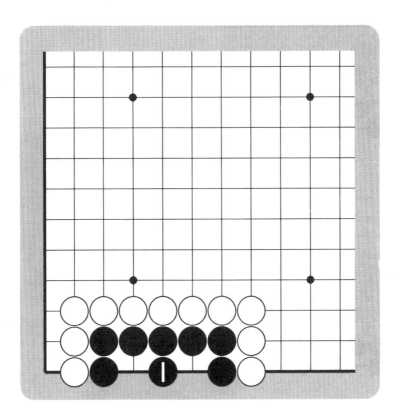

공통사활
제4형

변3궁 — 6사 8활

흑1로 두어 사는 모양은 변3궁의 기본형일 뿐 아니라 귀3궁과 변3궁의 연결고리에 해당하는 대표적인 모양이다. 이 모양을 통해 '변의 6사 8활(六死八活)'도 같이 익혀 두는 것이 좋다.

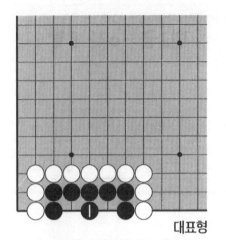

대표형

【대표형】

이 모양을 확실히 알아 두려면 다음과 같은 5개의 동일형 정도는 익혀 두는 것이 좋다.

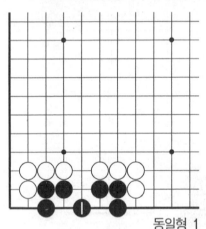

동일형 1

동일형 1

가장 쉬운 모양인데 이 모양이 약간 발전하면―

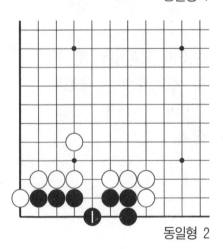

동일형 2

동일형 2

이와 같은 모양이 될 것이다. 또 이 모양이 약간 발전하면―

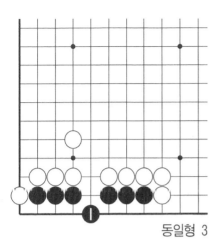

동일형 3

동일형 3

이와 같은 모양이 되는데 여기서 난이도가 높아진다면—

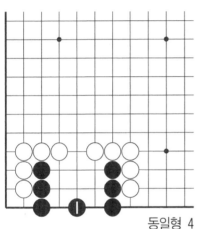

동일형 4

동일형 4

이러한 모양도 나올 수 있다. 그러나 이 모양도 역시 같은 맥락이며 약간 변형된다면—

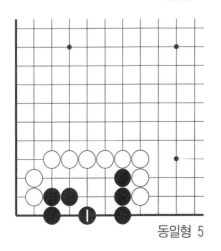

동일형 5

동일형 5

이와 같은 모양으로도 변화할 수 있다. 또 이 모양은 제5형으로 발전하기 직전의 모양이라고 할 수 있는데, 사활의 형태는 이렇듯 연관성을 가지고 발전하는 것이다.

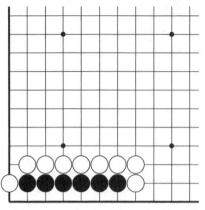

참고 1(6사(六死))

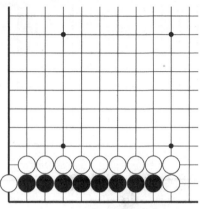

참고 2(8활(八活))

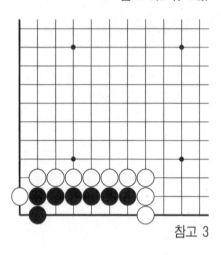

참고 3

[참고]

귀끝의 '4사 6생'은 변에서는 '6사 8활'이 된다. 변에서 살 때는 돌이 2개 더 필요하기 때문이다. (참고 1, 2)

또 참고 3과 같은 경우 흑은 참고 4처럼 4집으로 사는 것이 옳다. 참고 5처럼 사는 것은 2집 손해다.

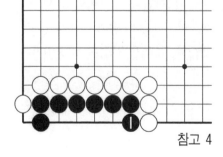

참고 4

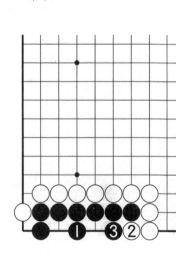

참고 5

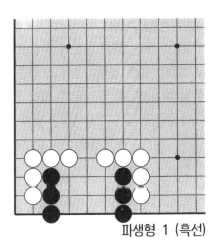

파생형 1 (흑선)

【파생형 1】

　이 모양은 대표형—동일형 4에서 본 것이다. 이 모양이 대표형으로 유도되는 과정을 살펴보자.

1도(대표형으로 환원)

　우선 흑1에 백이 2·4로 둔다면 대표형의 골격으로 환원되는 것을 알 수 있다. 만약 백이 2로—

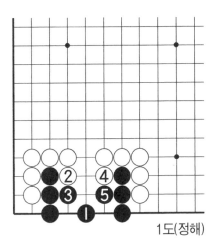

1도(정해)

2도(빅)

　백2 또는 백4나 백6으로 두어 본도와 같이 변화한다면 이 그림은 빅이 된다. 따라서 흑은 살 수 있다.

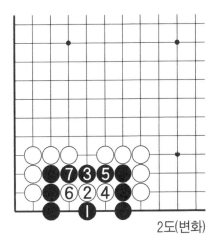

2도(변화)

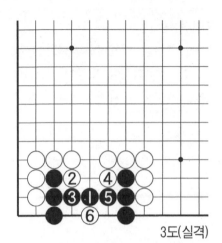

3도(한칸 차이)

흑1로 두는 것은 본도의 수순으로 알기 쉽게 잡힌다. 이 모양을 잘 살펴보면 흑1이 백6의 자리에 있어야만 산다는 것을 알 수 있다.

3도(실격)

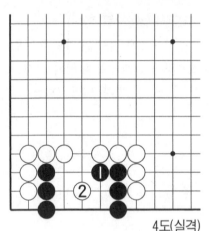

4도(급소 노출)

급소를 도외시하고 이처럼 궁도를 넓힌다는 것은 무모하다. 궁도를 넓힐 때는 '죽음의 궁도'가 아니라는 확신이 있을 때 시도하는 것이다.

4도(실격)

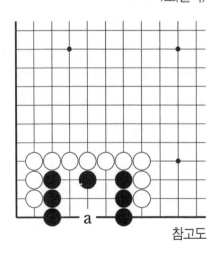

참고도(패로 저항)

이러한 모양에서도 흑a로 두면 패로 끈질기게 저항하는 수단이 있다. 급소를 안다는 것은 이처럼 중요하다.

참고도

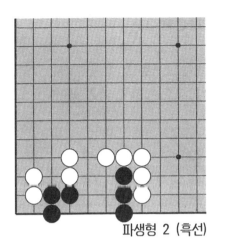

파생형 2 (흑선)

【파생형 2】

　이 모양은 대표형－동일형 5에
서 본 것이다. 그리고 이 모양이
제5형으로 발전하는 과정의 모양
이라는 것도 말한 바 있다.

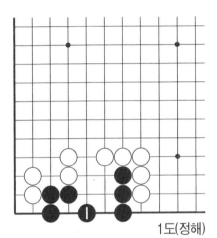

1도(정해)

1도(대표형으로 유도)

　흑1이 아니면 살 수 없다. 이 모
양이 대표형으로 유도되는 과정은
머리 속으로 직접 그려보기 바란
다.

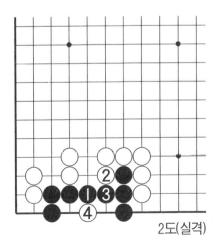

2도(실격)

2도(급소의 위치)

　이 그림을 보면 백4의 위치가 급
소의 자리임을 정확히 알 수 있다.

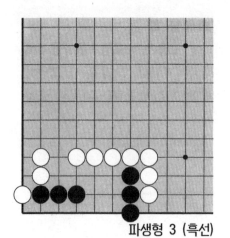

파생형 3 (흑선)

【파생형 3】

이 모양은 파생형 2를 약간 어렵게 조작한 것에 불과하다. 그러나 급소는 결국 같은 곳이다.

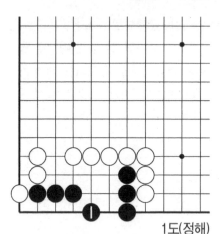

1도(정해)

1도(두 눈으로 쪼개는 급소)

역시 흑1이 아니고는 살 수 없는 모양이다.

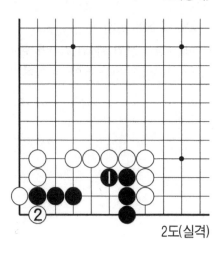

2도(실격)

2도(죽음의 궁도)

흑1로 궁도를 넓혀 보아도 백2로 좁히면 '죽음의 궁도'가 된다.

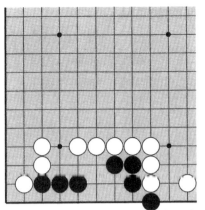

파생형 4 (흑선)

【파생형 4】

이 모양은 파생형 3을 약간 조작한 것이다. 따라서 급소의 위치도 변함이 없다.

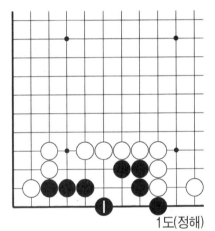

1도(정해)

1도(급소)

이 모양의 급소 역시 흑1의 곳이다. 이 곳을 두지 않고는 살 수 없다.

2도(실격)

2도(치중)

흑1은 궁도를 넓히려는 것이지만 백2의 치중으로 그만이다.

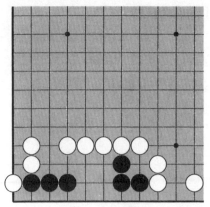

파생형 5 (흑선)

【파생형 5】

이 모양도 파생형 3, 4를 약간 조작한 것에 불과하다. 따라서 급소의 위치에는 변함이 없다.

1도(동일 급소)

난이도가 높아졌지만 이 모양도 마찬가지로 급소는 흑1이다.

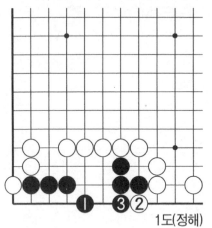

1도(정해)

2도(죽음의 궁도)

궁도를 넓히는 것은 본도의 수순으로 죽음의 궁도가 된다. 참고로 수순 중 백2로는 흑3쪽을 먼저 두어도 잡힌다.

2도(실격)

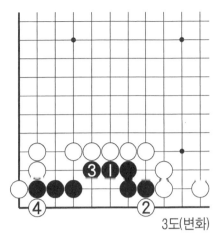

3도(변화)

3도(궁도로는 안됨)

본도 흑3쪽을 넓혀도 백4로 좁히면 흑이 살 수 있는 궁도는 만들어지지 않는다.

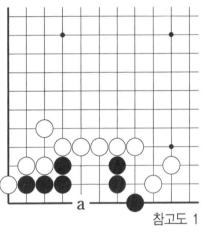

참고도 1

참고도 1(삶의 급소)

참고로 이와 같은 모양도 흑이 살 수 있는 급소의 위치는 a가 되며—

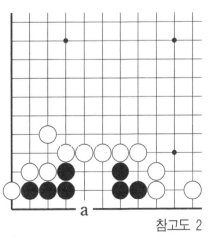

참고도 2

참고도 2(마찬가지)

이와 같은 모양도 역시 a가 된다는 것을 알 수 있다.

변3궁—실전 응용

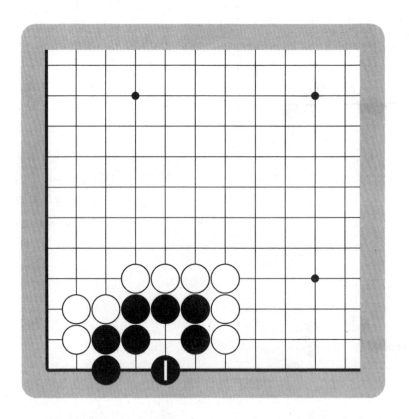

흑1로 두 눈을 내고 사는 모양은 실전에서 가장 많이 등장하는데, 이 모양도 결국은 제4형에서 발전된 것이라고 할 수 있다.

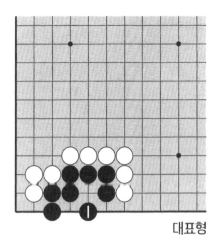

대표형

흑1로 사는 동일 모양은 다음 3
가지가 있다. 그러나 이 모양들이
가지는 속성은 크게 다른 점이 없
으며, 중요한 것은 삶의 급소인 흑
1의 위치일 뿐이다.

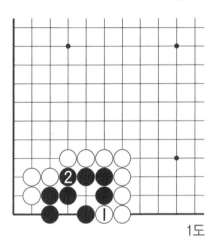

1도

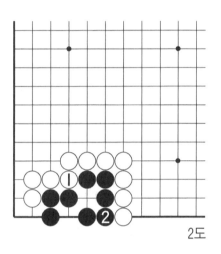

2도

1, 2, 3도는 어떻게 옥집을 피
해 살았느냐는 것일 뿐 사는 방법
에 있어 중요한 것은 아니다. 그
러나 입문자에게는 이 부분도 중
요하다고 할 수 있다.

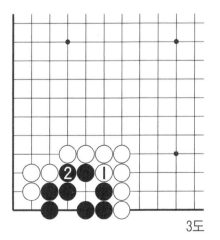

3도

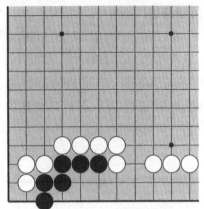

파생형 1 (흑선)

【파생형 1】

이 모양은 사실상 제3형 - 파생형 2가 변으로 이동한 것이라 할 수 있다.(아래 참고 제시)

따라서 1도 흑1로 늦추어 사는 것이 요령이다. 백2라면 흑3이 성립하여 안전하다. 2도를 보면 대표형과 같음을 알 수 있다.

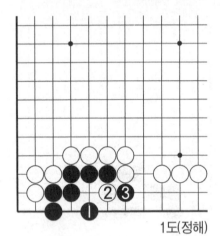

1도(정해)

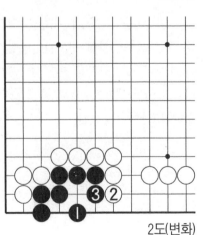

2도(변화)

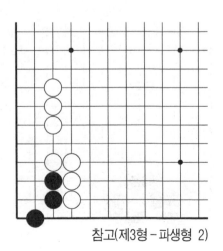

참고(제3형 - 파생형 2)

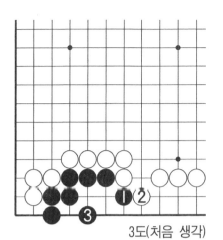

3도(처음 생각)

3도(일방적인 생각)

흑1·3으로 두려는 것은 수순을 잘못 알고 있는 것이다. 백은 이처럼 백2에 두지 않고—

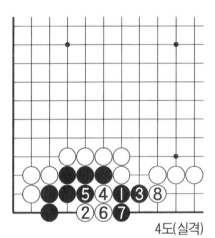

4도(실격)

4도(급소 치중)

본도 백2로 먼저 치중하게 된다. 백8까지 이 흑의 삶은 없다. 또 수순 중 흑3으로—

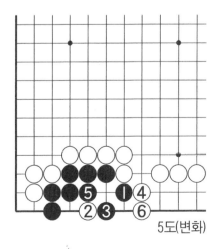

5도(변화)

5도(자충 유도)

본도 흑3에 두는 것은 백6까지 역시 죽음이 기다리고 있다.

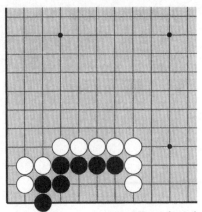

파생형 2 (흑선)

【파생형 2】
이 모양도 결국은 파생형 1과 다른 것이 아니다. 따라서 급소의 위치도 같다.

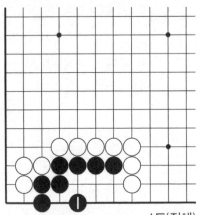

1도(정해)

1도(삶의 급소)
흑1의 급소가 아니면 사는 수는 없다.

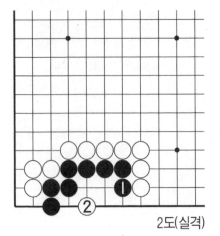

2도(실격)

2도(치중)
흑1로 궁도를 넓히는 것은 백2의 치중으로 그만이다.

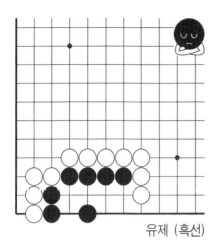

유제 (흑선)

[유제]

이 모양도 사실상 파생형 2와 같은 것이다. 왜 그런지는 정해를 보면 알 수 있을 것이다.

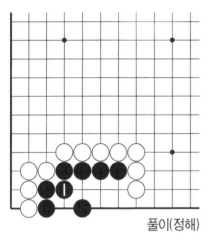

풀이(정해)

풀이(급소)

흑1이 급소다. 이 모양은 파생형 2의 1도와 똑같은 것이다. 이와 같은 모양들은ㅡ

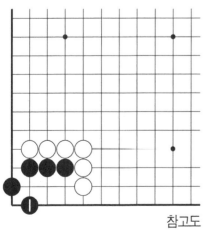

참고도

참고도(동일 수법)

결국 귀에서 본도처럼 사는 것과 동일한 수법이다.

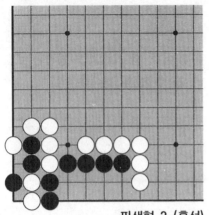

파생형 3 (흑선)

【파생형 3】
　이 모양은 파생형 2의 유제를 응용하여 조작한 것에 불과하다.

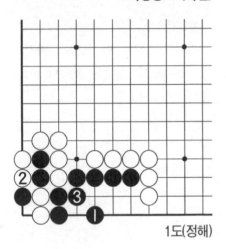

1도(정해)

1도(두 눈 확보)
　흑 석점을 희생하고 흑1·3으로 두면 파생형 2의 유제와 같게 된다.

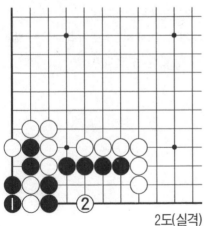

2도(실격)

2도(비마 급소)
　전부 살리고자 흑1로 백 두점을 먼저 잡으면 백2의 급소를 당하여 두 눈을 확보하지 못한 그림이다.

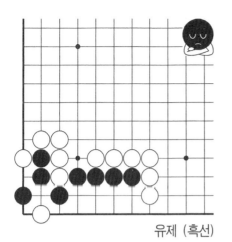

유제 (흑선)

[유제]
　이 그림은 실전형의 사활로 파생형 3으로 유도되기 직전의 모양이다.

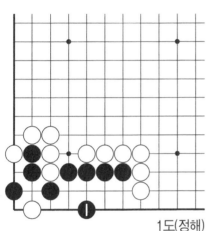

1도(정해)

1도(급소)
　역시 급소는 흑1이다. 이것으로 좌측 흑 3점을 희생하고 살 수 있다.

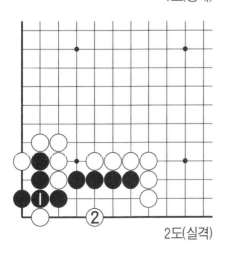

2도(실격)

2도(비마)
　흑1로 이으면 백2를 당하여 살 수 있는 모양은 결코 만들어지지 않는다.

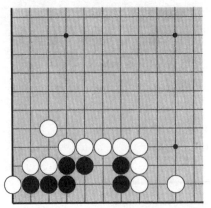

파생형 4 (흑선)

【파생형 4】

이 모양이 기본형에서 파생되었다고 믿기는 쉽지 않을 것이다. 그러나 이 모양 역시 출발은 기본형임에 틀림없다.

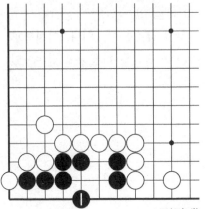

1도(정해)

1도(급소)

흑1의 급소가 낯설다면 기본형에 대한 이해가 아직 부족하다.

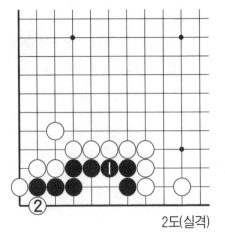

2도(실격)

2도(죽음)

이 그림은 급소의 위치를 등한시할 때 어떻게 죽는가를 알기 쉽게 보여 주고 있다.

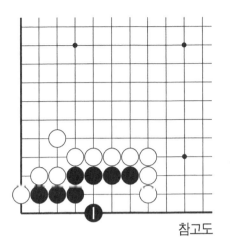

참고도

참고도(동일 급소)

이 모양도 파생형 4의 1도와 동일한 위치의 급소를 가지고 있다는 것을 알 수 있다.

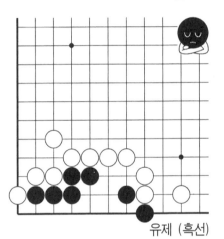

유제 (흑선)

[유제]

따라서 파생형 4를 응용한다면 이 모양도 사실상 동일형이라는 것을 알 수 있다.

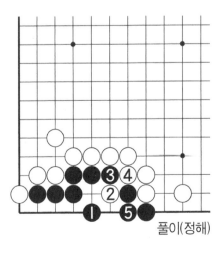

풀이(정해)

풀이(급소가 우선)

본도와 같이 흑1에 두어야 살 수 있기 때문이다.

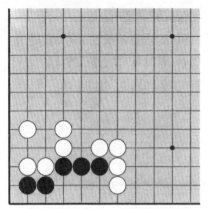

파생형 5 (흑선)

【파생형 5】

이 모양의 급소도 결국 같은 곳
이다.

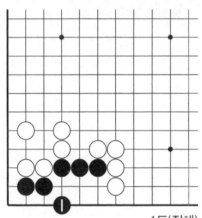

1도(정해)

1도 흑1이 급소가 된다는 것을
한눈에 알 수 있다.

만약 2, 3도 처럼 둔다면 아직
이 모양에 대해 이해가 부족하다
고 할 수 있다.

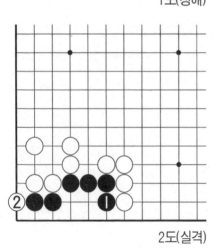

2도(실격)

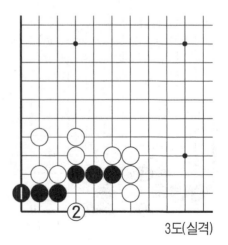

3도(실격)

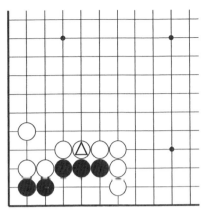

참고형(살 수 없는 모양)

[참고형]

그러나 백△로 공배가 모두 메워져 있다면 문제가 달라진다. 결론을 말하면 이 흑은 살 수 없다. 자충이란 이렇게 무서운 것이다.

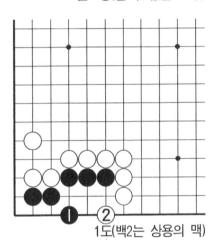

1도(백2는 상용의 맥)

1도(자충 유도)

흑1에는 백2가 성립한다. 자충 때문이다. 백2와 같은 수법은 상용의 맥인데ー

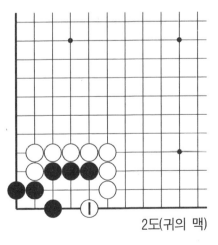

2도(귀의 맥)

2도(동일한 수법)

맥은 귀에서도 나타난다. 본도와 같은 귀 모양에서도 이 흑을 잡는 맥으로 작용하는 것이다.

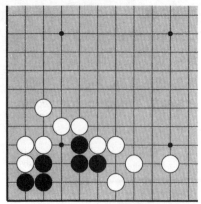

파생형 6 (흑선)

【파생형 6】

이 모양은 실전에서 나타나는 것인데, 이 모양 역시 같은 형태의 급소를 가지고 있다.

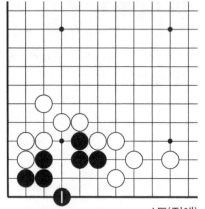

1도(정해)

1도(급소)

흑1이 급소라는 것을 한눈에 알 수 있다면 이 모양에 대한 이해는 충분한 셈이다.

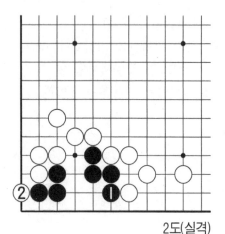

2도(실격)

2도(죽음)

단순히 흑1은 백2로 알기 쉽게 잡히고 만다.

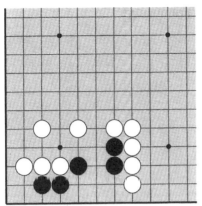

파생형 7 (흑선)

【파생형 7】

난이도가 높아 보이지만 이 모양 역시 급소는 같은 곳이다.

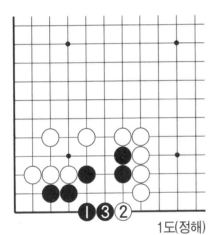

1도(정해)

1도(안전)

급소는 흑1이다. 백2도 맥이지만 여기서는 통하지 않는다. 흑3으로 안전하다.

2도(변화)

2도(무사)

백2의 치중도 두려워할 필요가 없다. 흑5까지 무사하다.

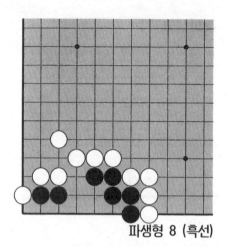

파생형 8 (흑선)

【파생형 8】

이 모양은 약간 변형된 것이라 할 수 있다. 그러나 급소는 2곳 중 한 곳일 뿐이다.

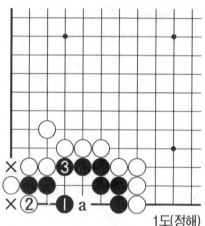

1도(정해)

1도(백의 자충)

흑1이 급소다. 흑3 이후 일반적으로 백a라면 잡히지만 지금은 ×표 2곳에 자충이 있어 무사하다.

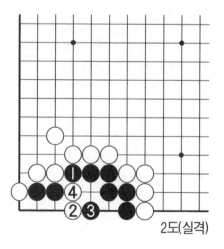

2도(실격)

2도(자충)

흑1로 궁도를 넓히는 것은 백2의 치중으로 살 수 없다. 자충이 있기 때문이다.

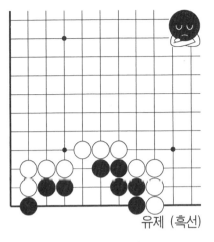

유제 (흑선)

[유제]

이 모양은 파생형 8이 변으로 한 칸 이동한 것인데, 왼쪽의 젖힘이 있어 원리는 같다.

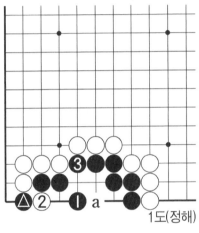

1도(정해)

1도(삶의 급소)

따라서 흑1이 급소다. 흑3 이후 백a는 흑▲ 때문에 성립하지 않는다.

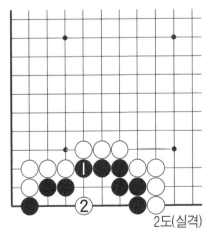

2도(실격)

2도(속수무책)

이 모양 역시 흑1은 백2의 치중으로 속수무책이다.

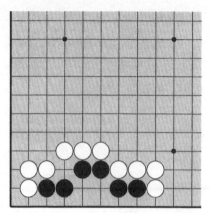

파생형 9 (흑선)

【파생형 9】

이 모양은 변6궁으로 발전하기 직전의 모양이기도 하다. 그러나 아직까지는 제5형의 범주에 포함된다.

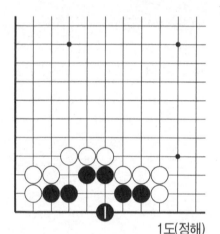

1도(정해)

1도(호구 선택)

문제는 어느 쪽으로 호구를 치느냐인데 이런 경우는 일반적으로 '약한 쪽을 보호한다'고 생각하면 될 것이다. 따라서 흑1이 옳다.

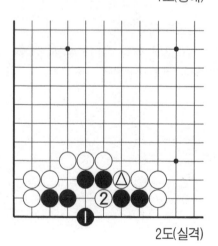

2도(실격)

2도(방향 미스)

본도 흑1은 호구의 방향이 틀렸다. 백△가 있으므로 흑은 이쪽이 약한 것이다. 따라서 백2로 끊어오면 죽음을 면치 못한다.

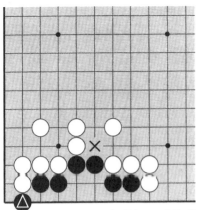

파생형 10 (흑선)

이 모양은 흑▲가 있고 ×가 비어 있는 점을 이용해야 한다.

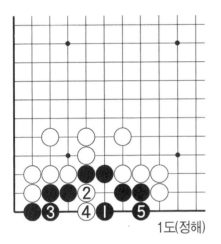

1도(정해)

1도(자충 이용)

일단 흑1로 약한 곳을 수비하고 백2를 기다려 귀끝의 자충을 이용하는 것이 수순이다. 따라서 흑5까지 오른쪽에도 한 집을 마련할 수 있다.

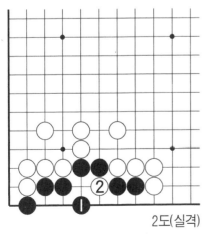

2도(실격)

2도(방향 미스)

백2쪽을 허락해서는 어떻게 하든 살 수 없다.

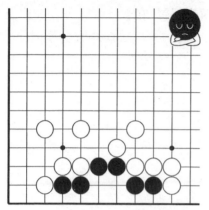

유제 (흑선)

[유제]

이 모양은 파생형 10으로 유도 하는 것으로, 거의 모든 고전 묘 수풀이에 실려 있는 문제이다.

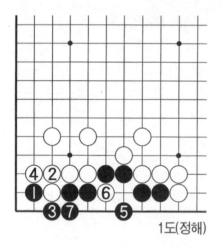

1도(정해)

1도(수순)

흑1 이하의 수순이 긴요하다. 백 4까지 된 후 흑5에 지키면 파생형 10의 모양과 같아진다.

2도(단순)

단순히 흑1로 젖히는 정도로는 살 수 없다.

2도(실격)

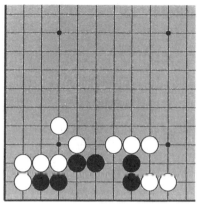

파생형 11 (흑선)

【파생형 11】

이 모양은 호구로 지키는 급소의 방향과 더불어 촉촉수까지 읽어야 하는 실전형이다.

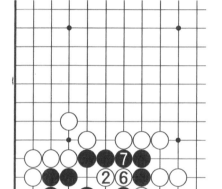

1도(정해)

1도(촉촉수)

우선 흑1을 찾고 백2에 대해 흑7까지의 촉촉수를 읽을 수 있어야 한다.

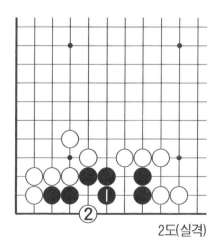

2도(실격)

2도(방향 미스)

흑1은 호구의 방향이 틀렸다. 백2의 치중으로 더 이상 수가 없다.

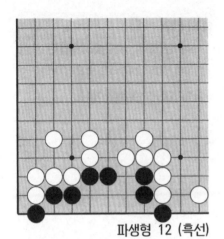

파생형 12 (흑선)

【파생형 12】

이 모양은 오른쪽의 공배가 모두 메워진 대신 귀끝에 젖힘이 있다는 점을 이용해야 한다. 그리고 이 모양에 대해서는 참고로 알아둘 것이 2가지 더 있다.

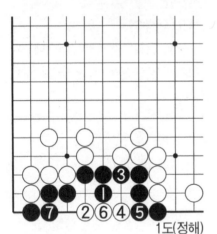

1도(정해)

1도(호구의 방향)

호구의 방향은 이번에는 흑1이 아니면 안된다. 그리고 백2에 대해 흑3 이하 흑7까지 궁도를 최대한 넓히는 것이 살 수 있는 유일한 길이다.

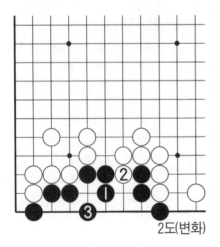

2도(변화)

2도(희생타)

백2에 대해서는 오른쪽 흑 3점을 포기하고 흑3으로 살아야 한다.

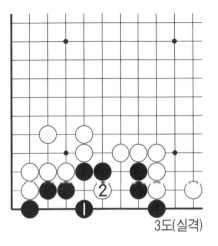

3도(실격)

3도(방향 미스)

흑1은 호구의 방향이 틀려 살 길을 보장받을 수 없다.

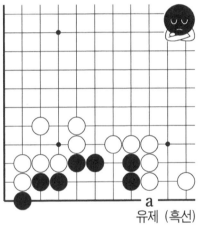

유제 (흑선)

[유제]

앞의 모양과 비교해서 흑a가 누락되었다면, 이 모양은 패가 정답이다.

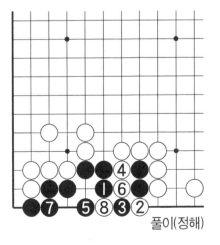

풀이(정해)

풀이(패)

백2의 젖힘이 있기 때문이다. 이하 백8까지 패가 된다.

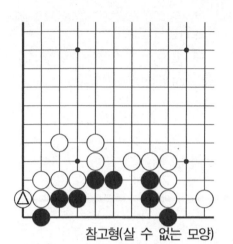

참고형(살 수 없는 모양)

[참고형]

또 하나. 만약 백△가 있다면 이 흑은 살지 못한다는 것이다. 그 수순을 살펴보기로 하자.

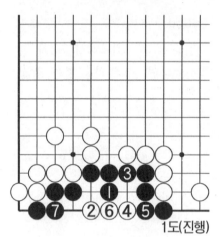

1도(진행)

1도(같은 호구이지만)

우선 흑7까지의 진행은 파생형 12의 1도와 같지만─

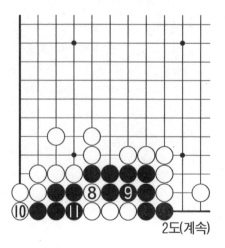

2도(계속)

2도(외길)

백8 이하 흑11까지 진행되었을 때─

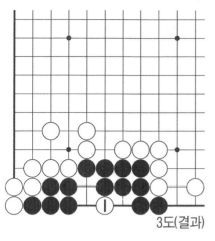

3도(결과)

3도(죽음)

백1로 환격을 노리는 급소에 두면 이 흑은 더 이상 수가 없는 것이다. 참고로 백1로는—

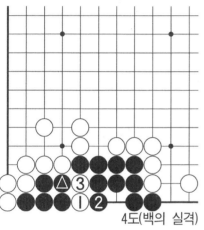

4도(백의 실격)

4도(후절수)

백1로 단수하는 것은 착각이다. 백3으로 흑 5점을 따낸 다음, 흑은 ▲로 백 2점을 되잡을 수 있어 다시 부활할 수 있다. 이른바 후절수라는 것이다.

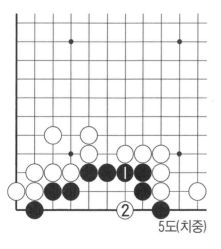

5도(치중)

5도(궁도를 넓혀도)

또 흑1로 궁도를 넓히는 것은 백2로 두기만 해도 알기 쉽게 잡힌다.

변3궁-막히지 않았어도

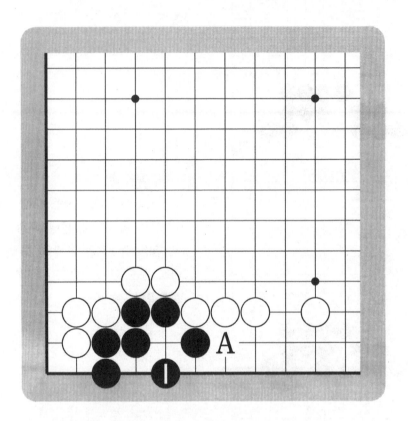

흑1로 두어 사는 모양은 얼핏 보면 제5형과 다르지 않다. 그러나 이 모양은 사실상 제5형과는 한 수의 차이가 있는 것이다. 백A로 막히지 않은 상태에서 흑1로 살아야 하기 때문이다. 그리고 이 차이는 생각보다 크다.

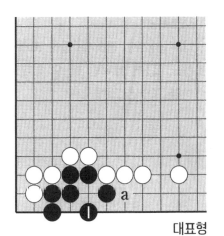

대표형

【대표형】

　백a로 막히지 않은 상태라도 흑은 흑1로 두어 살지 않으면 안된다. 이 모양에서 흑1이 얼마나 중요한 급소인지 다시 한 번 확인하기 바란다.

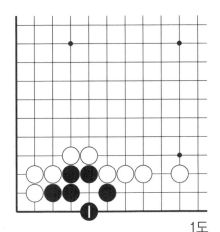

1도

1도(우선)

　이 모양에서도 흑1이 우선이라는 것을 알 수 있으며─

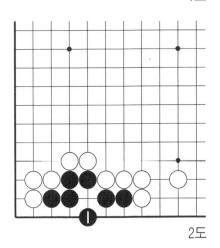

2도

2도(삶의 급소)

　마찬가지로 이 모양에서도 흑1이 삶의 급소라는 것을 알 수 있다.

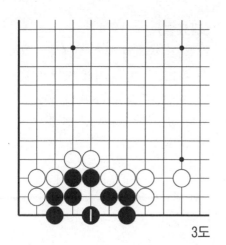

3도(유일)

더 나아가면 본도와 같은 모양
에서도 흑1이 아니면 살 수 없다.
이러한 모양은 귀에서—

3도

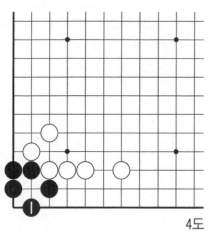

4도(동일형)

결국 흑1로 사는 모양과 다르지
않은 것이며—

4도

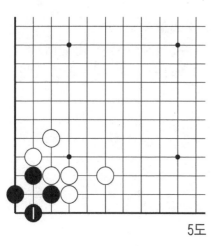

5도(연결고리)

따라서 본도의 흑1로 사는 수법
과 다시 연결고리를 만들고 있는
것이다.

5도

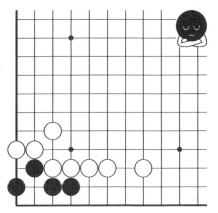

유제 (흑선)

[유제]

이 모양은 제2형과 같은 것이지만 대표형의 급소와도 같은 곳이 된다.

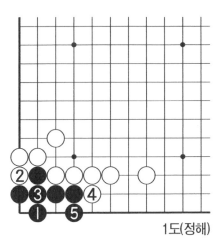

1도(정해)

1도(급소의 위치)

급소의 위치는 결국 흑1이며 흑5까지 마무리된 모습은 제2형으로 다시 환원되고 있는 것이다.

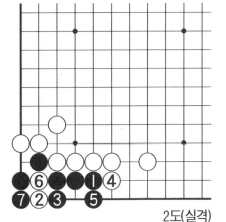

2도(실격)

2도(치중)

본도 흑1은 궁도를 먼저 넓히려는 의도지만 백2의 치중에 의해 백8까지 잡히고 만다.

⑧‥⑥

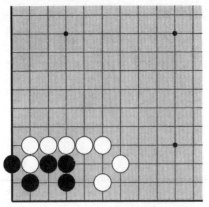

파생형 1 (흑선)

【파생형 1】

이 모양도 먼저 눈을 만들지 않으면 살 수 없다. 눈을 먼저 만든다는 것은 늦추어 산다는 말과 같은 의미다.

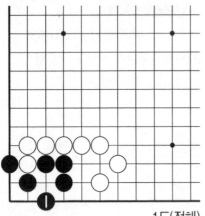

1도(정해)

1도(늦춤)

흑1로 늦추는 것이 옳다. 이 수가 아니고서는 삶이 없다.

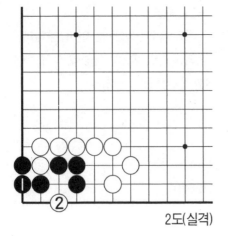

2도(실격)

2도(치중)

흑1로 이어 궁도를 넓히면 백2의 치중이 가장 중요한 급소이기 때문이다.

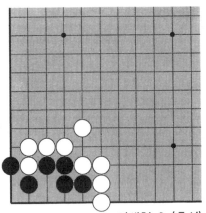

파생형 2 (흑선)

【파생형 2】

이 모양도 같은 맥락에서 볼 수 있다. 무조건 궁도를 넓히다가는 치중으로 잡힌다.

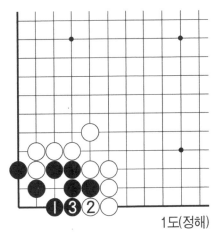

1도(정해)

1도(유일한 수단)

흑1로 두는 것이 유일한 삶의 수단이다.

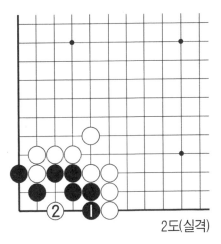

2도(실격)

2도(치중)

흑1로 궁도를 넓혀 백2의 치중을 당하면 어떻게 두어도 살 수 없게 된다.

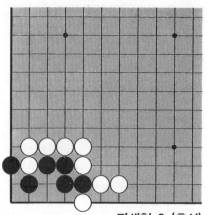

파생형 3 (흑선)

【파생형 3】

이 모양도 파생형 1, 2와 동일한 모양이며 가장 실전적이다.

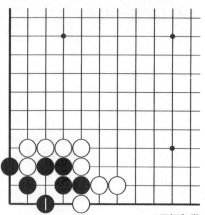

1도(정해)

1도(삶의 급소)

역시 흑1만이 유일한 삶의 급소다.

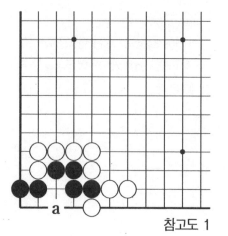

참고도 1

참고도 1(동일한 모양)

이 모양에서도 흑은 a로 사는 방법 외에는 없다. 파생형 3과 사실상 똑같은 모양이기 때문이다.

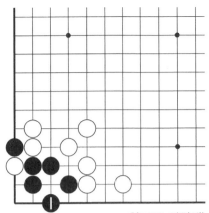

참고도 2(정해)

참고도 2(같은 맥락)

흑1로 두어 사는 모양도 결국은 같은 맥락에 속한다. 늦추어 사는 모양이기 때문이다. 만약 흑1로―

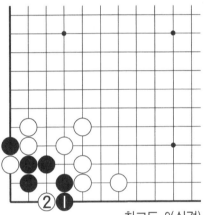

참고도 2(실격)

참고도 2(치중)

본도 흑1에 두는 것은 백2에 치중당하여 살 수 없다.

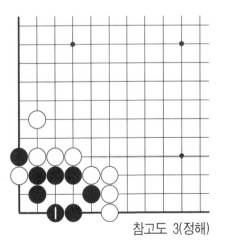

참고도 3(정해)

참고도 3(같은 맥락)

이 모양은 귀8궁의 실전형이지만 흑1로 늦추어 사는 것은 참고도 2와 동일한 수법이며 따라서 제6형의 범주에 속한다. 만약 흑1로 ―

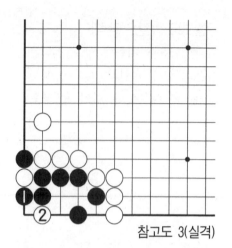

참고도 3(실격)

참고도 3(절명)

본도 흑1로 무심코 두다가는 백
2로 절명하고 만다.

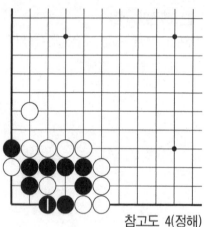

참고도 4(정해)

참고도 4(마찬가지)

이 모양도 귀8궁의 실전형에서
나오는 것이다. 마찬가지로 흑1로
늦추지 않고서는 살 수 없다. 만
약 흑1로―

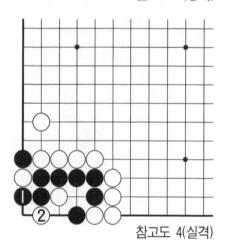

참고도 4(실격)

참고도 4(죽음)

본도 흑1에 두다가는 백2로 알
기 쉽게 삶이 없어진다.

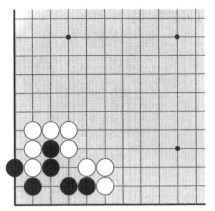

파생형 4 (흑선)

【파생형 4】

난이도가 있어 보이지만 이 모양도 결국은 제6형뿐 아니라 지금까지의 모든 형과도 사실상 일맥상통하는 것이다.

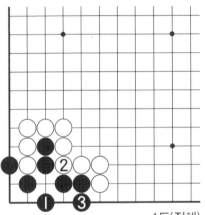

1도(정해)

1도(늦추어 또 한집)

흑1로 늦추고 백2에는 흑3쪽에 눈을 더 만들어 사는 것이 옳다. 만약 흑1로ㅡ

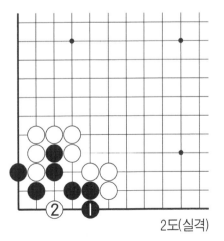

2도(실격)

2도(치중)

본도 흑1에 궁도를 넓히는 것은 백2의 치중으로 끝이다.

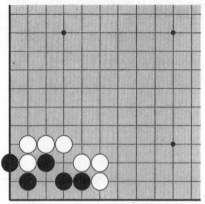

파생형 5 (흑선)

【파생형 5】

이 모양은 파생형 4와 같은 형이지만 그 보다는 약간 열악하기 때문에 패로 저항하는 것이 최선이다.

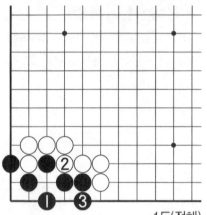

1도(정해)

1도(패)

파생형 4와 수순은 같다. 다만 백2가 있어 패가 되는 점이 다를 뿐이다.

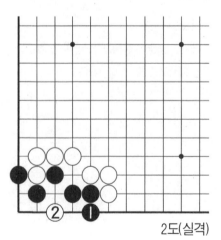

2도(실격)

2도(역시 치중)

본도의 수순 역시 파생형 4의 2도와 같다. 치중을 허락하면 살 수 없는 것이다.

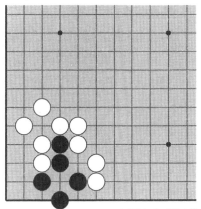

파생형 6 (흑선)

【파생형 6】

어려워 보이겠지만 이 모양도 늦추어 사는 방법에 있어서는 같은 맥락이다.

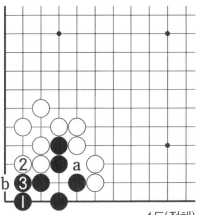

1도(정해)

1도(흑1 급소)

흑1로 늦추는 것이 유일한 활로가 된다. 흑3 이후 a와 b의 맞보기. 만약 백이 2로-

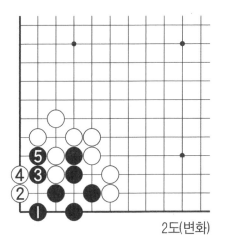

2도(변화)

2도(삶의 수순)

본도 백2까지 진입하면 흑5까지의 수순을 거쳐 삶을 확인할 수 있다.

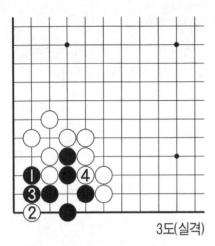

3도(실격)

3도(귀곡사)

흑1로 궁도를 넓히려고만 하면 귀의 마술에 걸린다. 백2의 급소는 치명적인 곳이다. 이 모양은 백4까지 귀곡사로 잡힌 그림이다.

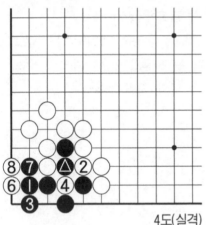

4도(실격)

4도(회심의 수순)

늦추지 않고 흑1에 빠지는 것은 백8까지의 회심의 수순으로 살 수 없다.

⑤‥▲

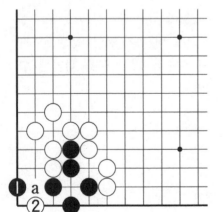

5도(실격)

5도(억측)

흑1도 얼핏 급소처럼 보이지만 흑의 억측으로, 백2로 치중하면 삶이 없다. 참고로 백2로는 a에 끼워도 잡을 수 있다.

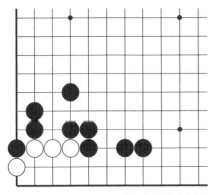

잡기 1문 (흑선)

잡기 1문(귀삼궁)

우선 이러한 모양을 잡는 방법은 과연 몇 가지나 되는지 스스로 생각해 보는 것도 좋을 것이다. 결론을 먼저 말하면 이 백을 잡는 방법은 3가지가 된다. 그러나 급소의 위치가 바뀌는 것은 아니다.

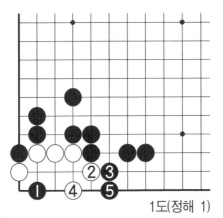

1도(정해 1)

1도(치중)

우선 흑1의 치중으로 잡는 수순이다. 수순 중 흑5는 생략할 수도 있지만 백에게 패의 수단이 있을 수 있으므로 여기까지를 정해로 하겠다.

2도(정해 2)

2도(젖히고 치중)

흑1로 먼저 젖히고 치중하는 것도 일책이다. 이렇게 잡는 수순도 중요하므로 반드시 익혀 두는 것이 좋다.

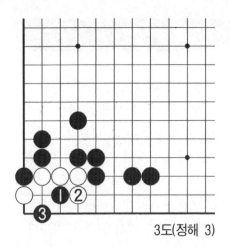

3도(정해 3)

3도(중요한 급소)

마지막으로 본도의 수순이 있다. 지금까지의 결과로 볼 때 가장 중요한 급소는 흑3의 곳이라는 것을 알 수 있지만, 본도의 수순이 아니면 안되는 경우도 있으므로 이 수순도 중요하다.

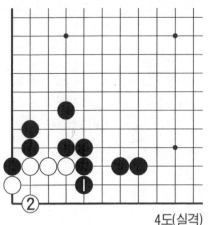

4도(실격)

4도(상형)

흑1로 밖으로부터 좁히면 백2로 산다는 것은 제3형부터 보아온 것이다.

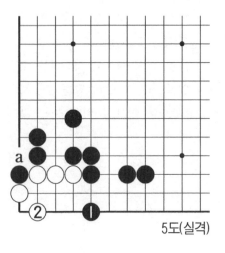

5도(실격)

5도(쓸모없는 맥)

흑1로 두는 것이 통할 때가 없는 것은 아니지만 이 경우는 a로 잡히는 수가 있어 성립하지 않는다.

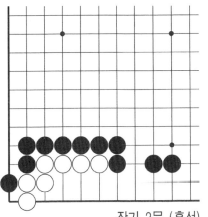

잡기 2문 (흑선)

잡기 2문(변3궁)

이 모양은 잡기 1문이 변으로 2칸 이동한 것이라고 생각하면 된다. 따라서 잡는 방법도 잡기 1문과 똑같은 3가지가 있다.

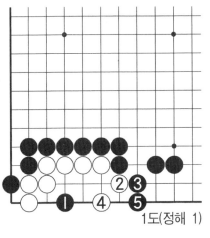

1도(정해 1)

우선 1도는 잡기 1문의 1도와 동일한 것이다. 마찬가지로 2도는 잡기 1문의 2도, 3도는 잡기 1문의 3도와 같은 방법임을 알 수 있다.

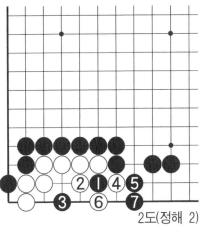

2도(정해 2)

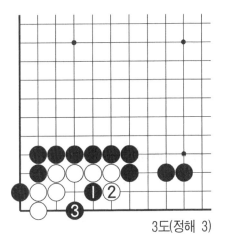

3도(정해 3)

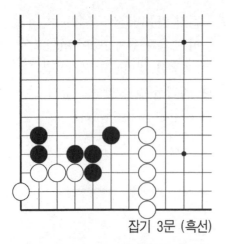

잡기 3문(귀3궁)

이 모양은 잡기 1문과 같지만 우변의 백을 염두에 두어야 한다. 따라서 잡는 방법은 잡기 1, 2문의 2도의 수순이 아니면 성공하지 못한다.

잡기 3문 (흑선)

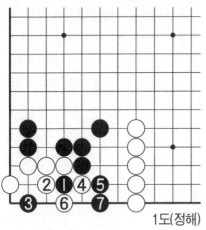

1도(유일한 해결책)

이 수순이 유일한 해결책이다. 흑1로 젖힌 다음 3의 치중. 흑7까지 우측의 백 지원군을 따돌리며 잡을 수 있다. 만약 흑1로ㅡ

1도(정해)

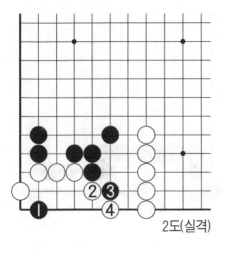

2도(연결)

흑1에 치중하는 것은 백2·4로 연결하므로 실격이다.

2도(실격)

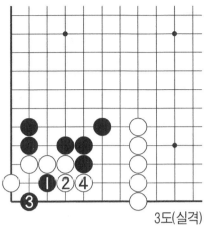

3도(실격)

3도(연결)

흑1도 백2때 흑3으로 결정타를 날리겠다는 뜻이나, 이번에는 백4까지 연결하여 실패한다.

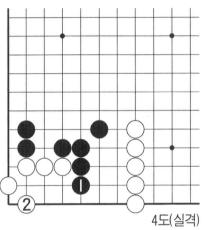

4도(실격)

4도(상식)

흑1, 이런 식으로 연결을 방해하면 백2의 삶은 이제 상식이라고 생각하는 것이 좋다.

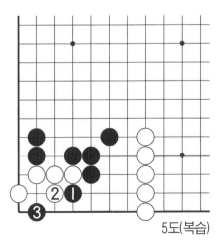

5도(복습)

5도(익혀 둘 수순)

흑1·3의 수순은 익혀 두어야 할 수순이다. 그만큼 실전적이기 때문이다.

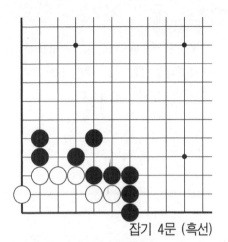

잡기 4문(귀3궁)

이 모양은 잡기 3문과 사실상 같은 맥락이다. 왜 그런지는 정해의 수순을 보면 안다.

잡기 4문 (흑선)

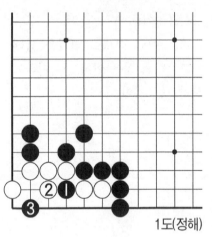

1도(정해)

1도 흑1은 잡기 3문의 젖힘수에 해당하는 것이다. 그리고 흑3으로 치중하면 같은 수순이 된다.

2, 3도의 수법은 이 모양에서도 마찬가지로 성립하지 않는다. 백2 · 4로 외곽을 최대한 키우면 빅이 나기 때문이다.

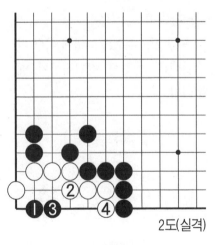

2도(실격)

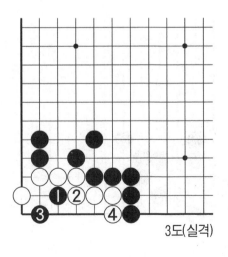

3도(실격)

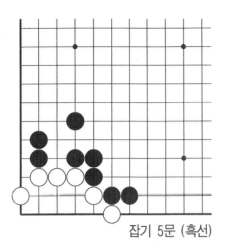

잡기 5문 (흑선)

잡기 5문(귀3궁)

이 모양은 잡기 1, 2문의 3도의 수순으로 잡는 것만이 유일한 정해가 된다.

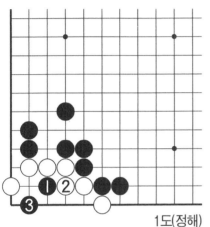

1도(정해)

1도(용이주도)

이번에는 흑1·3의 용이주도한 수순이 유일한 길이다.

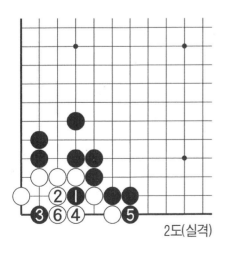

2도(실격)

2도(패)

이번에는 흑1·3의 수순이 성립하지 않는다. 백6까지 패가 되기 때문이다.

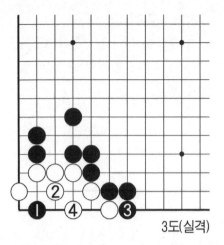

3도(실격)

3도(패)

흑1의 치중도 실격이다. 백4까지 패를 피할 수 없기 때문이다. 또 수순 중 흑3으로—

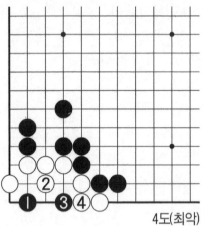

4도(최악)

4도(빅)

본도처럼 두는 것은 백4까지 빅으로 살게 되어 최악이다.

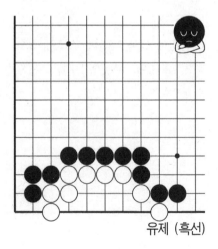

유제 (흑선)

[유제]

잡기 5문이 변으로 3칸 이동하게 되면 이 모양이 된다. 어떻게 잡는지는 잡기 5문의 1도를 보면 알 수 있다.

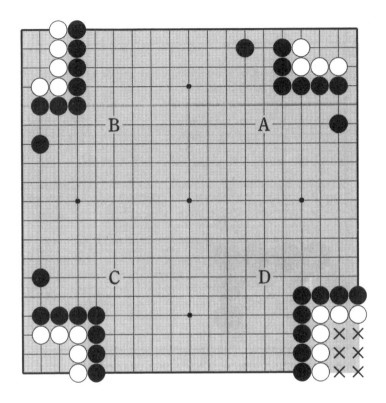

　귀6궁이라는 말은 낯선 말일 것이다. 이 모양은 **D**처럼 모두 막혔을 때 ×의 곳이 6집이라는 뜻으로 이해하면 되는데, 그 기본형은 **A**로부터 시작한다.

귀6궁—살 수는 없지만

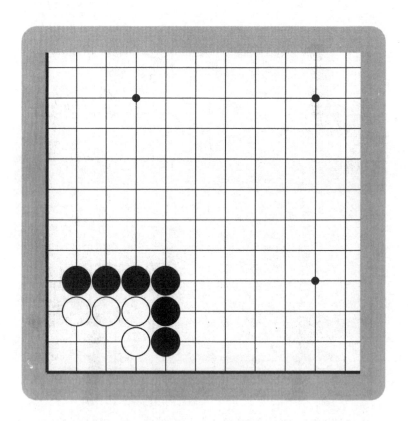

이 모양은 귀6궁의 가장 기본형에 해당한다. 그러나 이 자체로는 백이 먼저 두어도 살 수 있는 모양이 아니지만, 이로부터 실전에 필수적인 각종 파생형이 나타난다.

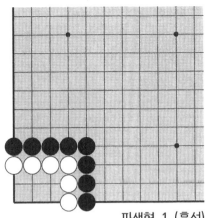

파생형 1 (흑선)

【파생형 1】

우선 이 모양을 검토해야 할 것
이다 급소는 어디일까.

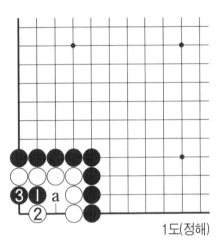

1도(정해)

1도(자충)

급소는 흑1, 즉 '2의 2'의 곳이
다. 흑3 다음 백은 자충 때문에
a에 둘 수 없으므로 이것으로 간
단히 잡힌다.

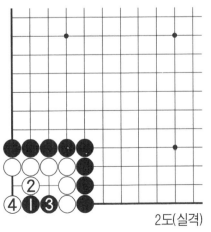

2도(실격)

2도(패)

흑1은 이 경우 정해가 아니다.
백4까지 패가 되기 때문이다. 단,
밖의 공배가 1곳 있다면 이 그림
이 정해가 되며, 2곳 이상이 있다
면 이 백은 잡을 수 없다.

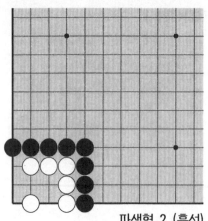

파생형 2 (흑선)

【파생형 2】

이 모양은 첫 수가 눈에 보인다. 따라서 잡는 형태는 파생형 1의 정해와 같아진다.

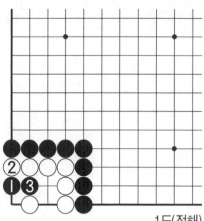

1도(정해)

1도(같은 방법)

흑1·3으로 잡는 모양은 파생형 1의 정해와 같다는 것을 알 수 있다.

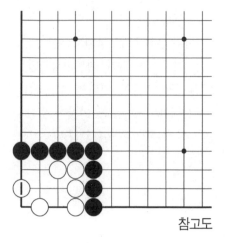

참고도

참고도(정수)

따라서 백은 본도와 같은 모양에서 백1로 두어 사는 것이 정수다.

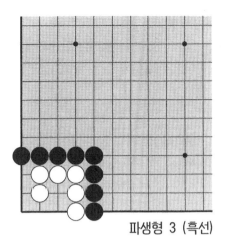

파생형 3 (흑선)

【파생형 3】
　이 모양은 백에게 파생형 1, 2 보다 끈질긴 저항 수단이 있다. 따라서 패가 정해다.

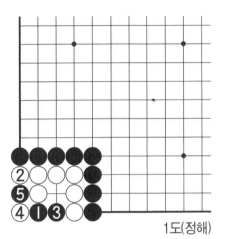

1도(정해)

1도(흑의 선패)
　흑1은 파생형 1에서 보았던 자충을 유도하는 전형적인 맥이다. 흑5까지 흑의 선패가 쌍방 최선이다.

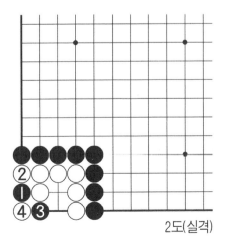

2도(실격)

2도(늘어진 패)
　흑1의 붙임도 백4까지 패는 되지만 1수 늘어진 패가 되므로 실격이다.

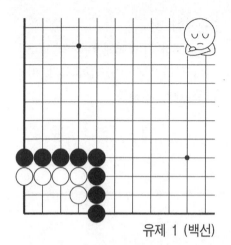

유제 1 (백선)

[유제 1]

백이 한 수로 완벽히 살려면 이
와 같은 모양에서는 어디가 급소
일까.

풀이(급소)

백1의 곳, 즉 '2의 1'이 급소다.

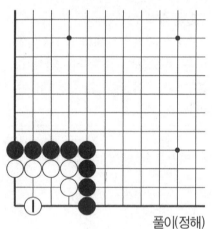

풀이(정해)

[유제 2]

이 모양은 완벽히 살 수 없다.
파생형 3으로 유도하여 패가 되는
것이 최선이다.

풀이(패)

백1로 꼬부리는 수가 최선이다.
이후의 수순은 파생형 3의 1도에
서 본 바와 같다.

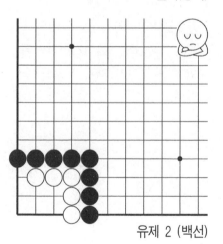

유제 2 (백선)

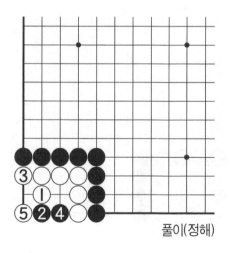

풀이(정해)

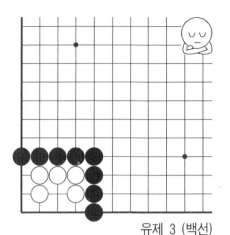

유제 3 (백선)

[유제 3]

이 모양은 2가지의 삶이 있지만 정해는 하나다. 또 파생형 3으로 만드는 것은 패가 되므로 실격이다.

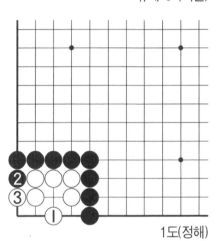

1도(정해)

1도 백1에 두어 3집으로 사는 것이 정해다. 2도도 살기는 했지만 2집이므로 1집을 손해보아 실격이다. 또 3도의 수순은 파생형 3의 패로 환원되어 실격이다.

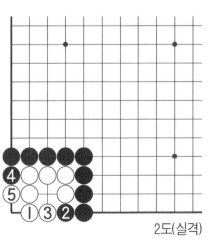

2도(실격)

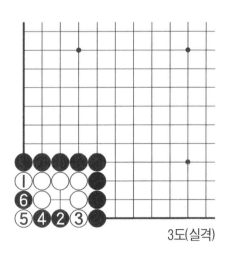

3도(실격)

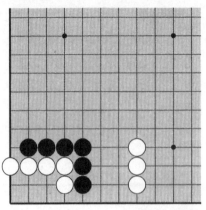

파생형 4 (흑선)

【파생형 4】

흑으로 귀의 백을 잡아야 하는
데 우측 백의 응원군이 문제가 되
고 있다. 죽음의 궁도를 만드는 수
순이 중요하다.

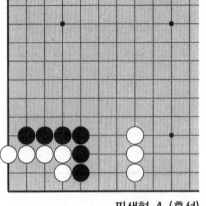

1도(정해)

1도(요령)

흑1로 궁도를 좁히고 흑3에 치
중하는 것이 요령이다. 백4에는 흑
5로 늦추어 차단할 수 있다.

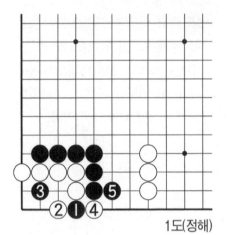

2도(실격)

2도(간과)

흑1은 우측 백의 응원을 간과한
것이다. 백2로 연결을 모색하면 흑
3으로 차단해야 할 때, 백4로 껴
붙여 간단히 살고만다.

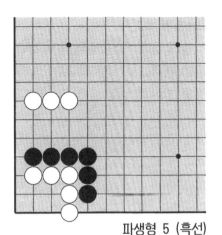

파생형 5 (흑선)

【파생형 5】

파생형 4와 같은 맥락이라고 생
각하면 된다.

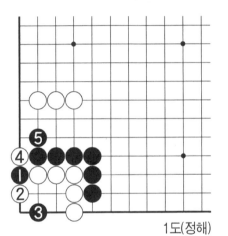

1도(정해)

1도(수순)

흑1·3이 수순이다. 백4에는 흑
5로 늦추어 차단한다.

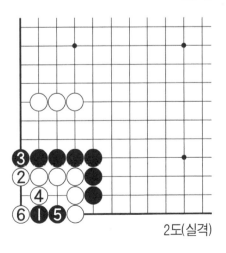

2도(실격)

2도(패)

흑1로 먼저 치중하는 것은 백2
·4의 패로 저항하는 수단이 있어
실격이다.

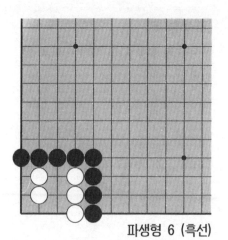

파생형 6 (흑선)

【파생형 6】

이 모양은 제2형에서 다룬 것이지만 본래는 이처럼 귀6궁에서 파생된 것이다.

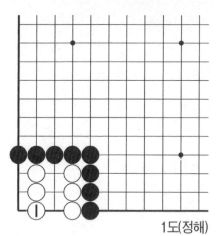

1도(정해)

1도(확실)

백1로 양쪽에 두 눈을 확실히 나누는 것이 유일한 삶의 수단이다.

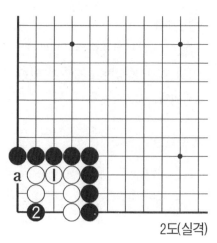

2도(실격)

2도(패)

백1에 흑2로 패가 된다는 것은 앞서 여러 번 설명했을 것이다. 백1로 a에 두어도 흑2쪽을 허락하면 역시 패가 된다.

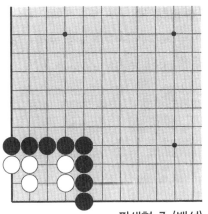

파생형 7 (백선)

【파생형 7】

이 모양은 제1형에서 다룬 바 있지만 본래는 이 역시 귀6궁에서 파생된 것이다.

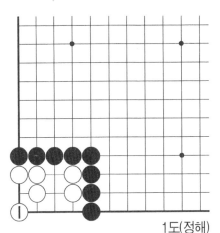

1도(정해)

1도(확보)

역시 백1로 두어 두 눈을 확보하지 않으면 패를 피할 수 없다.

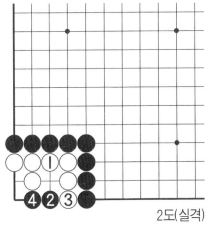

2도(실격)

2도(패)

백1이나 백3으로 궁도를 넓혀도 패를 피할 수 없어 실격이다.

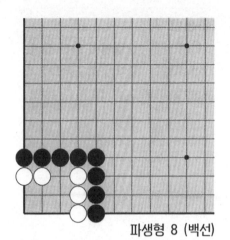

파생형 8 (백선)

【파생형 8】
　이 모양은 파생형 3의 유제 1과 같은 곳의 급소를 가지고 있다.

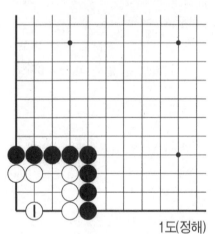

1도(정해)

1도(2의 1)
　백1, 즉 '2의 1'에 두어야 패 없이 살 수 있는 것이다.

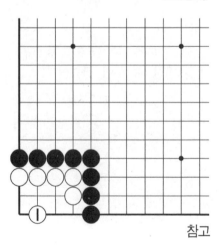

참고

참고(비교)
　바로 이 모양이 파생형 3의 유제 1에 대한 정해였다.

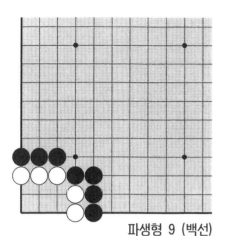

파생형 9 (백선)

【파생형 9】

이 모양은 열악하지만 사는 곳은 파생형 8이나 파생형 8의 참고와 같은 곳의 급소를 가지고 있다.

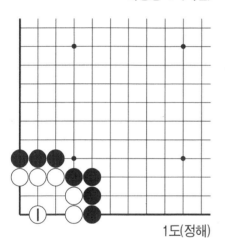

1도(정해)

1도(보장)

조금 전까지는 열악했던 모양이지만 백1로 지키는 순간 완벽한 삶이 보장된다.

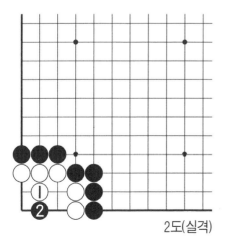

2도(실격)

2도(패)

본도 백1은 잘못된 수비다. 흑2로 공격하면 패 이상의 수단은 없다.

귀6궁(변형)

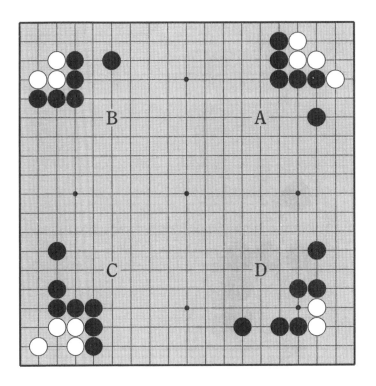

그림 A, B, C, D를 자세히 살펴보면 제7형의 귀6궁이 약간 변형되었다는 것을 알 수 있을 것이다. 귀6궁의 기본형은 그냥 잡히기 때문에 실전에서는 이처럼 변화하여 삶을 도모하게 된다. 이 모양의 기본형은 그림 B이며, 그림 D는 선택의 수순이 있어 난이도가 약간 높아진 모양이다.

귀6궁(변형) - '2의 2'가 급소

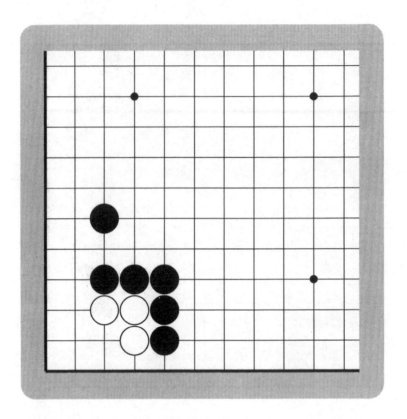

이 모양이 귀6궁의 변형 중 가장 기본형이며 실전형이기도 하다. 이 모양을 살리는 수순은 생각보다 간단하고 변화도 많지 않으므로 쉽게 숙지할 수 있을 것이다.

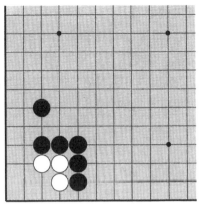

대표형 (백선)

【대표형】

　이 모양을 살리는 수순은 간단하다. 그리고 변화도 그리 많지 않으므로 암기해 두는 것이 좋다.

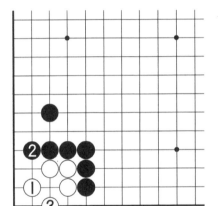

1도(정해)

1도(같은 패턴)

　이 수순이 정해다. 백3으로 늦추는 것은 제6형의 패턴과 다르지 않으며, 백1도 웅크려 사는 것이므로 사실상 의미는 같다.

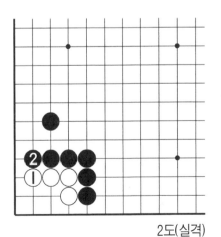

2도(실격)

2도(단순)

　백1로 두어 흑2로 막힌다면 제7형의 귀6궁 기본형이 된다. 따라서 먼저 두어도 살 수 없다.

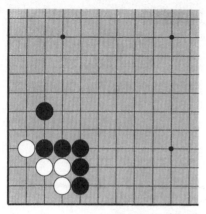

파생형 1 (흑선)

【파생형 1】

이 모양은 대표형의 웅크리는 수 대신 젖혀진 상황이다. 젖힌 것은 급소를 간과한 실수이므로 흑은 백을 알기 쉽게 잡을 수 있다.

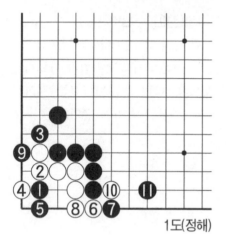

1도(정해)

1도(치중)

흑1의 치중이 급소다. 본래 흑 11쪽은 막혀 있다고 생각하는 것이 보통이지만, 이 상태로도 흑11의 맥에 의해 탈출이 불가능하다는 것을 참고로 보여 준다.

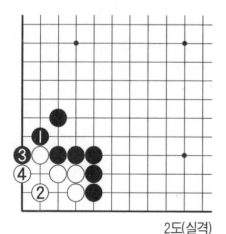

2도(실격)

2도(패)

흑1은 백의 실수를 응징하지 못하고 백4까지 패로 저항하게 하여 실격이다.

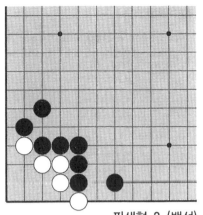

파생형 2 (백선)

【파생형 2】

　이 모양은 제2형－파생형 6에서 다룬 바 있지만 본래는 제8형에서 파생되는 실전형이다. 제8형－파생형 1과 다른 점은 오른쪽에 젖혀져 있는 돌이 있다는 것인데, 백은 이 돌을 이용하여 사는 수가 생겼다.

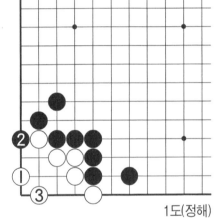

1도(정해)

1도(절묘)

　백1·3의 절묘한 수순이 제2형－파생형 6에서 본 것이다.

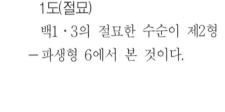

2도(실격)

2도(패)

　백1은 이 경우 실격이 된다. 흑2 다음 백a로 패가 되는 것이 고작이기 때문이다.

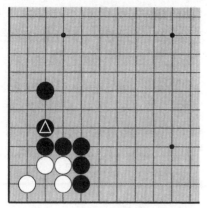

파생형 3 (흑선)

【파생형 3】

대표형에서 흑△가 보강되어 있다면 흑에게도 패로 공격하는 수단이 있다.

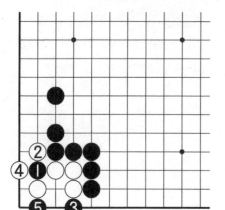

1도(정해)

1도(패)

흑1이 강력한 공격수다. 이하 흑5까지 패가 된다. 수순 중 백2로―

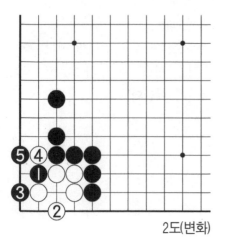

2도(변화)

2도(패)

흑1로 껴붙였을 때 백2에 먼저 지키면 흑3·5로 역시 패가 된다.

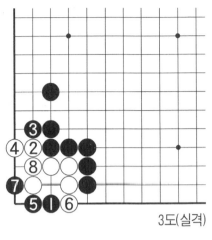

3도(실격)

3도(빅)

흑1의 치중은 백4를 읽지 못한 착각이다. 백8까지 빅이 되므로 실격이다.

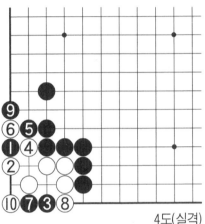

4도(실격)

4도(탈출 가능성)

흑1로 뛰어 공격하는 수가 없지는 않으나 실전의 경우, 백8로는 흑9쪽으로 탈출하는 수도 있으므로 이 변화는 그냥 참고만 하기 바란다. 그러나 수순 중 백4로―

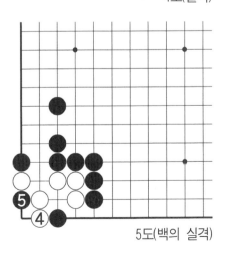

5도(백의 실격)

5도(위험천만)

무심코 본도 백4로 두면 흑5로 공격하는 수단이 있어 백 위험천만이다.

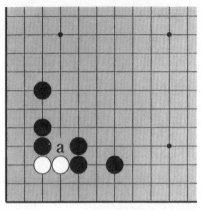

파생형 4 (백선)

【파생형 4】

이 모양도 실전형이며 제8형 중 가장 난이도가 높다. 또 이 모양은 귀6궁이 귀8궁으로 변화하기 직전의 상태이기도 한데, 문제는 백이 a의 공배를 어떻게 이용하는가다.

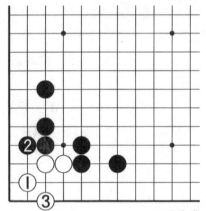

1도(정해)

1도(정수)

백1·3으로 두는 것이 정수다. 이 수순이 대표형으로 사는 것과 동일한 맥락이 된다. 만약 수순 중 백3으로—

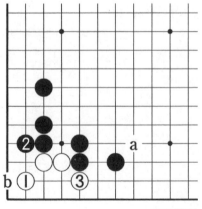

2도(참고)

2도(백 위험)

백3에 먼저 젖히는 것은 흑b로 공격할 수도 있으므로 위험하다. 만약 흑이 a쯤에 있다면 귀의 특수성이 작용하여 패모양이 생기는 것이다. 반드시 참고하기 바란다.

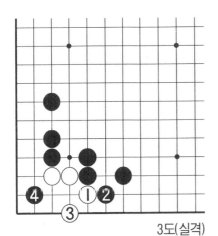

3도(실격)

3도(조급)

백1도 웅크려 늦추는 기본형을 숙지하지 못한 조급한 수순이며, 백3에는 흑4의 급소 치중으로 삶이 없다.

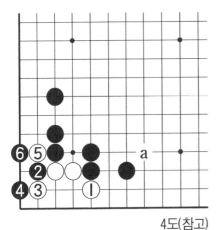

4도(참고)

4도(패 부담)

백1은 근본적으로 흑2·4의 공격 가능성을 배제할 수 없으므로 패의 부담이 있어 실격이다. 흑이 a쯤에 있다면 더욱 그렇다.

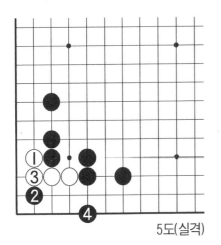

5도(실격)

5도(상용의 맥)

백1도 흑2·4의 수순으로 잡히므로 실격이다. 수순 중 흑4는 2와 연관된 상용의 맥이다.

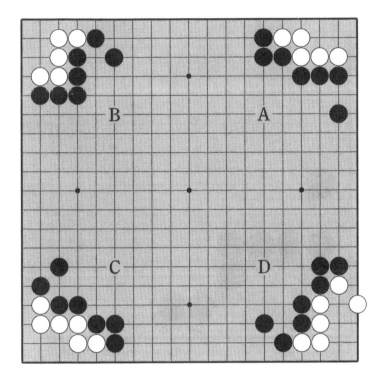

　그림 **A**, **B**는 귀6궁이 발전하여 7궁으로 한칸 넓어
진 모양이며 **그림 C, D**는 그보다 한칸이 더 넓어져
완벽히 살아 있는 모양이다. 이 모양들도 본래는 귀6
궁에서 파생된 것이지만, 공격하는 방법이 모두 달라
4가지 형으로 분류했다.

귀7궁—반생 반사?

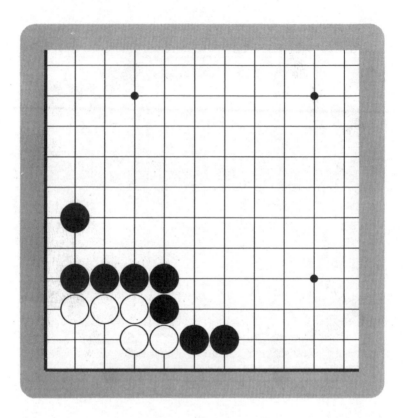

이 모양은 귀6궁에서 오른쪽의 공간이 한 칸 넓어진 것이다. 이런 모양들을 흔히 반생 반사(半生半死…먼저 두는 쪽이 살 수 있거나 잡을 수 있는 모양을 말한다.)라고 하는데, 잡는 수순을 정확히 아는 아마추어는 뜻밖에도 드문 것 같다.

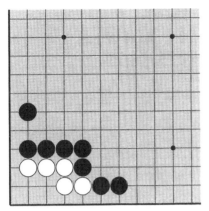

대표형 (흑선)

【대표형】

　이 모양은 기본형인데 잡는 수단은 2가지가 된다.

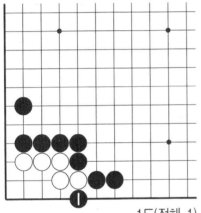

1도(정해 1)

1도(간단)

　우선 가장 간단하게 잡는 수단은 흑1이다. 궁도를 좁혀 잡는 방법이다.

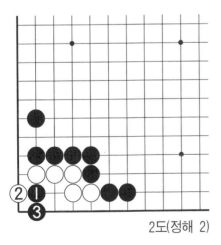

2도(정해 2)

2도(치중)

　또 하나는 흑1로 치중하는 수단이다. 이 두 가지를 제외하면 백은 패로 저항할 수 있다.

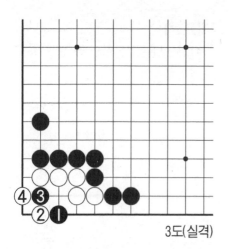

3도(실격)

3도(패)

우선 흑1의 치중은 백2의 저항으로 패가 되고—

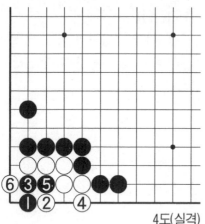

4도(실격)

4도(패)

흑1로 이쪽을 치중하면 백2 이하의 저항으로 패가 된다.

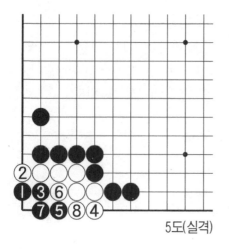

5도(실격)

5도(후격패)

흑1의 치중도 상용되는 급소이기는 하지만 백8까지 패를 피할 수 없어 실격이다. 이후 수순은 직접 확인하기 바란다. 백이 흑 넉점을 따낸 후 생기는 패이므로 '후격패'라 한다.

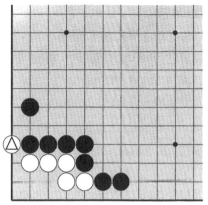

파생형 1 (흑선)

【파생형 1】

백△가 젖혀져 있기는 하지만 대표형과 다른 점은 없다.

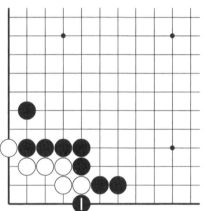

1도(정해 1)

1도(젖힘)

이 모양도 흑1의 젖힘이 가장 쉽게 잡는 수단이 된다.

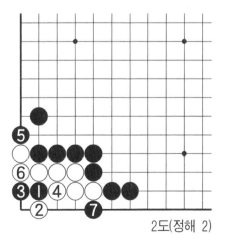

2도(정해 2)

2도(자충)

이 모양에서도 흑1의 치중이 성립한다. 백2로 저항해도 흑7까지 자충이 있기 때문이다.

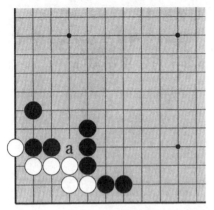

파생형 2 (흑선)

【파생형 2】

파생형 1에서 a에 공배가 하나 생긴 모양이다. 그렇다면 잡는 수단은 한 가지 뿐이다.

여기서는 1도 흑1만이 유일하게 잡는 수단이 된다. 2도 흑1은 백2의 저항이 있어 패가 되므로 실격이다. 만약 2도의 수순 중 흑3으로 3도 흑3에 두면 백4로 그만이다. a의 공배가 비어 있기 때문에 이번에는 자충이 성립하지 않는다.

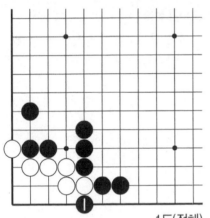

1도(정해)

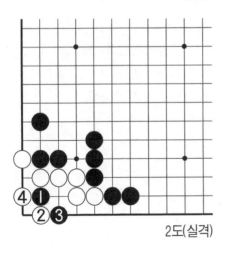

2도(실격)

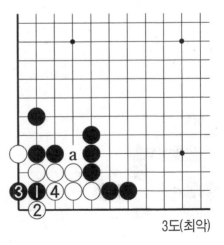

3도(최악)

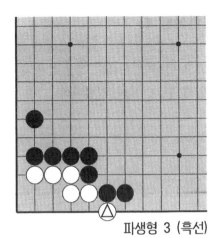

파생형 3 (흑선)

【파생형 3】

이번에는 백△쪽이 젖혀져 있는 모양이다. 이때는 대표형부터 파생형 2의 1도로 잡는 수는 성립하지 않는다.

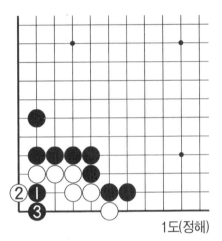

1도(정해)

1도(붙임)

이번에는 오로지 흑1의 붙임뿐이다. 백2에는 흑3으로 그만.

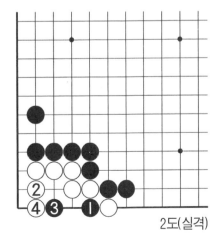

2도(실격)

2도(상용수단)

여기서 흑1은 젖힘이 아니고 먹여친 수가 된다. 백은 2·4로 흑의 자충을 이용하여 살 수 있다. 백2·4와 같은 수법은 상용수단이다.

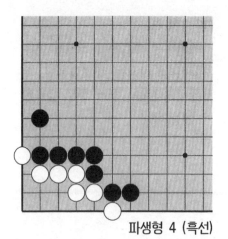

파생형 4 (흑선)

【파생형 4】

　이번에는 양쪽이 모두 젖혀져 있는 모양이다. 이때는 그냥 잡을 수 없게 된다. 패가 정답이다.

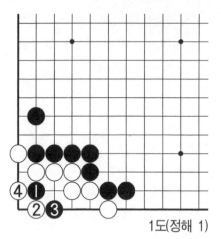

1도(정해 1)

　1도(패)

　우선 흑1 이하의 패가 있다. 백 2·4의 수순에도 주의를 요한다.

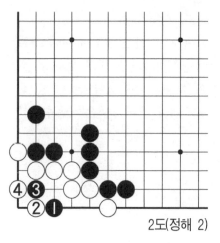

2도(정해 2)

　2도(패)

　흑1 이하의 패도 이번에는 정해가 된다. 이 모양은 수순이 바뀌기는 했지만 1도와 다르지 않다. 이 두 가지의 패 이외에는 모두 실격이라 할 수 있다.

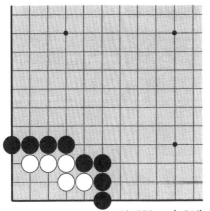

파생형 5 (백선)

【파생형 5】

이 모양은 반드시 알아둘 필요가 있는 기본형이다. 백이 사는 방법은 두 가지가 되지만 정답은 한 가지뿐이다.

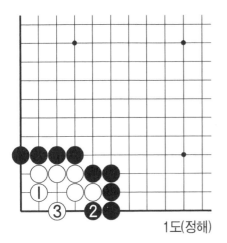

1도(정해)

1도(3집 삶)

백1·3이 정수다. 이 모양만이 3집으로 사는 정해가 된다. 제7형 귀6궁에서 설명한 바 있다. 또 수순 중 백3으로―

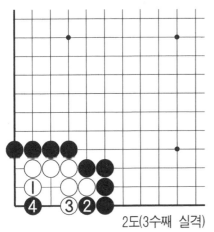

2도(3수째 실격)

2도(공격)

본도 백3에 두면 흑4로 공격당한다는 것도 제7형에서 설명한 바 있다.

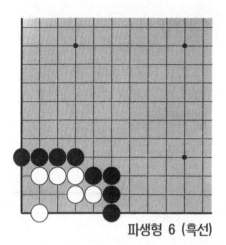

파생형 6 (흑선)

【파생형 6】

이 모양은 백이 잘못 수비한 그림이다. 파생형 5의 1도로 살아야 했던 것이다.

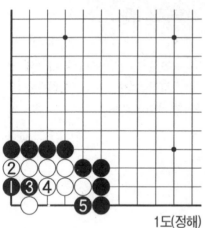

1도(정해)

1도(자충 유도)

흑1·3이 백의 자충을 추궁하는 수순이다. 유의할 점은 수순 중 흑3으로—

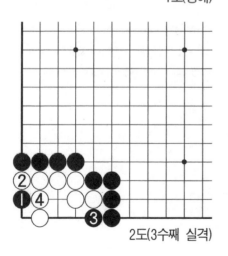

2도(3수째 실격)

2도(수순 미스)

본도 흑3에 먼저 두면 백4로 살게 된다는 것이다.

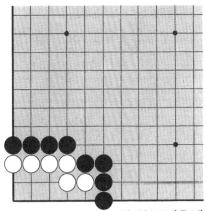

파생형 7 (흑선)

【파생형 7】

　이 모양도 파생형 5의 1도로 살지 않았을 때의 변화다. 그리고 이 변화에는 파생형 6의 1도가 있다.

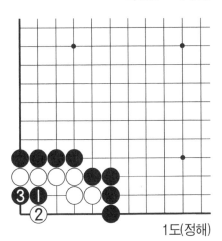

1도(정해)

1도(같은 방법)

　이 수순은 파생형 6의 1도와 같은 방법으로 잡는 그림이다.

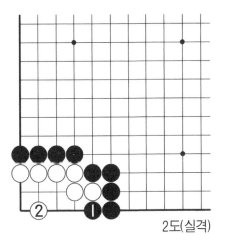

2도(실격)

2도(설명한 대로)

　단순히 흑1에 백2로 산다는 것은 앞서 두 차례나 설명한 바 있다.

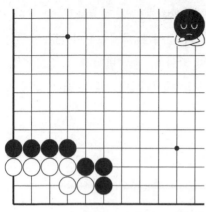

유제 1 (흑선)

[유제 1]
파생형 7의 원형은 이것이다. 이 때는 패가 정답이다.

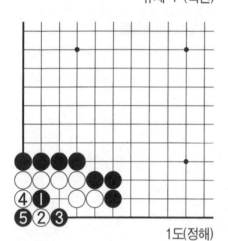

1도(정해)

1도(숙지)
본도와 같은 수순은 사활에서 자주 나타나는 진행이므로 숙지해 둘 필요가 있다. 만약 수순 중 흑3으로—

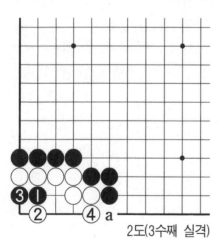

2도(3수째 실격)

2도(공배에 주의)
본도 흑3에 두는 것은 백4로 그냥 살게 되므로 주의해야 한다. a가 비어 있기 때문이다.

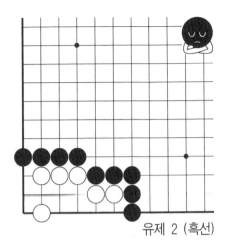

유제 2 (흑선)

이 모양은 파생형 6, 7과 같은 패턴으로 잡히는 실전형인데, 귀8 궁에서도 다루겠지만 먼저 참고로 알아 두면 좋을 것이다.

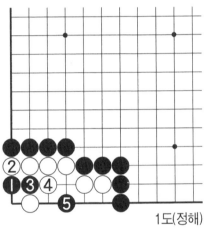

1도(정해)

1도(같은 패턴)

흑1·3과 더불어 흑5의 치중이 파생형 6, 7과 같은 패턴이라는 것을 알 수 있다.

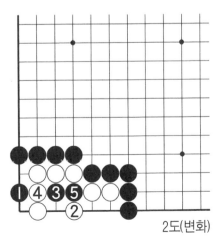

2도(변화)

2도(후격)

참고로 백2에는 흑3·5의 희생타에 의한 후격으로 잡힌다는 것을 일러둔다. 자세한 변화는 귀8 궁에서 다루기로 하겠다.

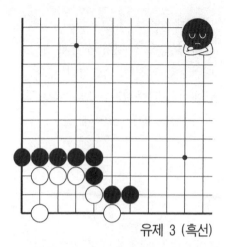

유제 3 (흑선)

[유제 3]

이 모양도 파생형 6, 7과 같은 패턴으로 잡을 수 있다. 또 유제 2와도 같은 수순이다.

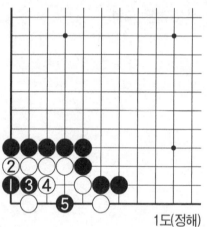

1도(정해)

1도(같은 수순)

흑5까지의 수순은 유제 2와 정확하게 일치하는 것이다.

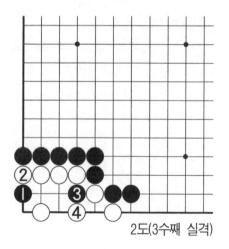

2도(3수째 실격)

2도(패)

1도와 같은 수단을 익혀 두지 않으면 이와 같은 패를 만들기 십상이다.

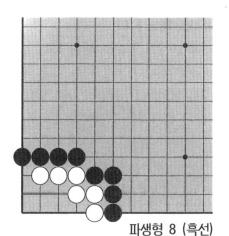

파생형 8 (흑선)

【파생형 8】

이 모양도 파생형 5의 1도로 살지 않았을 때의 변화다. 이 모양은 잡는 방법이 3가지가 된다.

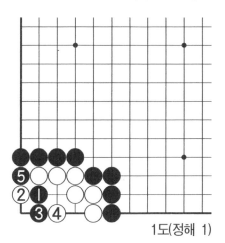

1도(정해 1)

1도(자충)

우선 흑1의 붙임이 있다. 흑5까지 자충이 된다.

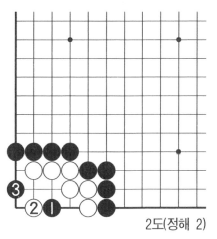

2도(정해 2)

2도(급소 수순)

흑1·3의 수순도 성립한다. 외부의 공배가 메워져 있으므로, 급소를 얻어 맞으면 백은 꼼작할 수 없는 것이다.

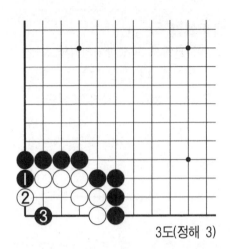

3도(정해 3)

3도(패에 주의)

흑1·3의 수순도 역시 잡는 수단 중 하나다. 백2 다음 흑은 절대로 끊어서는 안된다. 패로 버티는 끈질긴 저항수단이 있으니까.

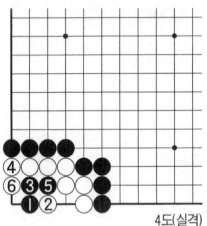

4도(실격)

4도(패)

흑1때 백은 2로 두어 이렇게 패를 할 수도 있지만 흑3의 곳으로 두어 패를 할 수도 있다. 그 수순은—

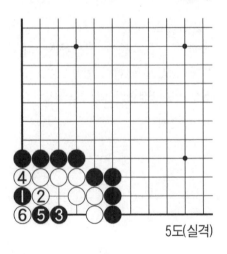

5도(실격)

5도(동일패)

본도의 수순과 동일한 것이다. 어쨌거나 잡을 수 있는 3가지 길을 모두 외면하고 패를 냈으니 실격이다.

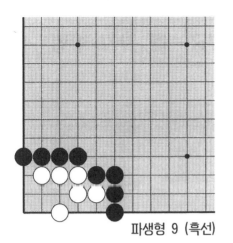

파생형 9 (흑선)

【파생형 9】

이 모양도 파생형 5의 1도로 살지 않았을 때의 변화다. 그러나 이 모양을 잡는 방법은 1가지 뿐이다.

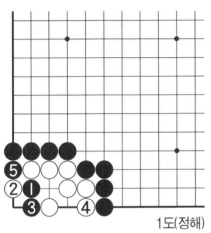

1도(정해)

1도(약점)

흑1 이하의 수순이 아니면 잡을 수 없다. 이런 모양에서는 이와 같이 자충이라는 상대의 약점을 이용하여 잡는 것이다. 수순 중 흑3으로—

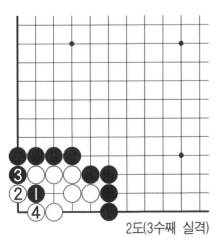

2도(3수째 실격)

2도(패)

본도 흑3에 끊는 것은 자충을 읽지 못한 조급한 수다. 백4로 패가 되어 실격이다.

귀7궁-네 가지 방법

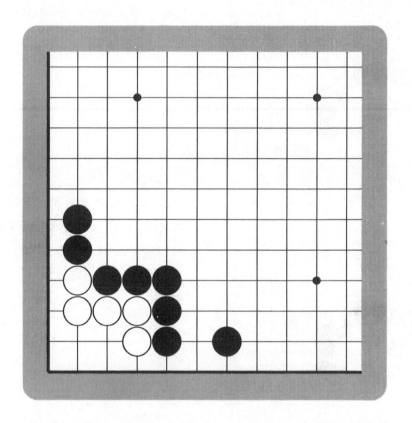

이 모양은 제9형과 비교하여 왼쪽이 한칸 넓어졌다는 점이 다르다. 또 제9형보다는 실전에서 더 많이 등장하는 모양이기도 하다.

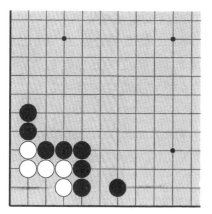

대표형 (흑선)

【대표형】

이 모양은 실전 기본형이며 잡는 방법은 4가지가 된다.

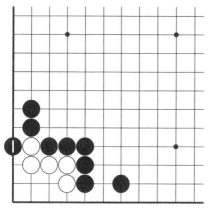

1도(정해 1)

1도(궁도 공격)

먼저 생각할 수 있는 수단은 흑 1로 젖혀 궁도를 공격하는 것이다. 이것으로 가장 알기 쉽게 잡은 그림이다.

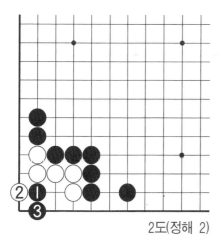

2도(정해 2)

2도(치중)

흑1의 치중으로도 잡을 수 있다. 다만 유의할 점은 백2로—

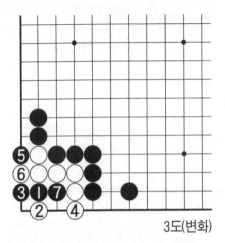

3도(긴요한 수순)

본도 백2에 두었을 때 흑3으로 빠져 백4로 궁도를 넓히면 흑5의 수순이 긴요하다는 것이다.

3도(변화)

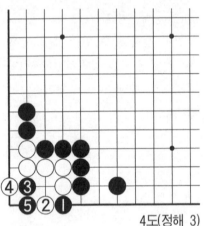

4도(죽은 목숨)

흑1·3의 수순도 성립한다. 여기까지 오면 백은 죽은 목숨이나 마찬가지.

4도(정해 3)

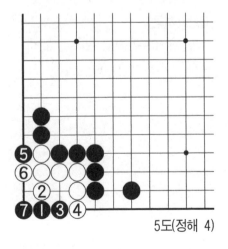

5도(귀곡사)

흑1의 치중도 이 경우 성립한다. 흑7까지 귀곡사로 잡은 그림이다.

5도(정해 4)

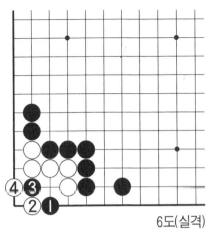

6도(실격)

6도(패)

흑1의 치중은 백이 패로 버틸 수 있어 실격이다. 수순 중 흑3으로―

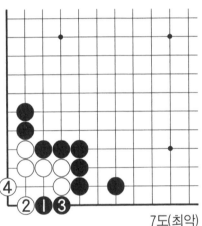

7도(최악)

7도(연결에 급급)

본도 흑3으로 연결에 급급하면 흑으로선 최악의 상황이 벌어진다. 백4로 늦추어 살게 된다.

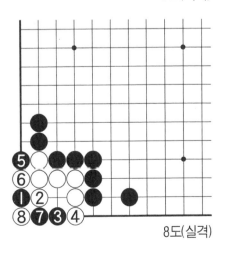

8도(실격)

8도(패)

흑1의 치중도 실격이다. 백이 패로 저항할 수 있기 때문이다.

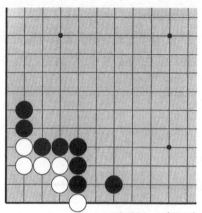

파생형 1 (흑선)

【파생형 1】

대표형에서 오른쪽이 젖혀져 있는 모양이다. 이때는 잡는 방법이 단 한 가지가 된다.

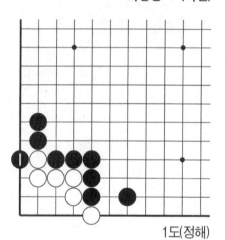

1도(정해)

1도(1선 젖힘)

아주 쉬운 수지만 흑1의 1선 젖힘 이외는 잡는 수가 없다.

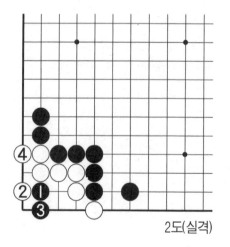

2도(실격)

2도(차단)

흑1로 치중부터 시작하면 오른쪽의 젖힘수로 차단되어 있어 백 4까지 쉽게 산다.

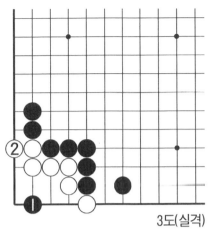

3도(실격)

3도(최소 빅)

흑1의 치중도 성립하지 않는다. 젖힘수에 이미 차단되어 있기 때문이다. 백2로 궁도를 넓히면 최소한 빅은 나는 모양이다.

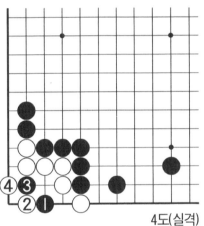

4도(실격)

4도(패)

흑1의 치중은 백4까지 패가 되므로 역시 실격이다.

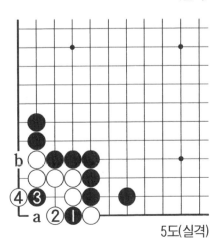

5도(실격)

5도(단순한 먹여침)

흑1은 지금 젖힘의 효력을 가지지 못한다. 단순한 먹여침일 뿐이다. 백4까지 a와 b가 맞보기로 살아 있다.

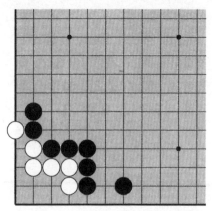

파생형 2 (흑선)

【파생형 2】

　대표형에서 왼쪽이 젖혀져 있는 모양이다. 이때는 잡는 수단이 2가지가 된다.

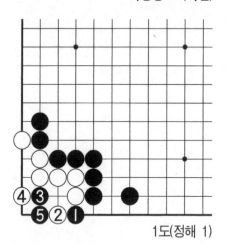

1도(정해 1)

1도(쉬운 수단)

　흑1·3의 수단이 가장 알기 쉽다. 흑5까지 백은 두 눈을 가질 여유가 없다.

2도(정해 2)

2도(귀곡사)

　이번에는 흑1의 치중도 성립한다. 오른쪽이 차단되어 있지 않기 때문인데 흑5까지 백의 삶은 없다. 계속 진행되면 귀곡사로 결말난다.

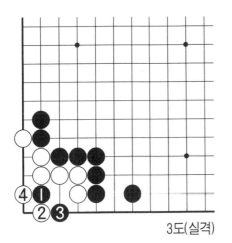

3도(실격)

3도(패)

이 경우 흑1의 치중은 성립하지 않는다. 백4까지 패가 고작인데, 만약 흑이 3으로—

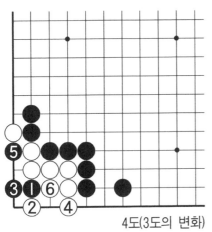

4도(3도의 변화)

4도(자충)

본도 흑3에 둔다면 백6까지 흑의 자충을 이용하여 산다. 이 모든 것이 젖힘수 하나의 차이다. 만약 수순 중 흑5로—

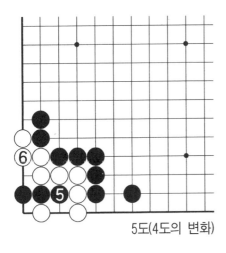

5도(4도의 변화)

5도(빅)

본도 흑5에 둔다면 백6으로 빅이 된다.

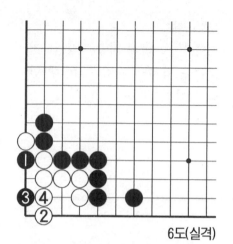

6도(실격)

6도(단순한 먹여침)

이번에는 흑1이 먹여침의 작용
밖에 할 수 없다. 이때 백은 2·4
의 수순으로 살 수 있다.

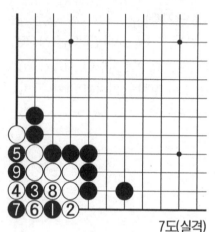

7도(실격)

7도(복잡한 수순)

흑1의 치중은 약간 복잡한 수순
을 필요로 한다. 흑9까지 진행된
이후―

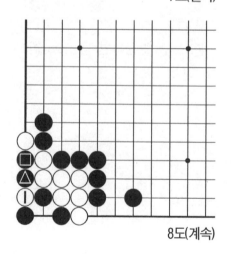

8도(계속)

8도(양패)

백1로 따내고 흑2로 되따낼 때
백3으로 양패가 되어 산다.

❷‥△ ③‥▣

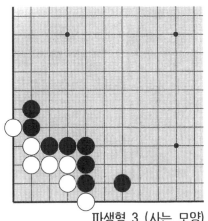

파생형 3 (사는 모양)

【파생형 3】

결론을 먼저 말하자면 이 백을 잡는 수는 없다. 양젖힘의 위력이 그만큼 큰 것이다. 흑의 최선은 양패인데, 양패면 무한한 팻감공장이 되므로 백도 실전에서는 이런 모양을 조심해야 한다.

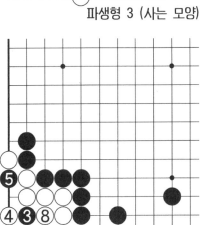

1도

1도(양패)

이 수순은 파생형 2의 7도와 같은 것이다. 이후의 진행은 앞 페이지 8도를 보면 된다.

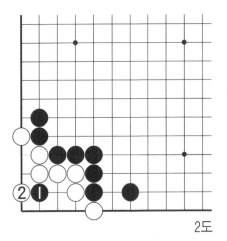

2도

2도(별무신통)

흑1의 치중은 백2로 알기 쉽게 살게 되며―

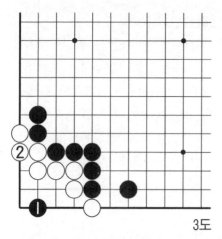

3도

3도(빅)

본도 흑1의 치중도 백2로 궁도를 넓혀 잡을 수 없다. 백2 다음 흑이 최선을 다해도 빅을 피할 수 없다.

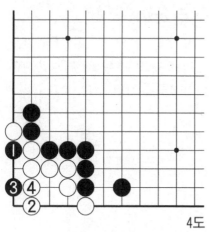

4도

4도(경험)

흑1 역시 백2의 수순이 좋아 잡을 수 없다는 것은 전술한 바 있다.

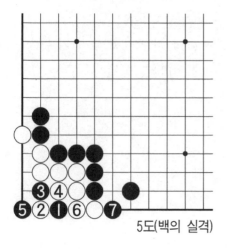

5도(백의 실격)

5도(멋부린 수)

흑1에 대한 백2는 괜히 멋부린 수로 이 경우는 실수다. 이 수순은 흑7까지 늘어진 패의 모양이다.

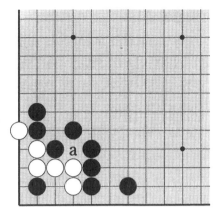

파생형 4 (백선)

【파생형 4】

a가 비어 있을 때 이 백은 살 수 있는가 하는 것이다. 이 모양 역시 양패가 생긴다.

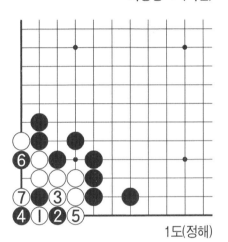

1도(정해)

1도(양패)

이 수순으로 양패가 된다. 이후 의 수순은 파생형 2의 7도에서 이미 자세히 설명한 바 있다. 또 수 순 중 흑2로ㅡ

2도(변화)

2도(자충)

본도 흑2에 두면 백3 이하의 수 순으로 알기 쉽게 산다. 흑4라면 앞서 경험한 대로 상대의 자충을 이용하여 백5로 그만이다.

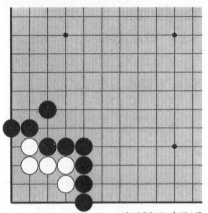

파생형 5 (백선)

【파생형 5】

제9형－파생형 5에서 사는 정수가 있었다면, 이 모양도 사는 정수가 있다. 정수가 아니면 항상 위험이 따를 수밖에 없다.

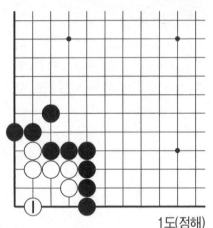

1도(정해)

1도(사는 정수)

이 모양을 사는 정수는 백1이다. 만약 백1로－

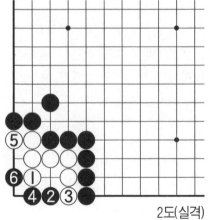

2도(실격)

2도(빅)

본도 백1에 두는 것은 흑6까지 빅으로 살기는 하지만, 빅은 집이 제로이므로 일단 집으로 손해가 분명한 것이다.

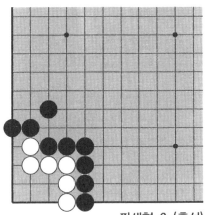

파생형 6 (흑선)

【파생형 6】

　파생형 5의 1도처럼 살지 않았을 때의 변화다. 흑은 이 백을 귀 6궁형의 기본형으로 추궁해야 한다.

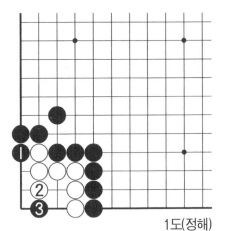

1도(정해)

1도(패로 유도)

　흑1·3의 수순이 전형적인 귀6궁의 기본형으로 유도하는 정답이다. 이후 패가 되는 것이 쌍방 최선임은 여러 차례 전술한 바 있다. 또 수순 중 백2로－

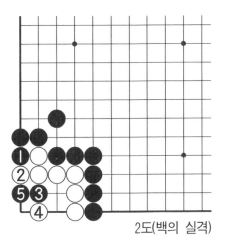

2도(백의 실격)

2도(백 죽음)

　본도 백2로 막으면 흑3·5의 수순으로 그냥 잡힌다는 것도 설명한 바 있을 것이다. 또 수순 중 백2로－

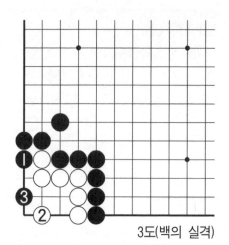

3도(백의 실격)

3도(치명타)

본도 백2는 흑3의 치명타에 의해 잡힌다는 것도 설명한 바 있다.

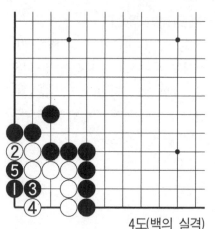

4도(백의 실격)

4도(본래 흑의 실수)

흑1의 치중은 본래 흑의 실수다. 이 때 백2로 막는 것은 오히려 그냥 죽는 수가 있다. 흑5가 급소이기 때문이다. 따라서 백2로는―

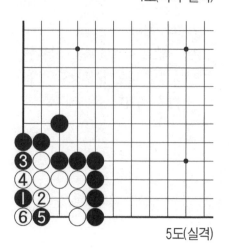

5도(실격)

5도(늘어진 패)

본도 백2로 막는 것이 정수다. 이 그림도 패지만 백6까지 늘어진 패가 되어 1도의 단패보다 못하므로 실격이다.

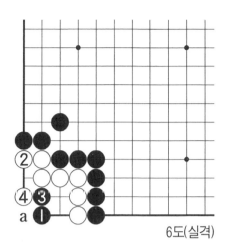

6도(실격)

6도(만년패)

흑1의 치중은 백2로 궁도를 넓혀 저항할 수 있어 실격이다. 백4 이후 흑a에 두어도 만년패이기 때문이다.

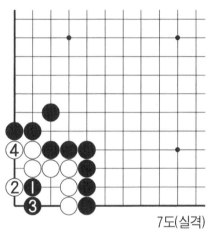

7도(실격)

7도(환원)

흑1의 치중도 백4까지 6도와 같은 모양으로 환원되어 실격이다. 수순 중 백2로—

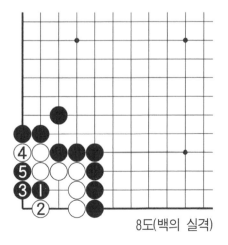

8도(백의 실격)

8도(죽음의 궁도)

본도 백2에 두는 것은 백의 실수다. 흑5까지 4도와 같은 모양이 되어 죽음의 궁도가 된다.

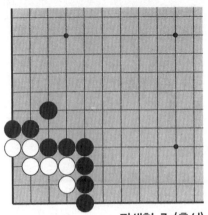

파생형 7 (흑선)

【파생형 7】
이 모양도 파생형 5의 1도처럼
살지 않았을 때의 변화다.

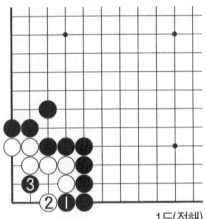

1도(정해)

1도(정확)
흑1·3의 수순이 정확하다. 이
것으로 백은 더 이상 꼼짝할 수
없다. 수순중 백2로ㅡ

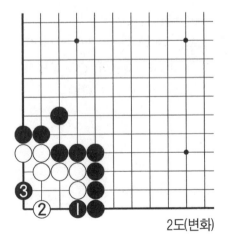

2도(변화)

2도(치중)
본도 백2로 늦추면 흑3의 치중
으로 두어야 잡을 수 있다. 만약
흑3으로ㅡ

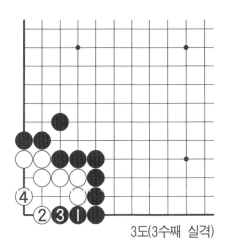

3도(3수째 실격)

3도(무모한 돌입)

본도 흑3으로 무모하게 돌입하면 이번에는 백4로 지켜 제2형의 기본형으로 살게 된다.

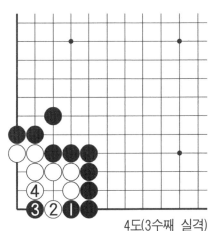

4도(3수째 실격)

4도(패)

또 백2때 흑3으로 단수하는 것은 백4로 패가 되므로 실격이다.

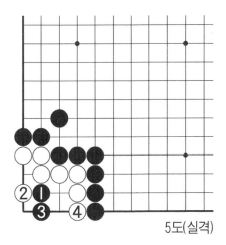

5도(실격)

5도(만년패)

흑1부터 치중하는 것은 백4까지 만년패 이상은 기대할 수 없다.

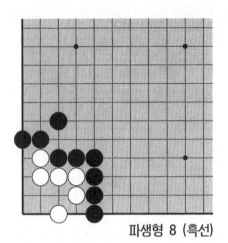

파생형 8 (흑선)

【파생형 8】

이 모양도 파생형 5의 1도처럼 살지 않았을 때의 변화다.

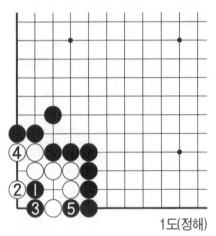

1도(정해)

1도(황천행)

이 결과는 파생형 7의 1도와 수순만 다를 뿐이다. 흑5까지 역시 백은 황천행을 피할 수 없다.

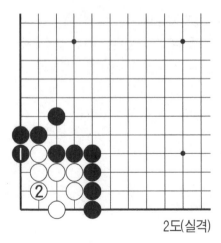

2도(실격)

2도(삶의 안형)

단순히 흑1은 이 경우 해당되지 않는다. 백2로 늦추면 삶의 안형이 보장된다.

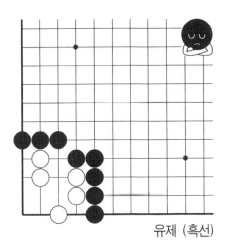

유제 (흑선)

[유제]

이 모양은 고전 묘수풀이에 실린 것인데, 함정수가 도사리고 있기는 하지만 결국은 파생형 8로 유도하여 잡는 모양이다.

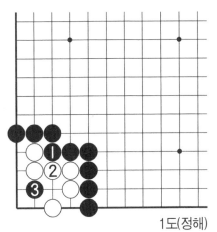

1도(정해)

1도(콜럼버스의 달걀)

흑1·3이 알기 쉬운 정답이다. 묘수풀이를 복잡하게 생각하면 이 수순이 보이지 않을 것이다. 사활은 알고보면 콜럼버스의 달걀과 같은 것이다.

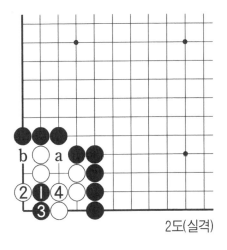

2도(실격)

2도(맞보기)

흑1의 치중은 수순이 틀린 것이다. 백4 다음 백은 a와 b를 맞보아 살고 있다.

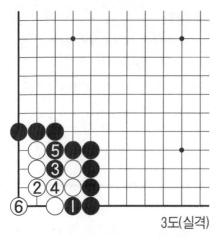

3도(지킴)

흑1로 외곽으로부터 공격하면 백2의 지킴이 좋아 6까지 백이 제1형의 모양으로 살고 있다.

3도(실격)

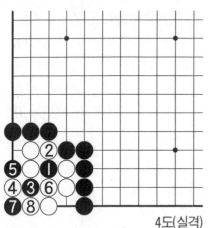

4도(묘수풀이의 함정)

흑1 · 3을 유도하는 것이 이 묘수풀이의 함정이다. 이때 백4로 두어 촉촉수로 만드는 것이다.

4도(실격)

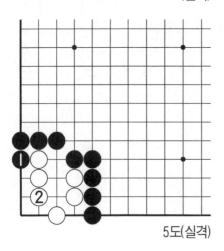

5도(삶의 급소)

흑1이면 백2가 역시 삶의 급소다. 이렇게 살려주는 것은 파생형 8의 2도와 다를 바 없다.

5도(실격)

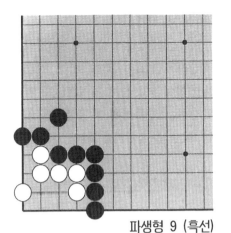

파생형 9 (흑선)

【파생형 9】
　이 모양도 마찬가지로 파생형 5의 1도처럼 살지 않았을 때의 변화다. 일단 첫 수는 한 곳 뿐이다.

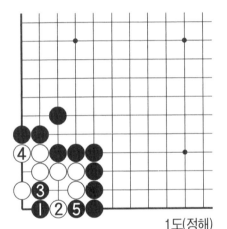

1도(정해)

1도(같은 맥락)
　흑1의 치중부터 흑5까지가 올바른 수순이다. 이 결과는 파생형 8의 1도와 같은 것이다.

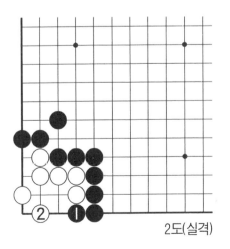

2도(실격)

2도(간과)
　흑1로 밀고 들어가는 것은 상대의 진영을 간과한 불찰이다. 일단 백2가 놓여지면 흑이 이 백을 잡는 방법은 없다.

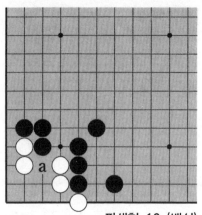

파생형 10 (백선)

【파생형 10】

이 모양은 사는 방법이 제6형에 해당하지만 a의 곳이 비어 있는 제10형이라고 볼 수도 있다. 또 이 모양은 묘수풀이에 빠짐없이 실리는 기초 문제이기도 하다.

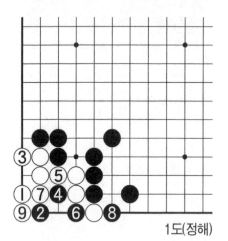

1도(정해)

1도(촉촉수)

백1이 급소다. 흑2와 백3을 동시에 맞보기 때문이다. 흑이 4 이하로 잡으러 와도 백9까지 촉촉수를 이용해 살 수 있다.

2도(실격)

2도(방향착오)

백1은 방향착오다. 흑4의 치중으로 백은 더 이상 수가 없다.

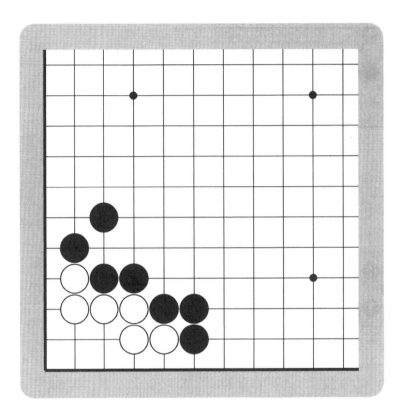

　이 모양은 제12형과 같은 정석 과정에서 만들어지는 전형적인 실전형이다. 그리고 이 모양을 잡는 수는 없기 때문에 귀7궁의 변형 중 완전형이라고 할수 있다. 그러나 이 모양도 외부의 사정에 따라 영향력을 받게 된다.

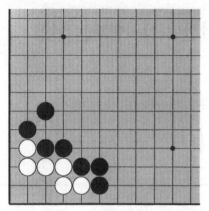

대표형(사는 모양)

【대표형】

이 모양은 1도와 같은 3·三 침입의 정석에서 만들어지는 것이 보통이며, 외부의 영향력도 1가지에 국한된다.

1도(정석 과정)

화점의 목자 굳힘에서 백1로 침입하여 만들어지는 수순이다. 이 모양 이후—

1도

2도(정수)

흑1에는 백2로 사는 것이 정수다. 이 모양은 제9형에서 설명한 바 있을 것이다.

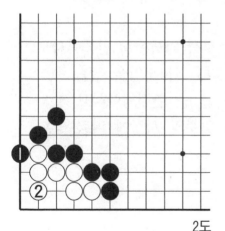

2도

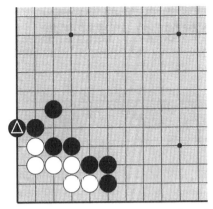

파생형 1 (흑선)

【파생형 1】

이 모양에서는 외부에서 영향력이 미칠 수 있는 경우가 1선에 흑 ⚫가 있는 경우 단 한 가지라고 생각하면 된다.

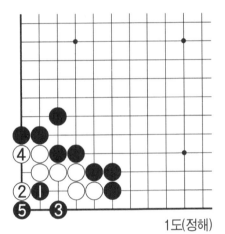

1도(정해)

1도(패)

흑1 이하의 수순으로 패가 되는 것이 정답이다. 이 수순은 암기해 두는 것이 좋다. 수순 중 만약 백이 패를 피하여 백4로―

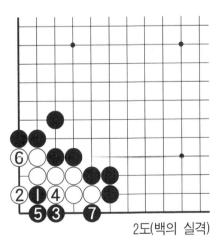

2도(백의 실격)

2도(1선의 작용)

본도 백4에 단수를 먼저 하게 되면 흑7까지 자충이 발생하여 백이 잡히고 만다. 1선의 흑돌이 작용하고 있기 때문이다.

제12형 귀7궁(완전형 2)─완전무결

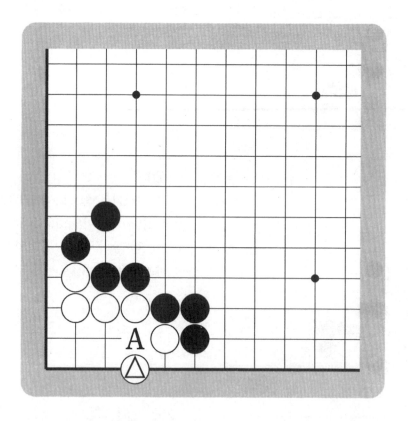

이 모양도 제11형과 같은 정석 과정에서 만들어지는 실전형이며 귀7궁의 완전형이다. 제11형과 다른 점은 A의 백돌이 △에 있다는 점이지만 마찬가지로 이 자체로는 살아 있는 모양이다. 또 본형은 제11형보다 파생될 수 있는 모양이 더 나타난다.

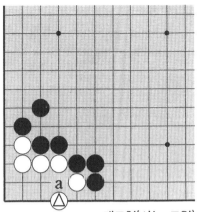

대표형(사는 모양)

【대표형】

이 모양은 제11형보다 약간 더 실전형이라고 할 수 있다. 그리고 a의 돌이 △에 있기 때문에 제11형과는 다른 방향에서 영향력을 받게 된다.

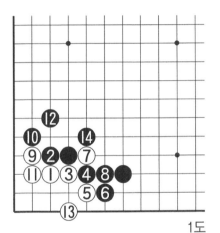

1도

1도(정석 과정)

이 진행이 실전에서 나타나는 정석이다. 제11형과는 흑12때 백13으로 호구의 모양에 두는 것이 다를 뿐이다.

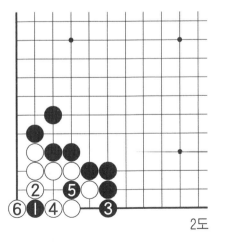

2도

2도(치중)

이 진행은 흑1의 치중부터 백6까지 백이 살아 있다는 것을 보여주고 있다. 다만 흑은 이러한 끝내기 수단이 있다는 점을 알아 둘 필요가 있다.

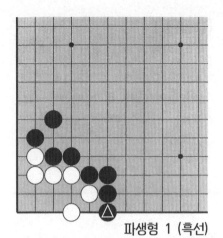

파생형 1 (흑선)

【파생형 1】

　제11형과는 달리 이 모양에서는 오른쪽 1선에 흑▲가 있으면 귀의 사활에 문제가 생긴다.

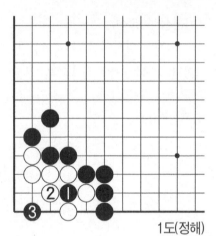

1도(정해)

1도(수순)

　흑1·3이 정확한 수순이며 공통 1−잡기 1, 2, 3문과 같은 맥락이다. 이 수순을 기억해 두지 않으면 안된다. 이 수순이 바뀌면 잡을 수 없기 때문이다. 흑3 이후−

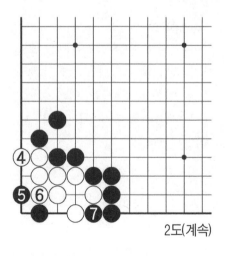

2도(계속)

2도(귀곡사)

　백4로 궁도를 넓힐 때 흑5가 귀곡사로 유도하는 수순이다.

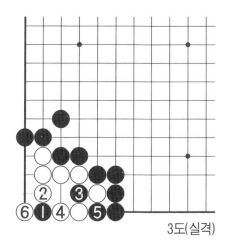

3도(실격)

3도(선치중)

흑1로 치중하여 1도의 수순이 바뀌면 백4로 늦추는 수단이 성립하여 백6까지 살게 된다.

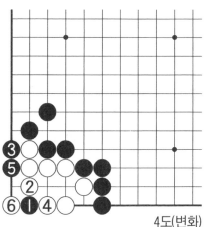

4도(변화)

4도(별무신통)

흑1로 치중한 후 흑3쪽에서 공략해도 백6까지 이 백을 잡는 수는 없다.

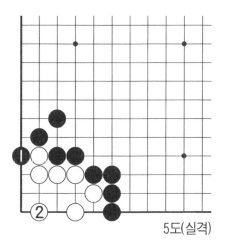

5도(실격)

5도(지킴)

흑1로 두어도 백2로 지켜 그만이다. 이후 흑에게 수단의 여지가 없는 것은 아니지만 의미가 없으므로 생략한다.

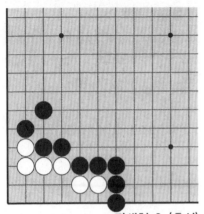

파생형 2 (흑선)

【파생형 2】

이 모양도 구조는 파생형 1과 같다. 따라서 동일한 수법이 적용된다.

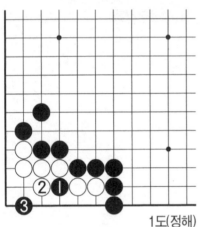

1도(정해)

1도(먹여치는 수)

흑1은 파생형 1의 1도와 비교하면 먹여치는 수에 해당한다. 그리고 흑3은 같은 위치의 치중이다. 또 이 수순은 '공통 1-잡기 4문'과 같은 맥락이기도 하다.

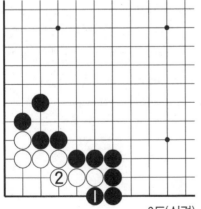

2도(실격)

2도(단순한 착상)

단순히 흑1로 두면 백2로 받아 제11형과 동일한 모양이 되므로 잡는 수단은 없다.

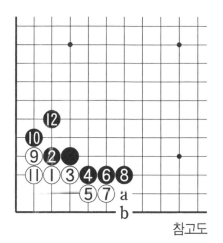

참고도

참고도(정석 과정)

파생형 2는 실전에서 다음과 같
은 정석 진행으로 나타난다. 흑12
이후 흑이 a, b를 막게 되면 파생
형 2가 만들어지는 것이다.

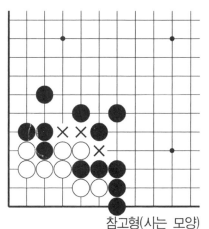

참고형(사는 모양)

[참고형]

참고로 알아 둘 중요한 사항이
있다. 귀의 내부는 동일하지만 외
부에 ×의 공배가 3곳 이상 있을
때는 잡을 수 없다는 것이다. 제
12형에 한에서는 모두 적용되는 원
리인데 그 이유는 1도, 2도의 수
순에 의해 '눌러잡기'가 성립하기
때문이다.

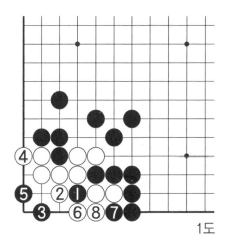

1도

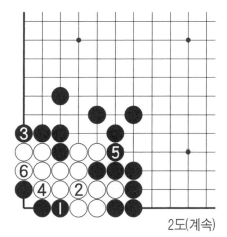

2도(계속)

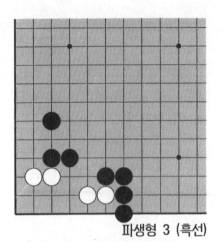

파생형 3 (흑선)

【파생형 3】

이 모양도 파생형 2로 유도하여 잡을 수 있는 실전형이다.

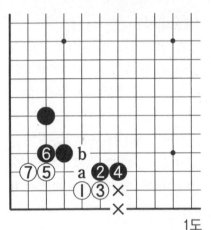

1도

1도(정석 진행)

이 진행이 실전의 정석 진행이다. 이후 흑이 ×쪽을 막게 되면 본형이 되는데, 이때 백a, 흑b의 교환은 백으로서 자충의 의미가 있지만 필수적인 것이다. 이를 간과하면—

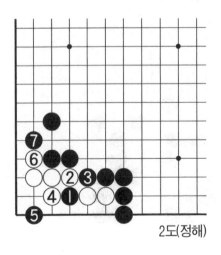

2도(정해)

2도(건너붙임)

흑1 이하의 수단이 성립하여 백에게는 삶이 없다. 흑7까지의 모양은 알고 보면 파생형 2의 1도와 같은 것이다.

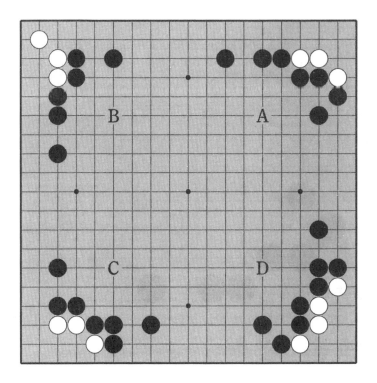

본형은 화점에서 일자로 굳힌 진영에 3·三으로 침입하여 만들어지는 실전형이다. 본형의 대표적인 모양은 A이며 실전에 무수히 등장하는 것이므로 그 변화에 대해 확실히 이해해 둘 필요가 있다.

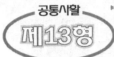
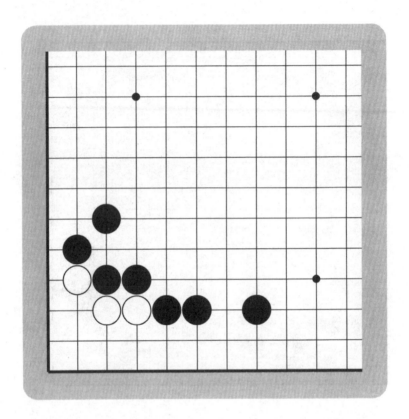

　이 모양은 실전에서 수없이 나타나는데 특히 접바둑에서는 거의 빠짐없이 등장한다고 해도 과언이 아니다. 결론은 간단히 패가 되지만 파생형은 의외로 많다.

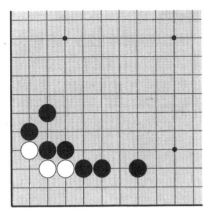

대표형 (백선)

【대표형】

이 모양이 대표적인 실전형인데 결론은 패가 된다.

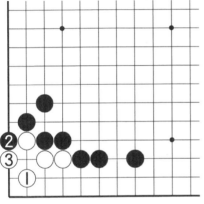

1도(정해)

1도(패)

이 수순으로 패가 되는 것이 가장 보편적이다.

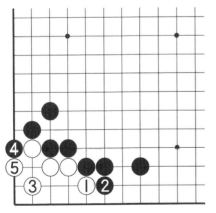

2도

2도(사족)

백1로 먼저 둘 수도 있지만 이 수는 사족과 같은 수다. 패에서 지면 손해가 될 수도 있고 흑2로는 흑4로 먼저 두어 변화할 수도 있어 정해로 보기 어렵다.

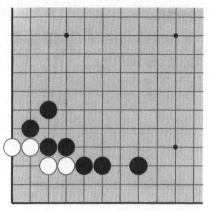

파생형 1 (흑선)

【파생형 1】

백이 대표형의 1도를 이탈한 모양이다. 그러나 대표형의 1도가 아니면 모두 그냥 잡힌다고 생각하면 된다.

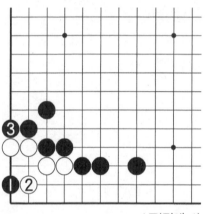

1도(정해 1)

1도(심플)

흑1의 치중이 급소로 이렇게 잡는 것이 가장 좋다. 달리 잡는 수가 없는 것은 아니지만 이 수순이 가장 심플하다.

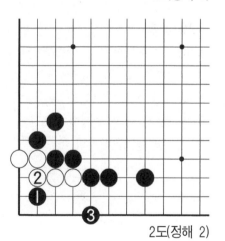

2도(정해 2)

2도(맥)

흑1·3은 맥이다. 이렇게도 잡을 수는 있지만 너무 멋을 부린 것이다.

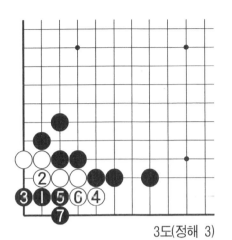

3도(정해 3)

3도(유가무가)

흑1·3으로도 잡을 수 있다. 이 수순에서는 백4때 흑5·7이 긴요한데 이렇듯 복잡한 수순은 하급자에게 권할 만한 것은 아니다.

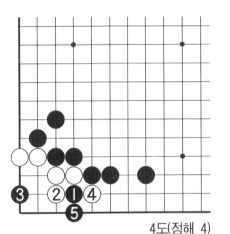

4도(정해 4)

4도(흑5 긴요)

흑1·3의 수순도 성립하는데 이때는 흑5가 긴요한 수다. 흑3의 치중은 1도와 같은 맥락이지만 수순이 더 복잡해진 것이므로 하급자에게 권할 수 없다. 잡을 때는 단순하게 잡는 것이 바람직하다.

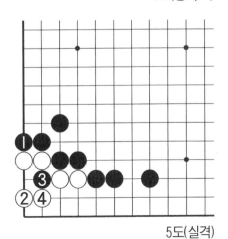

5도(실격)

5도(희생타)

흑1에는 백2로 산다. 백2의 급소가 그만큼 중요한 것이다. 백 두 점을 희생타로 하여 살게 된다.

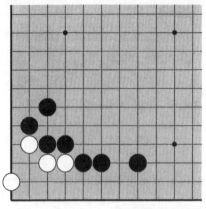

파생형 2 (흑선)

【파생형 2】

파생형 1에서 급소의 자리를 선점한 모양이다. 그러나 그만큼 다른 곳의 돌이 하나 부족하다는 뜻도 된다.

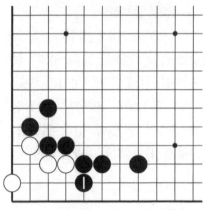

1도(정해 1)

1도(내려섬)

흑1로 내려서서 알기 쉽게 잡을 수 있다.

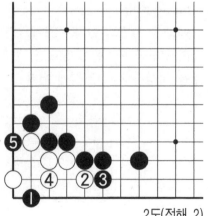

2도(정해 2)

2도(복잡한 수순)

본도의 수순으로도 잡을 수는 있다. 그러나 이 수순은 대단히 복잡하므로 하급자에게는 권하고 싶지 않다.

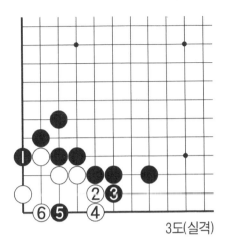

3도(실격)

3도(패)

흑1로는 어떻게 변화해도 패를 피할 수 없다. 흑5에는 백6으로 패가 되며, 만약 흑5로 -

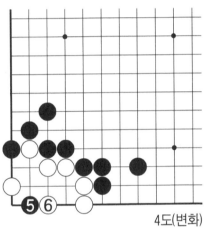

4도(변화)

4도(패)

본도 흑5로 두어도 백6으로 패가 된다. 또 흑5로 -

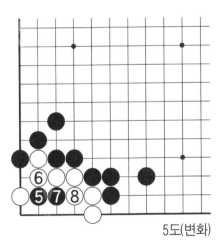

5도(변화)

5도(패)

본도 흑5 이하로 두어도 역시 패는 피할 수 없다.

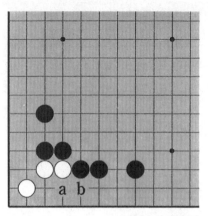

파생형 3 (흑선)

【파생형 3】

본형은 백a, 흑b가 교환되었다면 제8형－대표형의 1도와 같다. 그러나 흑은 지금 a, b 어느 곳도 두어서는 안 될 것이다. 백은 흑이 그렇게 두어주기를 바라고 있기 때문이다.

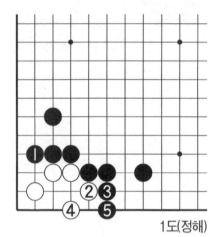

1도(정해)

1도(침착한 수순)

흑1쪽으로 공략하는 것이 옳으며 백4에는 흑5가 꼭 기억해 두어야 할 침착한 수순이다. 이 수가 아니면 무조건 패가 된다. 이후－

2도(자충 유도)

본도 흑9에 이르러 잡게 된다. 여기서 흑9는 급소라고 볼 수도 있지만 자충을 유도하는 맥이라고 생각하기 바란다. 그리고 이 모양은 귀8궁에서 다시 언급될 것이다.

2도(계속)

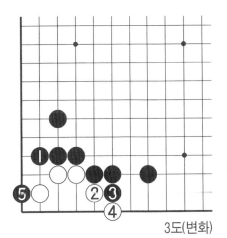

3도(변화)

3도(무산)

백4는 어떻게든 패를 만들어 보려는 것이지만 그 의도는 흑5로 간단히 무산된다. 물론 흑5로―

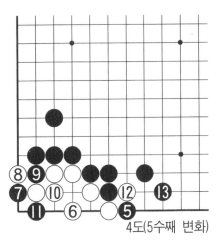

4도(5수째 변화)

4도(양패)

본도처럼 둘 수도 있다. 복잡하기는 하지만 흑13에 이르러 양패가 되므로 백은 죽음을 피할 수 없다. 그러나 이런 변화는 참고만 하기 바란다.

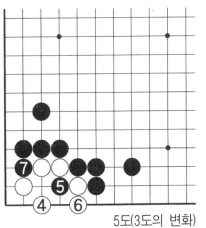

5도(3도의 변화)

5도(호구)

3도 백4로 본도 백4에 호구치면 흑5 이하의 수순으로 잡을 수 있다.

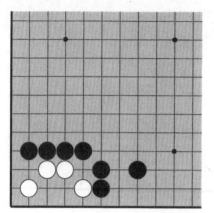

파생형 4 (흑선)

【파생형 4】

본형은 현현기경에 실려 있는 모양인데 파생형 3과는 같은 맥락이지만 잡는 수단은 3가지가 된다. 그리고 이 모양에는 반드시 참고해야 할 사항이 있다.

1도가 가장 알기 쉬운 방법이다. 2도의 수순은 파생형 3의 1, 2도와 같은 것이며 3도의 수순으로도 잡을 수 있다. 특히 3도의 수순에서는 흑7·9가 긴요하다.

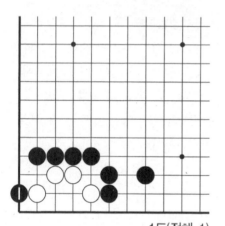

1도(정해 1)

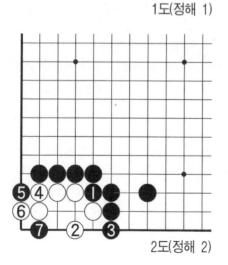

2도(정해 2)

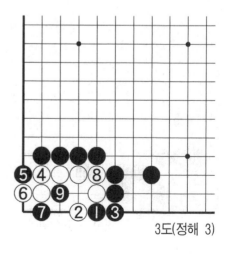

3도(정해 3)

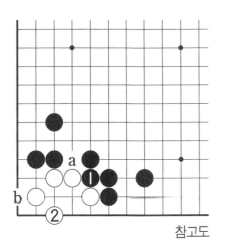

참고도

참고도(한 가지 정해)

만약 파생형 4에서 a의 곳이 비어 있다면 흑1과 같은 수는 성립하지 않는다. 정확히 말하면 앞의 정해 2와 정해 3은 이 경우 모두 실패한다. 오직 정해 1, 즉 b로 두는 한 수뿐이다.

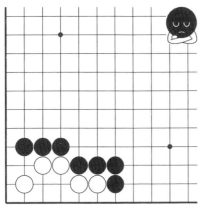

유제 (흑선)

[유제]

이 모양도 고전 묘수풀이에 실려 있다. 이 경우는 정해 2와 같은 형태로만 잡을 수 있다. 정해 1과 같은 수순으로는 패가 되기 때문이다.

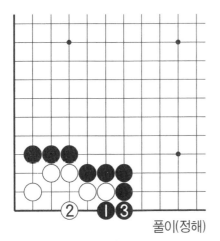

풀이(정해)

풀이(빌미가 없다)

흑1·3의 수순뿐이다. 이 수순은 파생형 3의 1, 2도와 같은 것이며 또 정해 2와 같은 맥락이다. 백쪽에 빌미를 허용하지 않는게 중요하다.

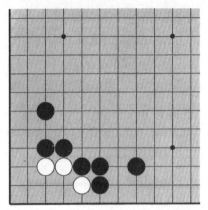

파생형 5 (백선)

【파생형 5】

본형은 실전적으로 생각하지 않으면 안된다. 만약 백이 외부로 탈출할 수 없다면 이 백은 자체로 죽어 있기 때문이다.

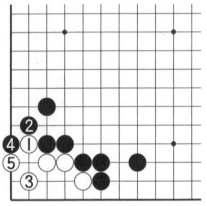

1도(정해)

1도(패)

이 수순으로 패가 되는 것이 일반적이며 이 결과는 대표형의 2도와 같다.

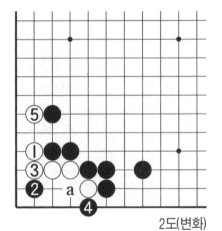

2도(변화)

2도(탈출 여부)

흑은 2·4로 잡으러 갈 수도 있지만 백은 5로 저항하게 된다. 이에 대해 밖으로 막으면 선수를 잡아 a로 이어 살 수 있고 그렇지 않으면 탈출한다. 따라서 백5가 성립하지 않으면 살 수 없다.

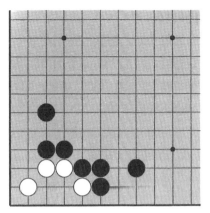

파생형 6 (흑선)

【파생형 6】

파생형 5의 1도를 선택하지 않 았을 때 만들어지는 모양이다. 그 러나 패를 피하면 죽음 뿐이다.

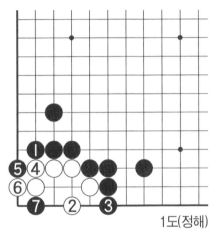

1도(정해)

1도(여유)

본도 흑7까지의 수순이 정답이 다. 이 결과는 파생형 3의 1, 2도 와 같은 것이다. 이와 같이 사활 은 결코 서두르지 말며 모양을 잘 살펴야 한다.

2도(실격)

2도(소탐대실)

흑1로 백 한점을 잡는 것은 소 탐대실. 백4·6으로 알기 쉽게 살 려주게 된다.

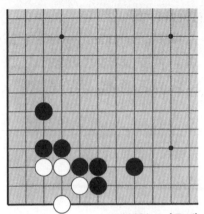

파생형 7 (흑선)

【파생형 7】

본형 역시 파생형 5의 1도를 선택하지 않았을 때 만들어지는 모양이다. 본형을 잡는 방법은 4가지나 된다.

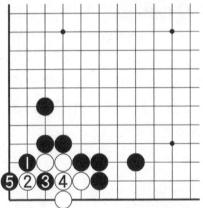

1도(정해 1)

1도(일반적)

이 수순이 가장 알기 쉽고 일반적이다.

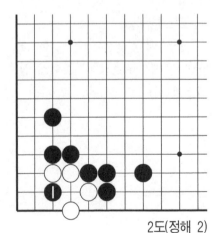

2도(정해 2)

2도(붙임)

흑1의 붙임도 가능하다. 이 수는 1도의 취지를 가지고 있는 것이다.

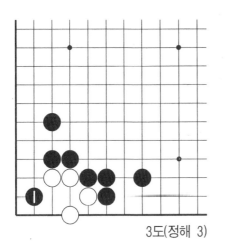

3도(정해 3)

3도(치중수)

흑1과 같은 치중수도 성립한다. 이 수는 귀6궁으로 유도하여 잡으려는 것이다.

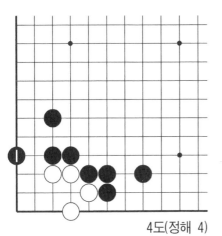

4도(정해 4)

4도(한칸 뜀)

어렵기는 하지만 흑1의 한칸 뜀도 성립한다. 복잡하지만 파생형 3의 1, 2도로 유도되는 변화가 있는데, 파생형 9와 귀8궁에서 다시 다루기로 하겠다.

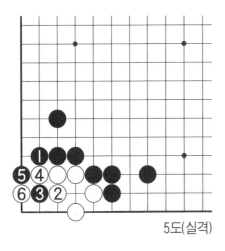

5도(실격)

5도(패)

본형에서만큼은 흑1이 성립하지 않는다. 백2로 웅크리는 저항수단이 있어 백6 이후 패가 되기 때문이다.

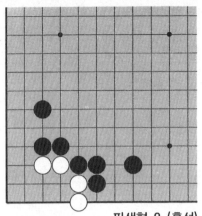

파생형 8 (흑선)

【파생형 8】

본형도 파생형 5의 1도를 선택하지 않았을 때 만들어진다. 이 모양은 백이 1선으로 뻗은 자세가 탄력이 있어 자칫하면 패가 되므로 주의해야 한다. 파생형 1의 1도를 참고하기 바란다.

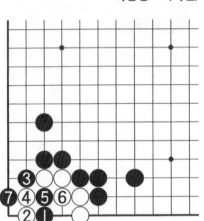

1도(정해)

1도(조여붙임)

흑1이 급소가 된다. 이 수는 파생형 1의 1도와 맥락을 같이 한다. 백2에는 흑3 이하로 조여 붙여 잡는다.

2도(변화)

2도(환격)

백2로 저항하는 것도 흑3 이하 흑5까지 환격이 노출되어 더 이상 백에게는 수단의 여지가 없다.

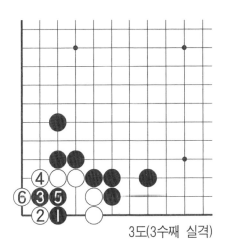

3도(3수째 실격)

3도(패)

1도 흑3으로 본도와 같이 두는 것은 백이 바라는 바다. 백6까지 패를 피할 수 없다.

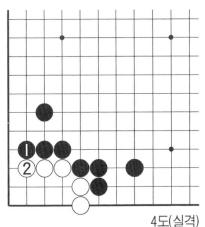

4도(실격)

4도(패)

흑1도 본형에서는 성립하지 않는다. 백2까지 이 모양은 귀8궁에서 다시 설명하겠지만 무조건 패가 된다고 알아 두기 바란다.

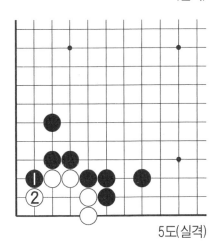

5도(실격)

5도(최악의 선택)

흑1은 가장 최악의 선택이라고 할 수 있다. 백2로 막으면 흑은 더이상 공격수단이 없다.

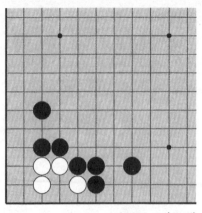

파생형 9 (흑선)

【파생형 9】

본형 역시 파생형 5의 1도를 선택하지 않았을 때 만들어진다. 여기서는 반드시 알아두어야 할 사항이 있다. 백에게는 열악한 모양이지만 패로 버티는 수가 있다는 것이다.

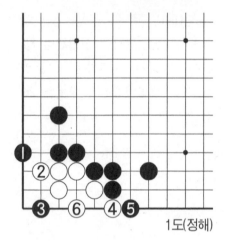

1도(정해)

1도(패)

이 수순이 쌍방 최선인데 흑1의 수단에 주목할 필요가 있으며 백 6까지 패가 된다. 여기서 알고 있어야 하는 사항은 백4 때─

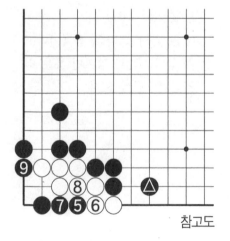

참고도

참고도(주변 배치 여부)

흑돌이 ▲에 있다면 이 백은 패가 없이 죽는다는 것이다. 그 수순은 본도 흑5 이하 9까지다. 고전 묘수풀이에도 등장하는 수단이지만 기억해 둘만한 수순이다.

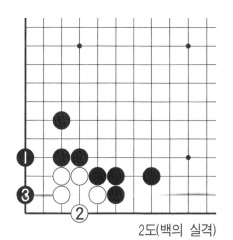

2도(백의 실격)

2도(조급한 수비)

흑1의 수법은 파생형 7의 4도에도 보인 것으로, 백2 때 흑3으로 잡으려는 것이다. 수비만 하다가 너무 쉽게 잡힌 모습이다.

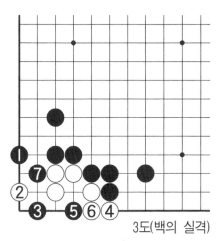

3도(백의 실격)

3도(착각)

백2는 본래 1도와 같은 취지지만 흑7이 준엄하여 패가 되지 않는다. 백이 착각한 것이다.

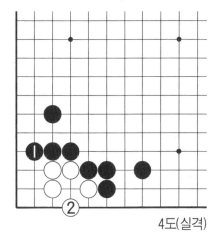

4도(실격)

4도(패)

흑1은 백2로 저항하여 파생형 7의 5도로 환원된다. 따라서 패가 되는데, 정해보다는 다소 미흡하므로 실격이다.

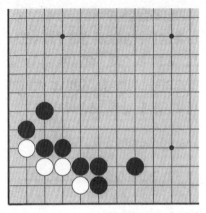

파생형 10 (백선)

【파생형 10】

본형은 파생형 5의 1도로 버티는 것이 정법이다. 파생형 9의 1도와 같은 패를 기대하는 것은 이 경우 성립하지 않는다.

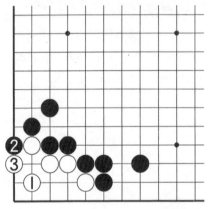

1도(정해)

1도(패)

이 모양에서는 본도의 수순이 최선이다. 이 수 외에는 어떤 수단도 통하지 않는다.

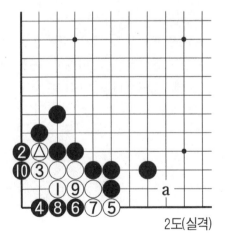

2도(실격)

2도(탈출 불가능)

백1·3은 파생형 9의 1도처럼 패를 만들어 보려는 것이지만 흑 10때 백은 a로 탈출하는 수가 없다. 백△가 이미 자충이 되었기 때문이다.

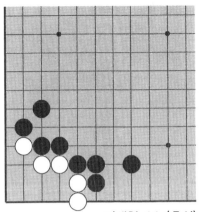

파생형 11 (흑선)

【파생형 11】

본형은 파생형 10의 1도를 선택하지 않았을 때 만들어진다. 그러나 파생형 10의 1도 외에는 죽음뿐이다. 또 본형은 일반적으로 알려져 있지는 않지만 잡는 방법이 한 가지 더 있다.

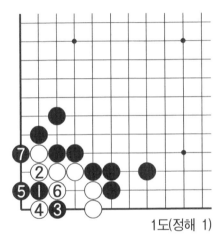

1도(정해 1)

1도(자충 유도)

흑1·3의 수순이 긴요하다. 백4의 저항이 성가시지만 흑7까지 자충을 유도하여 잡는다. 만약 백4로—

2도(환격 유도)

본도 백4에 두면 흑5로 패를 피하는 것이 요령이다. 흑7까지 환격을 유도하여 잡는다.

2도(변화)

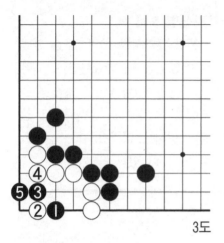

3도

3도(흑의 착각)

흑1도 1도와 마찬가지가 된다고 생각하는 것은 일방적인 수읽기다. 흑5까지 진행된다면 좋겠지만 백은 2로—

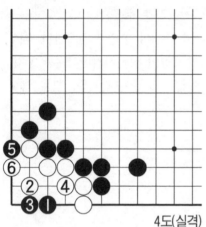

4도(실격)

4도(패)

본도 백2에 둘 것이다. 이하 백6까지의 수순으로 패가 되어 실격이다.

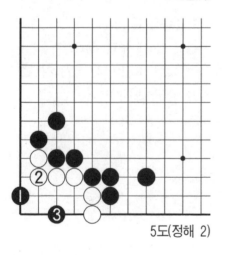

5도(정해 2)

5도(의외의 수순)

다소 의외겠지만 흑1·3의 수순도 성립한다. 이 방법은 일반적으로 알려져 있는 것은 아니지만 기억해 둘만한 수순이다.

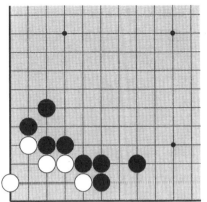

파생형 12 (흑선)

【파생형 12】

본형도 파생형 10의 1도를 선택하지 않았을 때 만들어지는데 가장 난이도가 높은 것이다. 이 모양에서는 기억해 둘만한 맥도 등장한다.

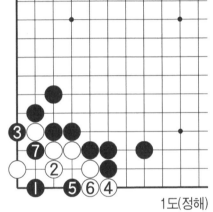

1도(정해)

1도(통렬한 급소)

본도의 수순이 정답이다. 흑7까지 된 결과는 파생형 9의 3도와 같은 것이다. 백의 집요한 저항에 대해 흑의 통렬한 급소 몇 방이 숨통을 끊는 모양이다.

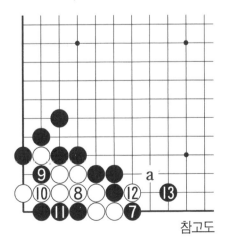

참고도

참고도(봉쇄의 맥)

본형에서 a에 흑돌이 없어도 이 백을 잡을 수 있다. 1도 흑7로 본도 흑7 이하 흑11까지 된 상태에서 백12로 끊으면 흑13으로 탈출이 불가능하다. 흑13과 같은 맥은 제8형－파생형 1의 1도에서 본 바 있다.

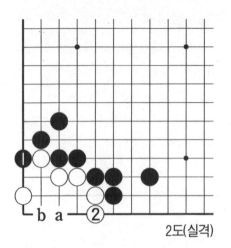

2도(실격)

2도(패)

흑1은 백2로 무조건 패가 된다. 이후 흑a라면 백b로, 흑b라면 백a로 두어 패가 된다.

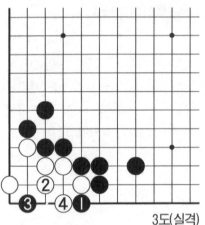

3도(실격)

3도(패)

흑1도 틀린 수순이다. 백2로 웅크리는 수가 탄력적이어서 흑3에는 백4로 패가 된다.

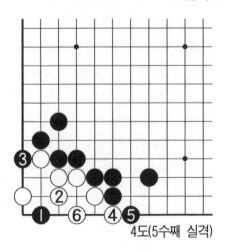

4도(5수째 실격)

4도(패)

본도는 1도의 변화로 백4때 무심코 흑5로 받으면 백6으로 패가 되는 것을 보여 주고 있다.

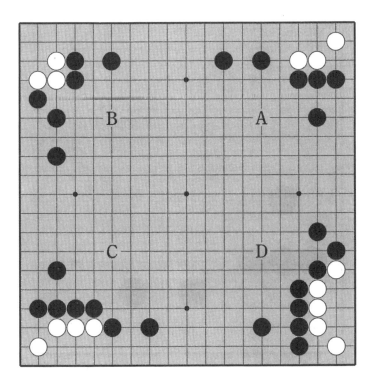

본형도 화점에서 일자로 굳힌 진영에 3·三으로 침입하여 나타나는 모양이다. 이 모양의 변화는 크게 나누어 **그림 A**와 **그림 B**이며 **그림 C**와 **그림 D**는 그림 A의 파생형이라고 할 수 있다.

귀7궁(변형)-숨어 있는 변화

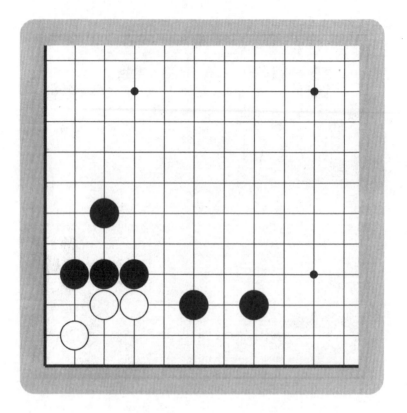

본형은 제14형의 대표형이다. 이 모양에서는 제13형-파생형 3의 1, 2도나 제13형-파생형 6의 1도와 같은 변화도 숨어 있으며, 파생형에는 제8형으로 환원되거나 변6궁으로 환원되는 변화도 숨어 있다.

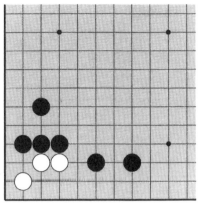

대표형 (흑선)

【대표형】

본형은 제13형-파생형 3의 1, 2도나 제13형-파생형 6의 1도를 숙지한 분이라면 한눈에 읽어낼 수 있는데, 그 외에도 잡는 수단이 하나 더 있다.

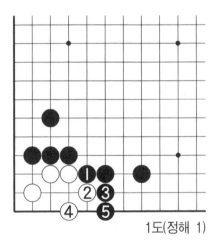

1도(정해 1)

1도(확인)

본도의 진행은 제13형-파생형 3의 1, 2도나 제13형-파생형 6의 1도와 같은 것이다. 흑5의 침착한 수순을 다시 한 번 확인하기 바란다.

2도(정해 2)

2도(쌍점)

흑1의 쌍점도 성립한다. 백2는 흑3으로 잡게 되는데 백이 계속 저항하게 되면 제5형-파생형 5의 참고형의 2도로 환원된다는 것을 확인하자. 또 이 수순은 파생형 2의 1도에서 다시 다루게 된다.

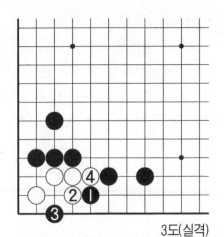

3도(실격)

3도(조급)

흑1은 조급한 수다. 2도와 같은 침착함이 필요하다. 백4 이후 실제로 탈출하는 수는 없지만 그 수순은 논외다.

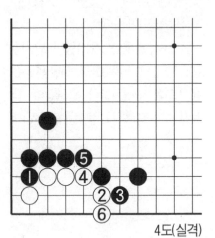

4도(실격)

4도(패)

흑1부터 두면 백6까지 변6궁의 대표적인 모양이 만들어지는데, 제15형에서 다시 언급하겠지만 이 모양은 무조건 패가 된다.

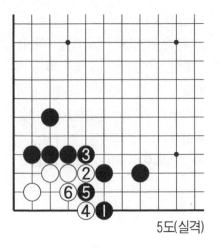

5도(실격)

5도(패)

흑1은 상용의 맥과 같은 것이지만, 이 경우는 백4의 저항이 끈질겨 패가 된다.

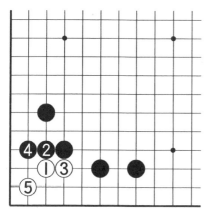

참고도 1

참고도 1(진행 과정)

대표형은 본도와 같은 진행으로 만들어지는 것이다. 수순 중 흑4로는—

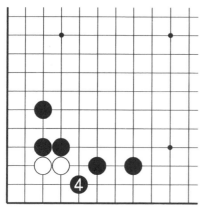

참고도 2

참고도 2(변화)

본도 흑4로 두면 공통 6—그림 B가 되며 이 변화는 파생형 1에서 설명하기로 한다. 또 흑4로—

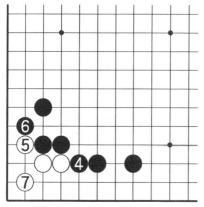

참고도 3

참고도 3(변화)

본도 흑4에 막으면 백7까지 제13형—대표형의 1도로 환원된다는 것을 확인하기 바란다.

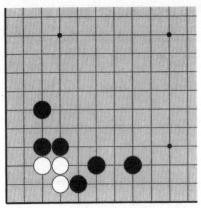

파생형 1 (흑선)

【파생형 1】

본형에는 대표형의 3도와 제8형의 변화가 숨어 있다. 따라서 그것을 피해가지 못하면 실격이 된다.

1도(절대)

흑1의 치중이 절대가 된다. 백2에는 흑3·5로 흑 한점을 포기하는 용단이 필요하다. 이후 백의 저항수단이 없음을 확인하기 바란다.

1도(정해)

2도(삶의 급소)

이 모양은 낯익을 것이다. 제8형에서 본 것이기 때문이다. 따라서 백2로 삶이 보장되었다.

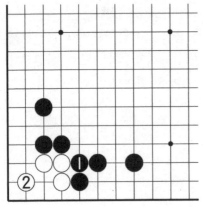

2도(실격)

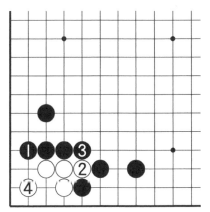

3도(실격)

3도(안형의 급소)

본도의 진행은 대표형의 **3도**와 같다. 따라서 실격이다. 수순중 백 4의 위치가 안형을 보장한다.

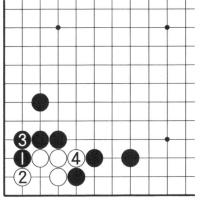

4도(실격)

4도(우격다짐)

흑1·3은 우격다짐의 조급한 착상이다. 백4 이후 실제로 탈출이 불가능하다는 것은 전술한 바 있다. 그러나 탈출이 된다는 전제에서 생각하기 바란다.

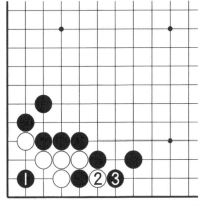

참고도

참고도(정수)

이와 같은 모양에서도 흑1의 치중이 정수다. 이러한 모양이 만들어지는 원형은—

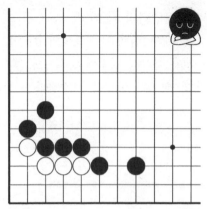

유제 1 (흑선)

[유제 1]

바로 이 모양인데 수순이 틀리면 패가 되며 이러한 유형은 대단히 실전적인 것이다. 귀의 백을 잡으려면 흑은 과연 어디서부터 시작해야 할까?

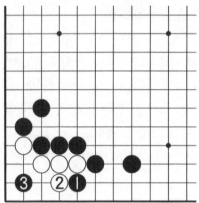

1도(정해)

1도(원형)

흑1로 젖힌후 흑3의 치중. 이 수순이 참고도의 원형인데 결국 파생형 1의 구조도 이와 같은 것이다.

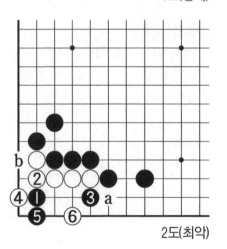

2도(최악)

2도(맞보기)

흑1·3의 수순을 바꾸게 되면 백 4·6의 수단이 발생한다. 이것으로 백은 a, b를 맞보아 살고 있다. 물론 흑5로는─

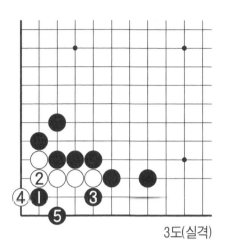

3도(실격)

3도(패)

본도 흑5에 두어 패를 만들 수 는 있다. 그러나 어디까지나 참고 용일 뿐이다. 더구나 외부의 사정 이 달라져―

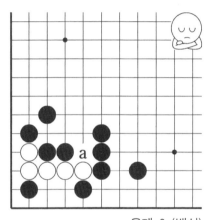

유제 2 (백선)

[유제 2]

본도처럼 a의 곳에 공배가 하나 라도 있으면 백에게는 그냥 사는 수가 있는 것이다. 귀의 백이 사 는 급소는 어디일까?

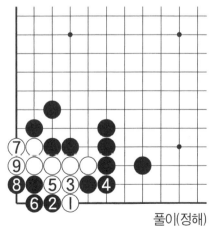

풀이(정해)

풀이(눌러잡기)

백은 유제 1의 2, 3도의 수순을 바꾸어, 본도와 같이 둘 수 있다. 백9까지의 진행으로 백은 눌러잡 기로 패 없이 살고 있다. 그러므 로 유제 1의 1도의 수순은 꼭 기 억해 둘 필요가 있는 것이다.

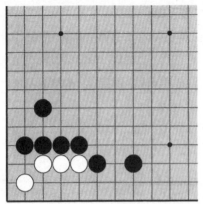

파생형 2 (흑선)

【파생형 2】

본형은 대표형의 2도에 대한 연장선상이라고 보면 될 것이다. 그리고 제5형 – 파생형 5의 참고형 2도를 복습한다고 생각하기 바란다.

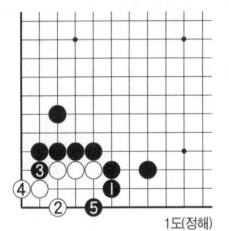

1도(정해)

1도(맥)

흑5의 맥을 다시 한 번 확인하기 바란다. 이 수가 대표형 2도의 연장선상에 있는 것이고 제5형 – 파생형 5의 참고형 2도가 된다.

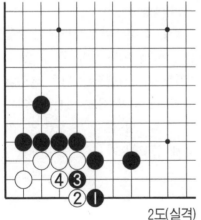

2도(실격)

2도(패)

본도의 진행은 대표형의 5도와 동일한 것이다. 백2·4의 저항으로 패가 되므로 실격이다.

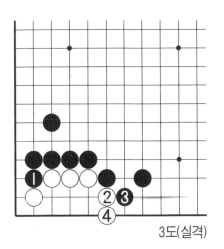

3도(실격)

3도(패)

본도의 진행은 대표형의 4도와 같은 것으로 변6궁의 대표형이다. 물론 이 모양은 무조건 패다.

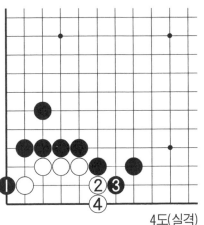

4도(실격)

4도(패)

본도 역시 패가 되며 3도의 변형일 뿐이다.

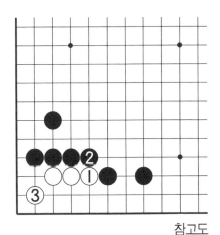

참고도

참고도(변화 과정)

파생형 2는 대표형에서 변화하여 본도에서 보는 바와 같이 백1을 먼저 두고 백3에 둔 것뿐이다.

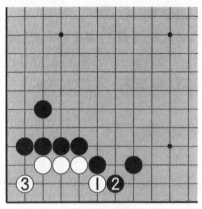

파생형 3 (흑선)

【파생형 3】

본형은 파생형 2로 만들어지기 전 백1, 흑2를 먼저 교환하고 백3에 지킨 것이다. 이때는 흑이 백1의 자리에 뻗을 수 없으므로 파생형 2의 1도는 있을 수 없다.

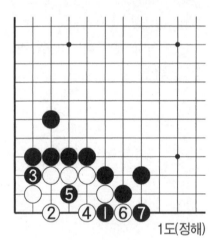

1도(정해)

1도(1선 단수)

이번에는 흑1로 1선에서의 단수가 성립한다. 백4의 저항에는 흑5·7이 좋은 수순으로 귀의 백을 잡을 수 있다.

2도(실격)

2도(패)

본도는 대표형의 4도, 파생형 2의 3도로 환원된 것이다. 이 변6궁이 무조건 패라는 것은 전술한 바 있다.

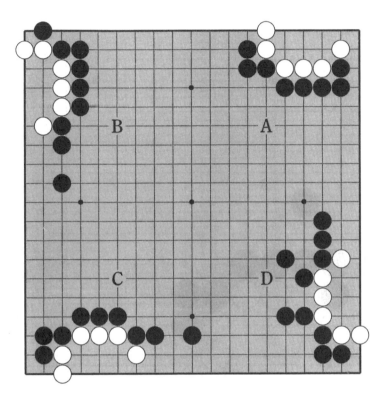

변6궁은 변에서 만들어지는 실전적이고 기초적인 모양인데 제14형－대표형의 **4도,** 제14형－파생형 2의 **3도,** 제14형－파생형 2를 연관하는 의미에서 본형을 다루었다. 변6궁은 이 외에도 더 있으나 그 부분은 제39~41형에서 다시 언급하였다. 변6궁의 대표형은 **그림 A**이며 **그림 B, C, D**는 **그림 A**의 파생형이다.

변6궁(변형) – 무조건 패

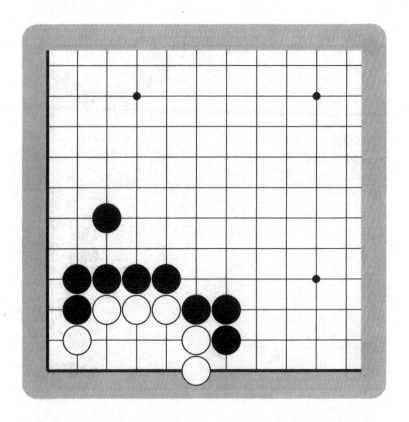

본형은 변6궁의 가장 대표되는 모양으로 제14형
–대표형의 4도, 제14형–파생형 2의 3도, 제14형
–파생형 2에서 본 것이다. 전술한 바와 같이 이 형
태는 무조건 패가 되는데 지금부터 그 변화를 검토
해 보기로 하자.

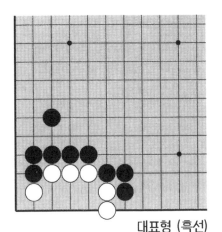

대표형 (흑선)

【대표형】

본형은 패가 되는 것이 정답인데 정확한 패의 수순을 알고 있는 분은 그다지 많지 않다.

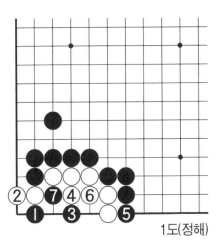

1도(정해)

1도(패)

본도의 진행이 정확한 패의 수순이다. 패에 지더라도 흑5로 막은 점이 득이기 때문이다. 이 수순중 흑3으로—

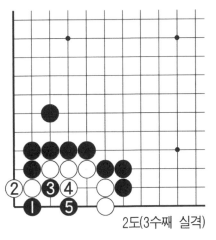

2도(3수째 실격)

2도(손해패)

본도의 수순으로 패를 하는 분들이 상당수인 것 같다. 그러나 이 수순은 1도의 정해에 비해 무조건 손해다.

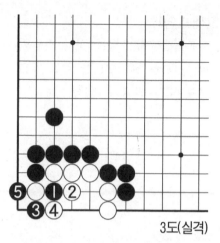

3도(실격)

3도(손해패)

본도의 수순으로도 흑5까지 패는 된다. 그러나 정해는 아니다. 또 수순 중 백2로ㅡ

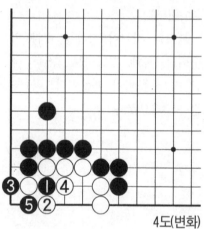

4도(변화)

4도(환원)

본도 백2로 단수쳐도 흑3 이하의 수순을 거쳐 다시 3도로 환원된다.

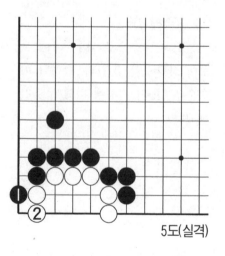

5도(실격)

5도(완생형)

흑1은 하급자가 끝내기하듯 무심코 범하는 수로 백2에 의해 완생이다. 이 모양을 '빗꼴 6궁'이라 하는데 빗꼴 6궁은 완생형이다.

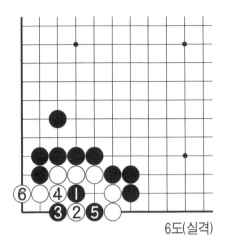

6도(실격)

6도(크게 삶)

이 모양에서는 흑1의 치중이 성립하지 않는다. 백6까지 크게 살고 만다.

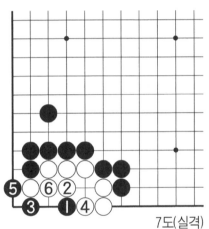

7도(실격)

7도(무사)

본도 흑1의 치중도 성립하지 않는다. 흑3때 백4로 단수하여 무사하다. 백6까지 자충 때문에 흑은 이을 수 없다. 또 수순 중 흑3으로—

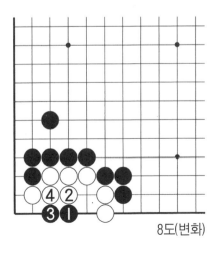

8도(변화)

8도(이음)

본도 흑3에 두어도 백4로 이어 그만이다.

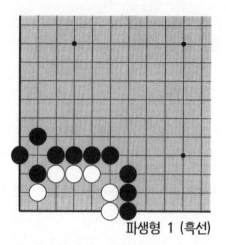

파생형 1 (흑선)

【파생형 1】

본형은 왼쪽에 흑이 따낸 모양이 없다면 완성이다. 따낸 모양이 어떤 작용을 하는지 살펴보자.

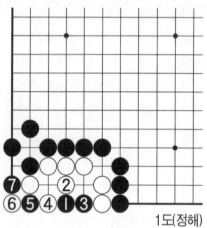

1도(정해)

1도(패)

이번에는 흑1의 치중이 필요하다. 그리고 흑3·5의 수순이 눈여겨 볼만한 맥이다. 따낸 모양의 영향력으로 흑7의 패가 성립하는 것이다.

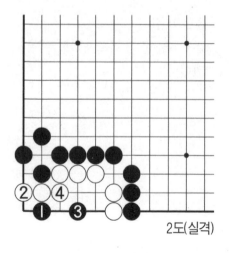

2도(실격)

2도(이음)

대표형의 1도처럼 두는 것은 이 모양에서 성립하지 않는다. 본도처럼 흑3에 백4로 이어버리기 때문이다.

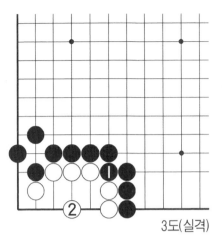

3도(실격)

3도(완생)

흑1에는 백2로 지켜 완생이다. 백도 이 수가 아니면 패가 될 소지가 있다.

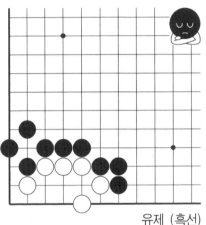

유제 (흑선)

[유제]

본 그림은 대표형에서 참고할 것이나 대표형과 파생형 1은 같은 맥락이므로 여기서 소개한다. 이 모양은 패를 만들면 실격이다.

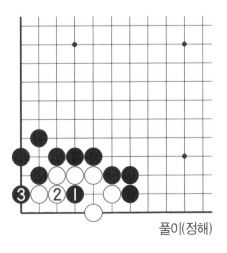

풀이(정해)

풀이(치중)

이 모양에서는 흑1의 치중이 백의 명맥을 끊는 수다. 만약 흑3의 자리에 먼저 둔다면 백은 흑1의 자리를 차지하여 패로 저항한다.

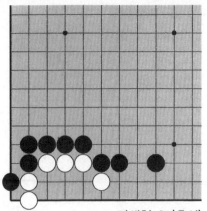

파생형 2 (흑선)

【파생형 2】

본형은 대표형의 귀와 변쪽 모양을 뒤바꾸어 놓은 것이다. 이 모양은 2가지 패의 수단이 있다.

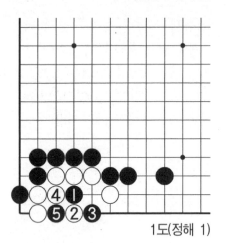

1도(정해 1)

1도(치중)

먼저 본도 흑1의 치중이 있다. 이 수는 대표형에서는 성립하지 않았던 수였지만 지금은 위력적이다. 흑5까지 패를 만들 수 있다.

2도(정해 2)

2도(붙임수)

본도 흑1의 붙임수도 성립한다. 그러나 정해 1만은 못하다. 패에 질 경우 손해가 크기 때문이다.

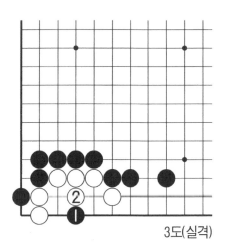

3도(실격)

3도(귀의 특수성)

본도 흑1은 이번에도 성립하지 않는다. 이 치중수는 이 모양이 변으로 한 칸 더 이동하여 귀의 특수성이 없어졌을 때 위력이 있다.

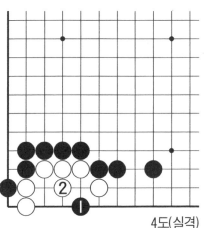

4도(실격)

4도(보태준 격)

본도 흑1의 치중도 이 모양이 변으로 한 칸 더 이동했을 때만이 영향력이 생긴다. 백2로 지키면 흑 한점은 거저 보태준 격이다.

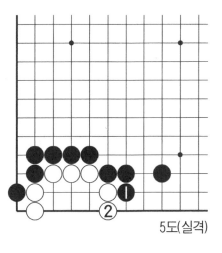

5도(실격)

5도(빗꼴 6궁)

본도의 수순은 대표형의 5도, 즉 빗꼴 6궁으로 환원되어 완생이다.

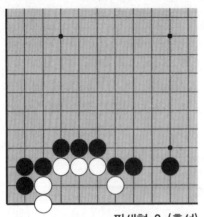

파생형 3 (흑선)

【파생형 3】

　본형은 파생형 2가 변으로 한 칸 이동한 모양이다. 이 경우에는 대표형, 파생형 2에서 푸대접받았던 치중수가 정답이 된다.

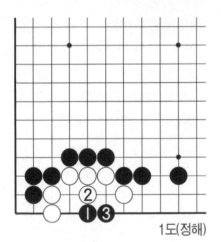

1도(정해)

1도(유일한 치중)

　본도 흑1의 치중만이 패 없이 잡는 유일한 방법이다. 지금까지 정해였던 모든 수법은 이 경우 패가 되므로 실격이다.

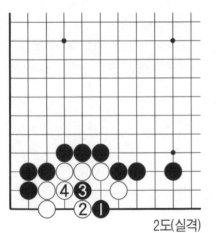

2도(실격)

2도(패)

　파생형 2의 4도와 같은 치중도 이때는 영향력을 갖는다. 그러나 백4까지 패가 되므로 실격이다. 참고로 흑1로는 흑3에 먼저 두어도 백2로 받아 같은 모양의 패다.

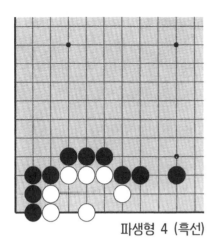

파생형 4 (흑선)

【파생형 4】

이 모양은 참고도를 보면 알 수 있지만 귀7궁의 변형(제16형－파생형 3)과 원리는 같다.

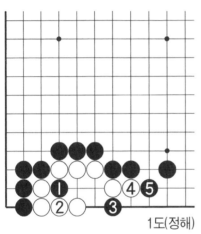

1도(정해)

1도(상용의 맥)

본도의 수순으로 잡는 것이 정해가 된다. 흑3의 껴붙임은 상용의 맥이다.

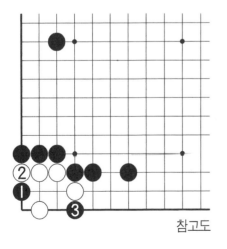

참고도

참고도(같은 원리)

이 모양은 제16형－파생형 3에서 다시 등장하는데, 본도의 수순은 사실상 1도와 같은 것이다.

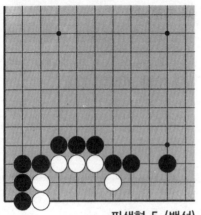

파생형 5 (백선)

【파생형 5】

파생형 4가 죽는다는 것을 알았다면 이 모양을 살리는 것은 어렵지 않을 것이다.

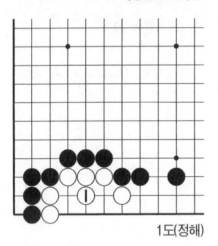

1도(정해)

1도(확인)

오직 백1의 한 수뿐이다. 간단한 지킴수이지만 굴러들어온 복을 발로 차버리는 수도 있으므로 다시 한 번 확인할 것.

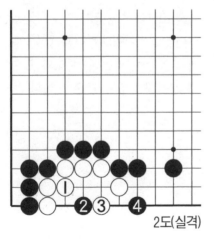

2도(실격)

2도(고지식한 이음)

본도의 수순으로 백이 죽는 것은 앞서 여러 차례 다루었던 것이다. 백1은 앞길을 예측하지 못한 고지식한 이음으로 흑4의 공격이 백의 숨통을 죄는 맥점이다.

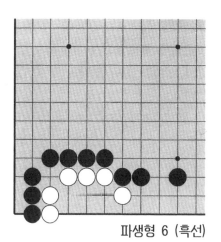

파생형 6 (흑선)

【파생형 6】

본형은 파생형 1과 파생형 3이 합성된 것이라고 보면 된다.

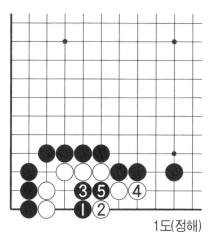

1도(정해)

1도(끊는 수순)

우선 흑1의 치중이 절대다. 그리고 백4때 흑5로 끊는 수순이 긴요하다.

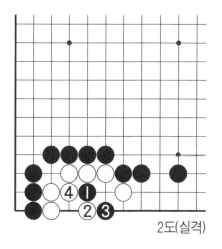

2도(실격)

2도(패)

흑1로 2선에서의 치중은 백4까지 패가 되어 실격이다. 수순 중 흑1로는 흑3에 먼저 두어도 같은 결과의 패가 된다.

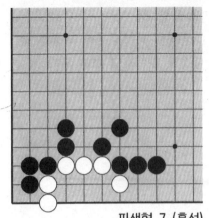

파생형 7 (흑선)

【파생형 7】

본형은 파생형 3과 비교하여 중앙에 공배가 하나 있다는 점이 다르다.

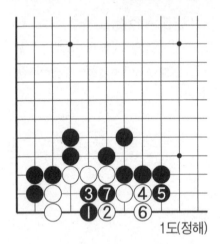

1도(정해)

1도(패)

이 모양은 흑1의 치중부터 시작하여 흑7까지의 수순으로 패가 되는 것이 정해다.

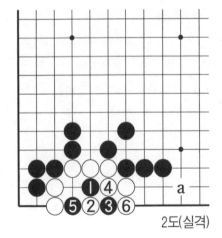

2도(실격)

2도(탈출)

본도 흑1의 치중으로도 패가 되는 것 같지만, 백은 패를 피하여 6까지의 수순을 밟은 후 백a로 탈출하는 수가 있다.

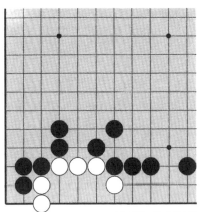

파생형 8 (흑선)

【파생형 8】

본형은 파생형 7과 비교하여 우변의 탈출로가 막혔다는 점이 다르다. 이 경우에는 상용의 맥이 작용하여 패 없이 잡을 수 있다.

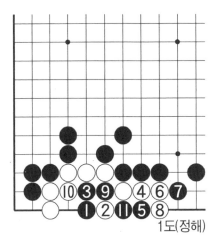

1도(정해)

1도(상용의 맥)

본도 백4까지의 진행은 파생형 7과 다르지 않다. 이때 흑5가 자충을 유도하는 상용의 맥으로 흑 11까지 된 다음—

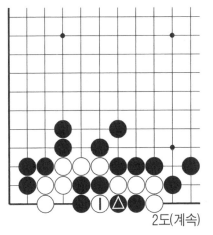

2도(계속)

2도(오궁도화)

본도 백1때 흑❷로 되따내어 죽음의 궁도인 '오궁도화'가 된다.

❷…△

귀6궁에서 귀7궁으로(변형)

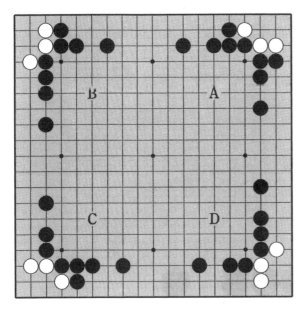

본형은 귀7궁의 변형이라고는 하지만 사실상 귀7궁이란 귀6궁의 변형일 뿐이다. 특히 **그림 A**는 전형적인 귀6궁의 궁도를 가지고 있다는 것을 알 수 있다. **그림 A**는 자체로 죽어 있는 모양이지만 발전하게 되면 **그림 B, C, D**로 되며 이 중 **그림 D**는 살아있는 모양이다.

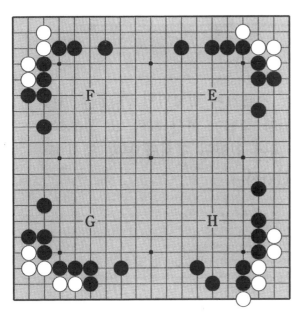

그림 D는 다시 **그림 E, F, G, H**와 같은 파생형을 갖게 되는데, 특히 **그림 H**는 난이도가 매우 높아서 웬만한 아마추어 고단자들도 실전에서 그냥 살려 주는 것을 자주 목격했다. 그러나 여기까지가 본형의 끝이다.

귀6궁에서 귀7궁으로(변형)─결함

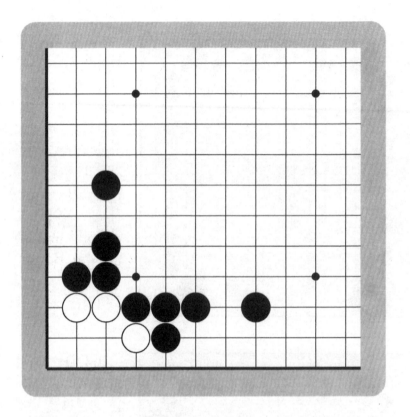

　본형은 귀6궁 중 기본형의 변형이며 귀6궁에 비해
돌 하나가 적은 만큼 결함이 적지 않다. 또 귀6궁의
기본형이 자체로 죽어 있었던 것처럼 본형 역시 죽
어 있는 것은 마찬가지다.

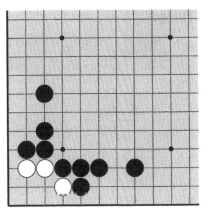

대표형(죽은 모양)

【대표형】

본형은 자체로 죽어 있다. 더구나 귀6궁이 두 개의 돌을 추가하여 살 수 있는 모양 중에서 본형은 그렇지 못한 경우가 있다. 결함이란 바로 이 경우를 말하는 것이다. 예를 들어―

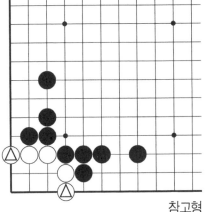

참고형

[참고형]

백△처럼 두 개의 돌이 추가된다면 귀6궁은 살 수 있었지만 본형은 그렇지 못하다.

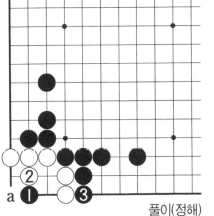

풀이(정해)

풀이(패)

이 모양은 흑3까지의 수순으로 패가 되는데, 흑3때 백a로 두어야 하는 것이다. 대표형의 결함이란 바로 이러한 것을 말한다.

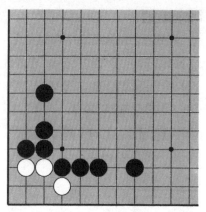

파생형 1 (백선)

【파생형 1】

이 백을 사는 방법은 2가지가 있다. 그러나 정수는 단 한 가지뿐이다.

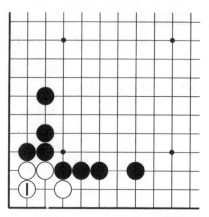

1도(정해)

1도(호구)

본도처럼 호구 모양을 만드는 것이 정해다. 물론 백1로 사는 수 외에도 백은—

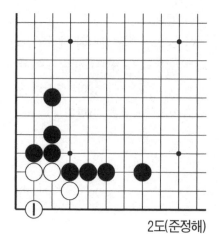

2도(준정해)

2도(미흡)

백1로 살 수도 있다. 그러나 이 수는 정수가 아니다. 그 이유는 파생형 2와 파생형 3에서 자세히 설명하겠다.

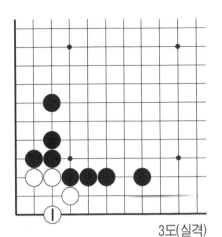

3도(실격)

3도(패)

본도의 백1처럼 두는 것은 실격이다. 패가 되기 때문이다. 그 수순은 파생형 2에 있다.

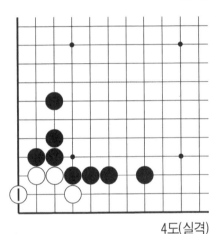

4도(실격)

4도(치중방법)

본도의 백1처럼 두는 것도 실격이다. 이 백을 잡는 수순도 파생형 2에 있다. 정답은 치중에 있는데, 선택에 주의를 요한다.

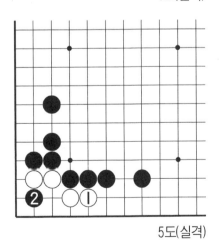

5도(실격)

5도(배붙임)

백1로 궁도를 먼저 넓히려는 것도 실격이다. 흑2는 '배붙임'이라는 유명한 맥이다.

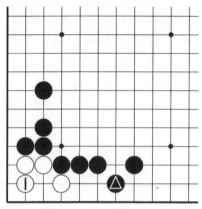

참고형 (흑선)

[참고형]

파생형 1에서 흑△가 추가되었다면 패가 된다. 그러나 수순이 정확하지 못하면 손해만 보게 된다.

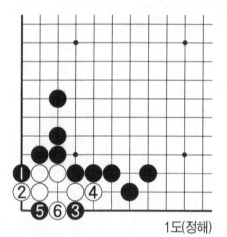

1도(정해)

1도(패)

본도의 수순만이 성립된다. 흑 1·3·5중 어느 하나도 틀려서는 안된다. 백6까지 패를 만들 수 있다.

2도(대궐)

흑1·3에는 백4가 좋은 수로 크게 살았다. 이런 모양에서 이만하면 대궐이다.

2도(실격)

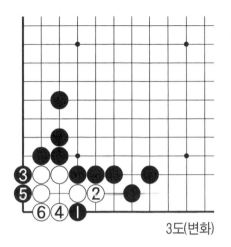

3도(변화)

3도(완생)

흑1·3의 수순에는 백4가 침착
하여 역시 완생이다.

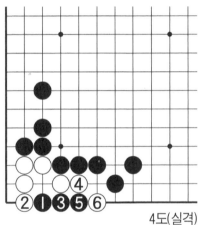

4도(실격)

4도(치중도 무위)

흑1의 치중으로는 백6까지 알기
쉽게 살게 된다. 수순중 백4로 하
나 늦추고 백6으로 잡는 것이 옥
집을 피하는 요령이다.

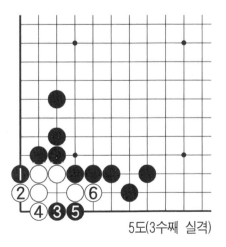

5도(3수째 실격)

5도(마찬가지)

4도와 마찬가지로 흑3의 치중은
무조건 성립하지 않는다.

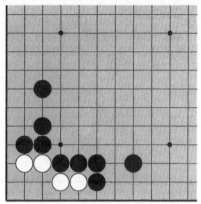

파생형 2 (백선)

【파생형 2】

파생형 1의 1도만이 정수가 되는 이유는 본형을 보면 알 수 있을 것이다.

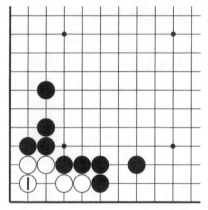

1도(정해)

1도(완생)

파생형 1의 1도와 마찬가지로 백 1이 정수다. 이 수가 아니고는 완생하지 못한다.

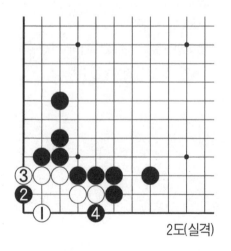

2도(실격)

2도(백 죽음)

백1은 파생형 1의 2도와 같은 수법이지만, 이번에는 흑2·4의 수순으로 살 수 없다.

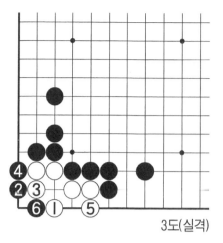

3도(실격)

백1은 파생형 1의 3도와 같은 수법인데, 흑2 이하의 수순이 통렬하여 패가 된다. 파생형 1의 3도는 이러한 이유로 실격이었던 것이다.

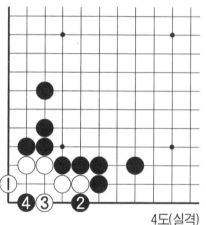

4도(실격)

4도(절명)

백1은 파생형 1의 4도와 같은 수법이다. 그러나 흑4의 치중으로 절명하며 이러한 이유로 파생형 1의 4도는 실격이었다. 또 흑2·4의 수순은—

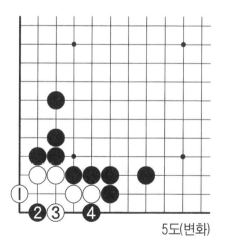

5도(변화)

5도(마찬가지)

본도와 같이 수순을 바꾸어도 결과는 같다. 오히려 이 수순을 기억하는 편이 좋다. 그 이유는 다음 참고도 1과 참고도 2를 비교해 보면 알 수 있다.

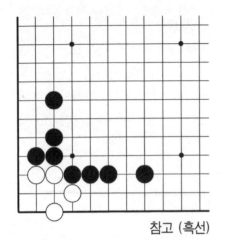

참고 (흑선)

[참고]

이 모양은 파생형 1의 3도인데 파생형 2의 3도와 비교하여 다시 확인하기 바란다. 즉 풀이의 수순으로 패가 된다는 것이다.

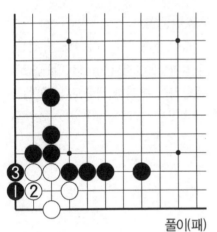

풀이(패)

파생형 2의 5도가 4도보다 나은 이유는 참고도 1과 참고도 2를 비교하면 알 수 있다. 즉 5도는 참고도 1과 같은 수법이며 4도는 참고도 2와 같은 맥락이기 때문이다. 즉 이런 모양에서는 참고도 1처럼 치중을 먼저 해야만 잡을 수 있는 것이다.

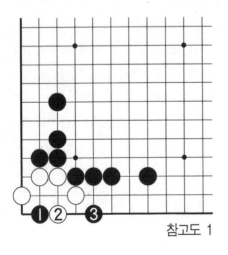

참고도 1

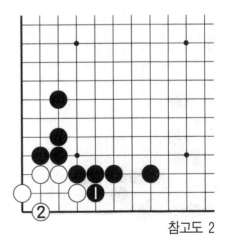

참고도 2

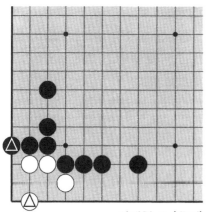

파생형 3 (흑선)

【파생형 3】

이 모양은 파생형 1의 2도와 연관된 것이다. 백△의 부당성을 다시 확인하기 바란다. 흑▲가 추가되었다면 이 백은 죽음이 있다.

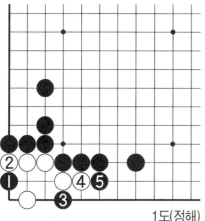

1도(정해)

1도(꺼붙임)

흑1·3의 수순이 긴요하다. 흑3의 꺼붙이는 맥으로 잡는 것은 제15형－파생형 4와 동일한 수법이다.

참고도(패)

본형의 백△는 본도 백1이어야 한다. 물론 흑2 이하의 패가 있기는 하지만 그냥 죽는 것보다는 나은 것이다.

참고도

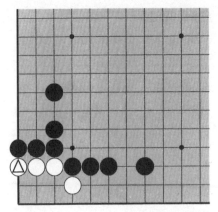

파생형 4 (흑선)

【파생형 4】

본형은 파생형 3에서 백△로 살려고 한 모양이다. 역시 죽음이 기다리고 있다.

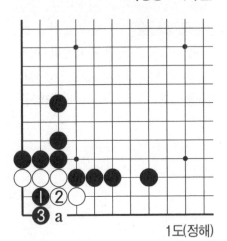

1도(정해)

1도의 수순이 패 없이 잡는 유일한 방법이다. 수순 중 흑3으로는 a에 둘 수도 있다.

2, 3도는 모두 백이 패로 저항하는 수단이 있어 실격이다.

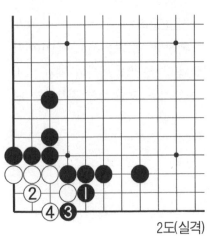

2도(실격)

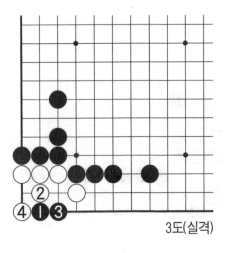

3도(실격)

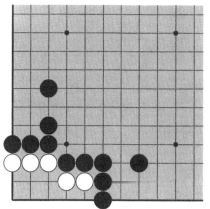

파생형 5 (백선)

　아주 열악한 조건이지만 이 백
이 살 수 있는 수단은 있다. 그것
도 패 없이.

　백으로서는 1도의 수순만이 유
일한 활로가 된다. 2도는 패가 되
어 실격이며, 3도는 흑2가 통렬하
여 그냥 죽는다.

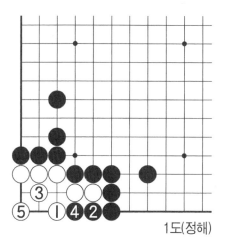

1도(정해)

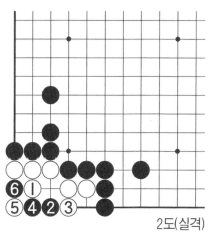

2도(실격)

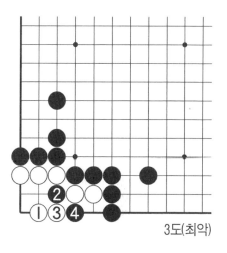

3도(최악)

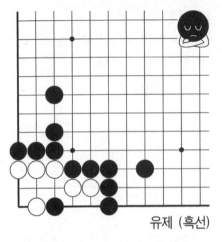

유제 (흑선)

[유제]

　본형은 파생형 5에서 아이디어를 얻어 창작된 것으로 추정되는 묘수풀이로, 힐기(詰棋－묘수풀이)의 대가 고(故) 마에다 9단의 작품이다.

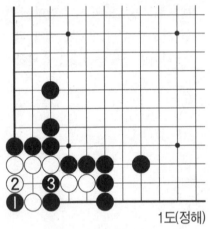

1도(정해)

1도(묘수)

　흑1은 고정관념을 벗어나 자충을 유도하는 묘수로, 이 수가 아니면 그냥 잡는 수는 없다. 흑3까지 백은 양자충에 걸려 꼼짝할 수 없다.

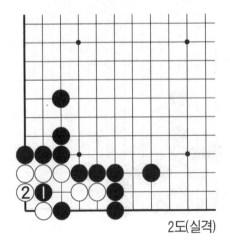

2도(실격)

2도(고정관념)

　흑1은 고정관념으로 묘수풀이의 함정에 빠진 수다. 백2면 패로 버틸 수 있다.

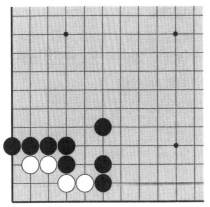

파생형 6 (백선)

【파생형 6】
　이 백을 살리는 방법은 2가지다.
그러나 정해는 하나다.

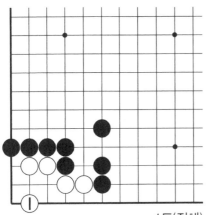

1도(정해)

1도(최선)
　이번에는 본도의 백1이 최선이
다. 그러나 이 수는 오른쪽에 공
배가 비어 있기 때문에 가능한 것
이기도 하다.

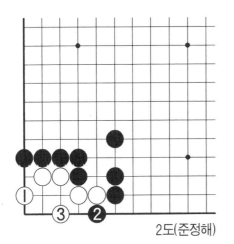

2도(준정해)

2도(1집 손해)
　백1로도 살 수는 있다. 흑2라면
백3으로 살게 된다. 그러나 이 방
법은 1도보다 1집 손해이므로 준
정해라고 하겠다.

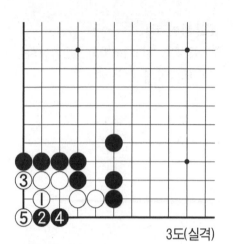

3도(실격)

3도(맥)

백1은 흑2의 맥으로 패가 된다. 이 변화는 파생형 3의 참고도에서 설명한 바 있다.

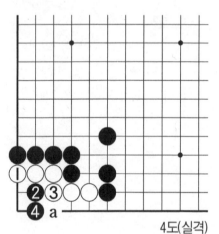

4도(실격)

4도(백 죽음)

백1로 살 수 없다는 것은 파생형 4에서 설명한 것이다. 수순 중 흑4로는 a로 둘 수도 있다.

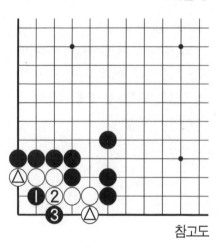

참고도

참고도(성립)

백△로 되어 있어도 흑1·3의 수순은 성립한다.

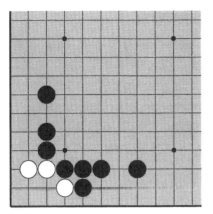

파생형 7 (백선)

【파생형 7】

　지금까지는 왼쪽이 막힌 모양의 변화를 검토했는데, 지금부터는 오른쪽이 막힌 모양의 변화를 검토해 보기로 하자.

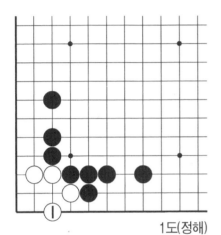

1도(정해)

1도(완생)

　백1로 두면 완생이다. 완생하는 수단에는 '눌러잡기'라는 테크닉이 숨어있는데, 그 변화는—

2도(계속)

2도(눌러잡기)

　본도 백7로 잇는 수순까지를 알고 있어야 한다. 이것으로 '눌러잡기'가 성립된다.

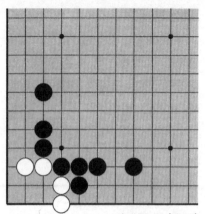

파생형 8 (흑선)

【파생형 8】

본형은 파생형 7의 1도를 선택하지 않았을 경우다. 물론 백에게는 죽음이 있다.

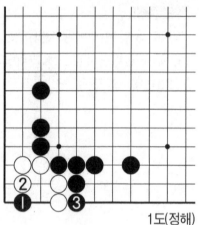

1도(정해)

1도(치명)

흑1이 치명적인 급소다. 흑3으로 알기 쉽게 잡을 수 있다.

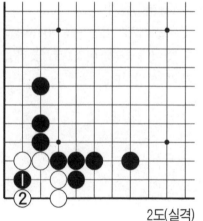

2도(실격)

2도(급소 이탈)

흑1은 급소를 빗나갔다. 백2로 완생이다.

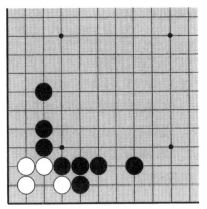

파생형 9 (흑선)

【파생형 9】

본형 역시 파생형 7의 1도를 이탈한 것이므로 수단의 여지가 있다. 정답은 패다.

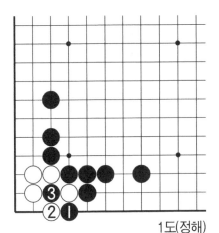

1도(정해)

1도(패)

흑1로 단순하게 패가 되는 것이 이 경우 정해가 된다. 만약 흑이 그냥 잡을 수 있다고 생각하여─

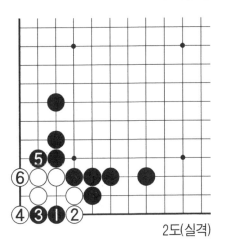

2도(실격)

2도(눌러잡기)

본도의 수순을 선택하는 것은 착각이다. 백6까지 이 백은 '눌러잡기'로 완생이다.

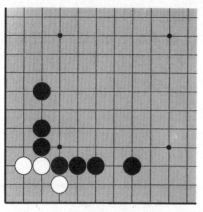

파생형 10 (사는 모양)

【파생형 10】

결론을 먼저 말하면 이 백은 살아 있는 모양이다. 단 알아 둘 사항은 예전에는 이 돌이 양패로 산다고 생각한 적이 있었으나 사실은 '눌러잡기'로 사는 것이 정확하다. 실전에서는 양패도 부담이기 때문이다.

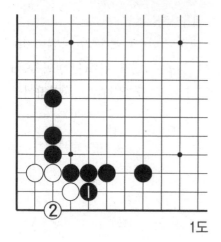

1도

1도(오른쪽을 막으면)

본도는 파생형 7의 1도로 사는 모양이며—

2도(왼쪽을 막으면)

본도는 파생형 1의 1도로 사는 모양이다.

2도

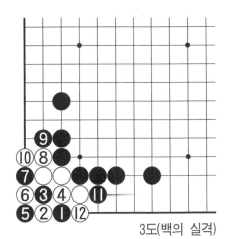

3도(백의 실격)

3도(양패)

　예전에는 본도의 수순으로 양패가 된다고 했지만, 실전에서 양패는 무한의 패감이 되므로 이 변화는 실격이다. 따라서 백2로는—

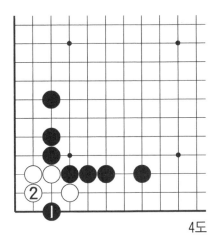

4도

4도(치중하면)

　흑1로 치중하면 백2가 정답이다. 이 수가 아니면 '눌러잡기'가 성립하지 않는다. 이후 흑은—

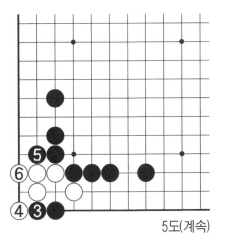

5도(계속)

5도(눌러잡기)

　흑3으로 두겠지만 이때 백4가 좋은 수로 백6까지 '눌러잡기'의 수순은 이렇게 만들어진다.

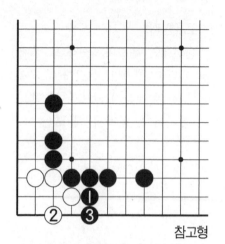

참고형

여기서 잠깐 파생형 7, 파생형 10의 1도의 연장으로 흑3에 대한 백의 응수를 검토하자.

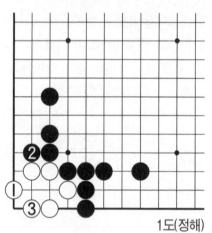

1도(정해)

1도(정수)

백은 본도의 수순으로 사는 것이 정수다. 만약 백1로—

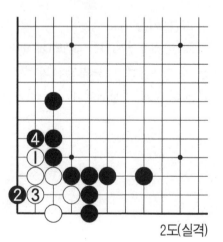

2도(실격)

2도(패)

본도의 백1처럼 궁도를 먼저 넓히려 한다면 흑2의 치중을 당해 패를 피할 수 없다.

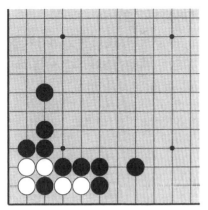

파생형 11 (흑선)

【파생형 11】

본형도 모양상 제16형의 범주에 포함되는데, 특히 파생형 2와 동류항이다.

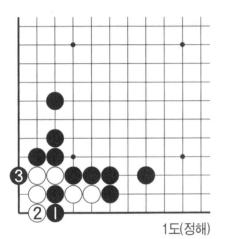

1도(정해)

1도(자충 유도)

흑1·3의 수순으로 자충을 유도하는 것이 정답이다. 만약 수순이 바뀌어ㅡ

2도(실격)

2도(패)

흑1에 먼저 젖히는 것은 백4 이후 흑이 a로 패를 하는 수밖에 없으므로 실격이다.

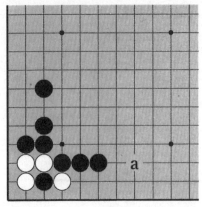

파생형 12 (흑선)

본형은 파생형 1에 속하는데, 이 모양은 흑돌이 a에 있느냐 없느냐에 따라 차이가 있다.

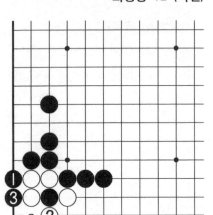

1도(정해)

1도(패)

이 모양에서는 흑1·3의 수순으로 두는 것이 최선이다. 다음 흑은 a로 패를 노리게 된다. 백도 이 진행이 최선인데, 만약 백2로—

2도(백의 실격)

2도(빠지는 수)

백2로 막는다면 흑3으로 빠지는 수가 성립하여, 본도의 수순을 밟는다면 죽음이 있다. 흑7로 치중하면 백은 a로 탈출할 수 없는 것이다. b로 막히기 때문이다.

❼…❸

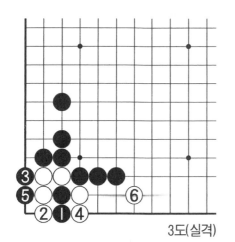

3도(실격)

3도(탈출)

흑도 1·3의 수순을 밟는 것은 무리다. 백6으로 탈출하는 수가 있기 때문이다. 그러나 만약 백이 탈출할 수 없다면 흑은 이 수순으로 잡으러 갈 수 있다.

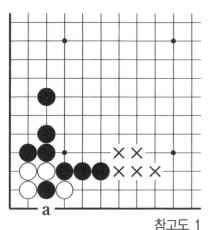

참고도 1

참고도 1(추가 배치 여부)

따라서 이 모양에서 흑돌이 × 쯤 어딘가에 추가되었다면, 흑은 a로 두어 잡으러 갈 수 있는 것이다.

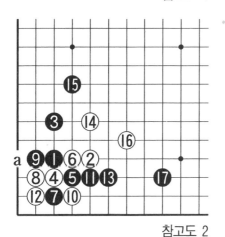

참고도 2

참고도 2(정석 관련)

파생형 12는 본도의 정석 진행에서 나타날 수 있으므로 참고하기 바란다. 흑17 이후 오른쪽 흑이 견고해진다면 백도 a로 보강하는 것이 정수다.

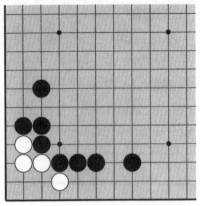

파생형 13 (흑선)

【파생형 13】

본형은 파생형 10의 완생형에서 파생된 것으로, 왼쪽으로 공간이 넓어진 것 같아 보이지만 실제로는 자충이 된 것이다. 따라서 이제는 완생형이 아니다.

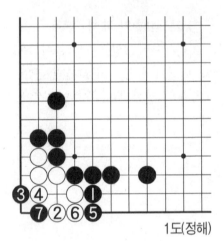

1도(정해)

1도(패)

이 모양은 본도 흑7까지의 수순으로 패가 되는 것이 최선이다.

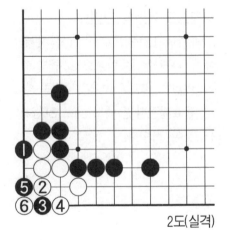

2도(실격)

2도(한 수 늘어진 패)

본도의 수순으로도 패는 되지만 이 패는 흑으로서 한 수 늘어진 패가 되므로 실격이다. 단 수순 중 백2로 백4에 두면 흑5로 치중하여 단패가 된다.

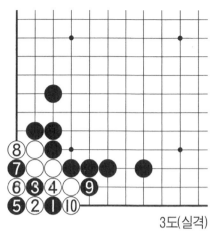

3도(실격)

3도(양패)

흑1의 치중은 백2 이하 백10까지 양패로 살게 되는데, 이 결과는 파생형 10의 3도와 같다.

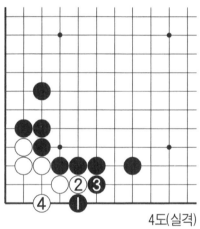

4도(실격)

4도(되따내어 삶)

흑1로 멋을 부리면 백2·4로 지켜 산다. 이 모양이 1도와 다른 점은 되따낼 수 있어 산다는 것이다. 파생형 5의 1도와 같은 맥락이며, 이 모양은 파생형 15의 2도, 파생형 16의 3도에도 등장한다.

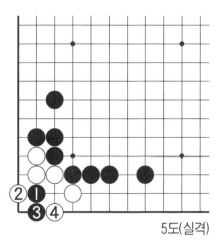

5도(실격)

5도(단순한 치중)

흑1의 단순한 치중으로는 백2·4의 수순으로 알기 쉽게 산다.

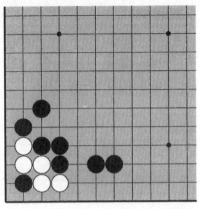

파생형 14 (흑선)

【파생형14】

　본형은 파생형 13의 5도에서 파생될 수 있는 모양인데, 죽음의 궁도를 이해하는데 도움이 될 것이다.

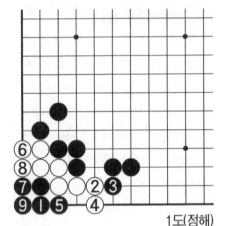

1도(정해)

1도(오궁도화)

　본도의 수순 중 흑7로 된 상태에서 사실상 죽음의 '오궁도화'가 만들어진 것이며, 백8로 수를 줄여올 때 흑9로 완성되는 것을 보여 주고 있다.

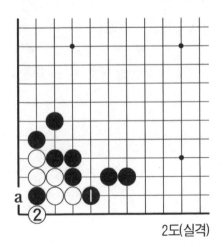

2도(실격)

2도(기분학상)

　기분학상 단순히 흑1로는 백2로 알기 쉽게 살려 주고 만다. 수순 중 백2는 a에 두어도 마찬가지다.

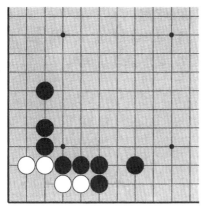

파생형 15 (흑선)

【파생형 15】

본형도 파생형 10에서 파생된 것인데, 오른쪽으로 한 칸 넓어진 것이라고 생각하는 것은 오산이다. 이 모양은 파생형 13과는 달리 오른쪽이 자충이다.

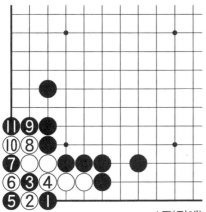

1도(정해)

1도(한 수 늘어진 패)

이 경우는 오른쪽의 자충을 추궁하는 것이 포인트다. 본도의 수순이 그것인데, 흑11까지 한 수 늘어진 패가 최선이다.

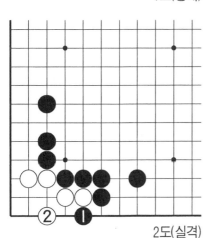

2도(실격)

2도(완생)

본도는 파생형 13의 4도와 같은 모양이며 패 없이 살아 있다.

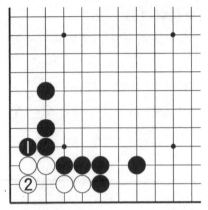

3도(완생)

흑1이라면 백2로 파생형 2의 1
도와 같은 결과가 되며—

3도(실격)

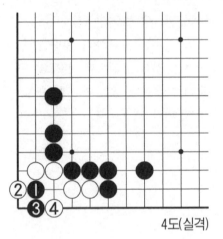

4도(완생)

본도의 진행은 파생형 13의 5도
와 같은 맥락으로 살아 있다.

4도(실격)

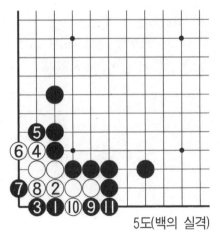

5도(귀곡사)

흑1의 치중에 백2로 응수하는 것
은 백의 착각이다. 흑3 이하 흑11
까지 이 결과는 귀곡사로 잡힌 모
양이다.

5도(백의 실격)

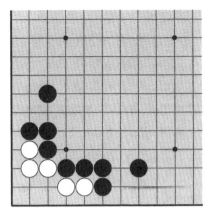

파생형 16 (흑선)

【파생형 16】

본형은 파생형 10에서 파생된 것 중 마지막이다. 양쪽이 모두 자충이 되어 이 경우는 파생형 13의 2도로 공격하는 것이 가장 좋다.

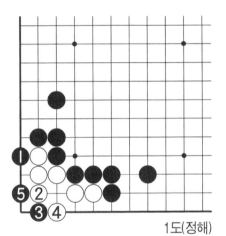

1도(정해)

1도(한 수 늘어진 패)

본도의 수순이 이번에는 정답이 된다. 흑3의 맥을 이용하여 흑5까지 한 수 늘어진 패가 된다.

2도(실격)

2도(손해 패)

흑1로 치중하면 백8까지 진행되는데, 이 결과는 파생형 15의 1도로 환원되어 한 수 늘어진 패가 되지만, 집계산상 흑쪽에서 1도보다 못하다.

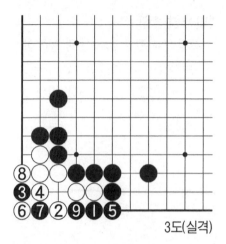

3도(실격)

3도(단순)

단순히 흑1은 백2로 파생형 15의 2도와 같은 모양이 되어 잡을 수 없다. 백10 이후 흑이 백 2점을 따내면 백도 흑 한점을 되따내어 살게 된다.

⑩…⑥

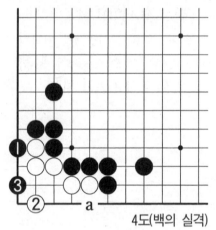

4도(백의 실격)

4도(백의 착각)

흑1때 백2로 두는 것은 백의 착각이다. 흑3 다음 a로 공격하게 되어 삶이 없다.

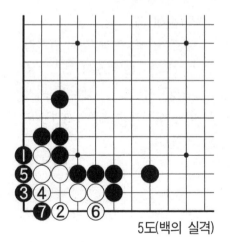

5도(백의 실격)

5도(단패)

본도 백2는 흑7까지 파생형 2의 3도와 같은 모양이 된다. 이 결과는 단패가 되어 백편에서 1도보다 못하므로 백의 실격이다.

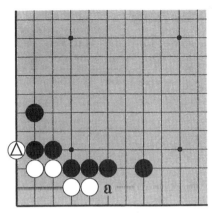

파생형 17 (흑선)

【파생형 17】

본형은 제16형의 파생형 중 가장 난이도가 높은 실전형이다. a가 비어 있고 백△가 보강되어 있지만, 이 모양에도 수단의 여지는 있다.

1도(한 수 늘어진 패)

본도의 수순으로 한 수 늘어진 패가 되는 것이 쌍방 최선이 되는데, 수순 중 백2로ㅡ

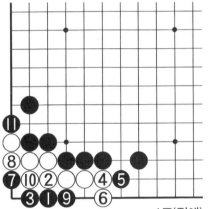

1도(정해)

2도(같은 결과)

본도의 수순으로 변화해도 결과는 같다. 여기서 백도 주의할 점이 있는데, 수순 중 백2로ㅡ

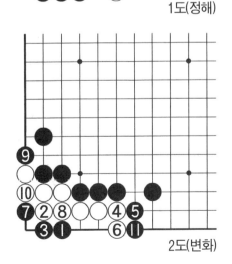

2도(변화)

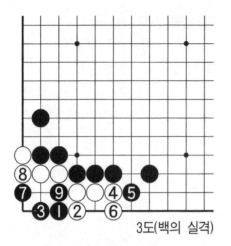

3도(백의 실격)

3도(양자충)

본도 백2에 두는 것은 흑7·9의 수순이 좋아 백은 양자충, 죽음을 면치 못한다.

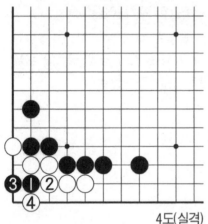

4도(실격)

4도(착각)

흑1의 붙임은 이 경우 착각이다. 오른쪽으로 백이 한 칸 넓은 것을 고려하지 못했기 때문이다.

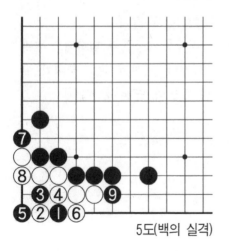

5도(백의 실격)

5도(손해패)

본도의 수순도 백의 실격이다. 백6은 양패로 만들려는 것이지만 흑7·9의 수순이 있어 이 결과는 현격한 손해패다. 따라서 백8로는 2의 자리에 두어 한 수 늘어진 패로 가져가게 되겠지만, 1도의 정해에 비해서 집계산상 역시 미흡하다.

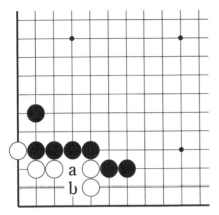

참고도 1

참고도 1(같은 모양)

파생형 17이 만들어지는 것은 실전에서 본도와 같은 경우가 되었을 때다. 단지 흑a, 백b의 교환이 누락된 것뿐이다. 이 모양은―

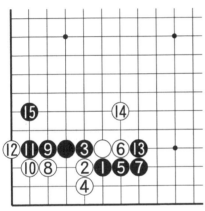

참고도 2

참고도 2(탄생 과정)

본도와 같은 진행으로도 만들어질 수 있으며, 또―

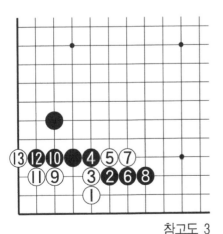

참고도 3

참고도 3(탄생 과정)

본도와 같은 진행으로도 나타날 수 있다.

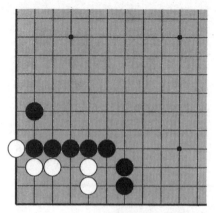

파생형 18 (흑선)

【파생형 18】

본형은 파생형 17의 파생형이라고 생각할 수 있다. 이 모양을 잡는 방법은 4가지나 되지만 사실상 2가지라고 생각하는 것이 옳다.

1도의 수순이 가장 알기 쉬운 방법이며, 약간 멋을 부리면 2도의 수순도 가능하다. 수순 중 흑5로는 3도의 흑5에 치중해도 잡히며 또는 a에 먹여쳐도 잡힌다.그러나 2도 이하는 2도와 다를 바 없는 것이다.

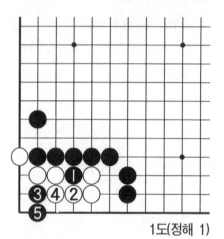

1도(정해 1)

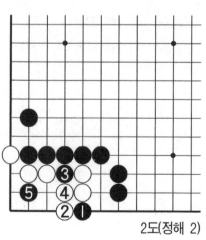

2도(정해 2)

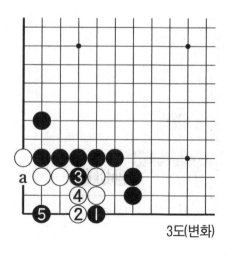

3도(변화)

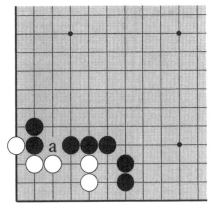

파생형 19 (흑선)

본형은 파생형 18과 a의 곳이 비어 있는 점이 다르다. 이 경우 파생형 18의 1도는 성립하지 않는다.

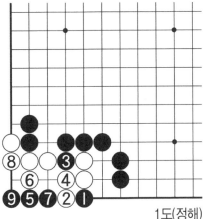

1도(정해)

1도(백 죽음)

본도의 수순이 정답이다. 수순 중 흑5로는 백8의 곳을 먼저 먹여쳐도 잡힌다.

2도(패)

본도는 파생형 18의 1도처럼 잡으려는 것이지만, 백4의 저항이 있어 패가 되므로 실격이다.

2도(실격)

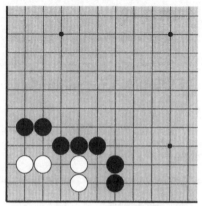

파생형 20 (흑선)

【파생형 20】

이 모양도 속성으로 따지면 파생형 19와 다르지 않다.

1도(정수순)

따라서 본도의 수순으로 잡는 것이 정수다. 수순 중 흑5로는 a에 먼저 붙여도 잡힌다.

1도(정해)

2도(흑의 자충)

수순이 바뀌면 어떤 결과를 가져오는지 보여 주는 그림이다. 백6은 흑의 자충을 이용하여 사는 전형적인 수법이며, 이 모양은 제9형―파생형 3의 2도와 같은 맥락이다.

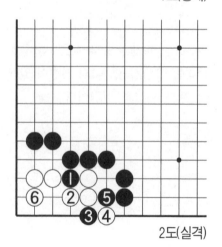

2도(실격)

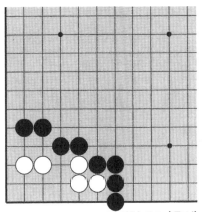

파생형 21 (흑선)

【파생형 21】

본형도 파생형 18의 변형이다. 주의할 점은 역시 수순이다.

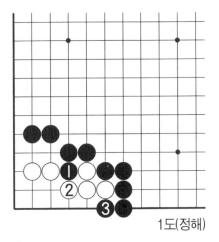

1도(정해)

1도(주효)

이번에는 본도의 수순이 최선이다. 이 수순이 아니면 그냥 잡는 수는 없다. 흑1을 하나 교환한 후 흑3으로 궁도를 좁혀가는 것이 이 경우 주효한 작전이다.

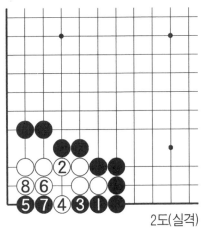

2도(실격)

2도(패)

흑1로 먼저 두는 것은 백2로 반발하게 되어 백8까지 패가 되므로 실격이다. 수순 중 흑5로 백6에 두는 것은 백8로 그냥 산다. 확인해 보기 바란다.

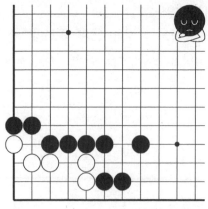

유제 1 (흑선)

[유제 1]

본형은 파생형 17의 파생형 중 가장 난이도가 높을 것이다. 그러나 이 모양의 원형은 사실상 정석에 있는 것으로, 유제 2가 그것이다.

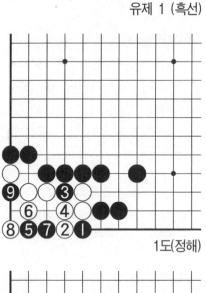

1도(정해)

1도(백미)

본도의 수순으로 잡는 것이 정답이다. 여기서 백8의 저항과 흑9의 맥은 이 모양의 백미라 할 만하다. 최종 결과는 귀곡사의 형태가 되므로 확인해 보기 바란다.

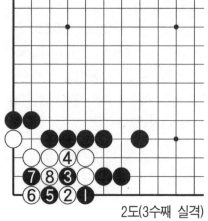

2도(3수째 실격)

2도(패)

본도의 수순은 흑의 착각이다. 백8 이후는 패로 유도되기 때문이다.

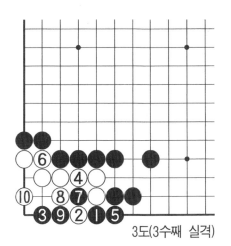

3도(3수째 실격)

3도(패)

이 진행은 유심히 살필 가치가 있다. 외부에 공배가 하나 더 있다면 이 진행이 정답이기 때문이다. 이 문제에서는 백10까지 패가 생기므로 실격이다.

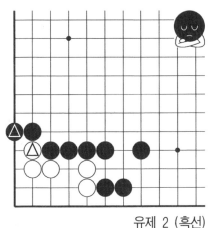

유제 2 (흑선)

[유제 2]

백△와 흑▲로 되어 있어도 결과는 같다. 그리고 이 모양은 제17형-파생형 2와 같은 것이다. 백을 잡는 수순은?

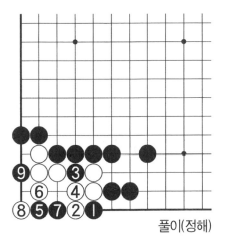

풀이(정해)

풀이(백 죽음)

본도의 수순으로 잡게 되는데, 결국 이 수순은 유제 1의 1도와 동일한 것이다.

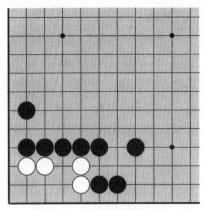

파생형 22 (백선)

【파생형 22】

본형은 백이 먼저 두어 사는 모양인데, 귀8궁으로 발전하기 직전의 상태라 하겠다.

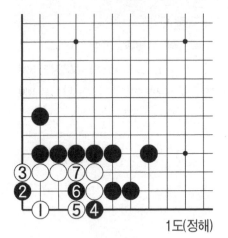

1도(정해)

1도(공배의 덕)

본도의 수순이 정답이다. 백7까지 무사할 수 있는 것은 오른쪽에 공배가 있기 때문이다. 따라서 공배가 메워졌을 때는 실격이다.

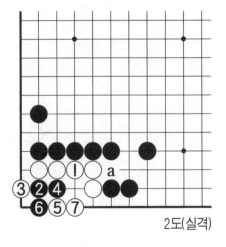

2도(실격)

2도(빅)

백1은 이 모양에서 실격이다. 본도의 수순은 귀8궁에서 다시 설명하겠지만 a가 비었을 경우 가능하다. 다만 실전적이지는 않다. 빅으로 인해 귀의 집이 제로이기 때문이다.

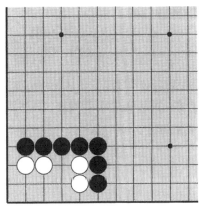

파생형 23 (백선)

【파생형 23】

본형은 전형적인 귀8궁으로 사는 것이 정수다. 그 외의 수로는 사는 방법이 없다.

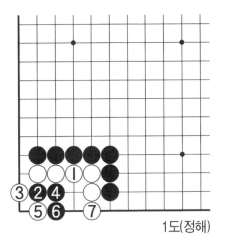

1도(정해)

1도(만년패)

백1로 궁도를 최대한 넓히는 길 뿐이다. 본도의 수순은 상용화된 것인데, 이 패의 이름은 '만년패'라고 한다.

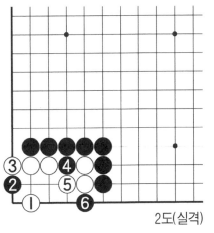

2도(실격)

2도(백 죽음)

이 모양은 파생형 22의 1도처럼 살 수 없다. 본도의 진행이 그것을 보여 준다. 흑2로 치중한 후 흑6까지 백은 더 이상 저항할 수 없다.

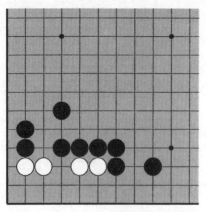

파생형 24 (흑선)

【파생형 24】

본형은 고전 묘수풀이에 실려 있는 모양으로, 변화 중에는 파생형 18부터 20까지의 아이디어와 제18형－파생형 7의 유제로 환원되는 모양이 숨어 있다.

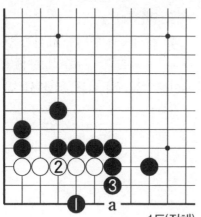

1도(정해)

1도(절묘한 치중)

흑1의 치중부터 시작하는 것이 절묘하다. 본도의 수순은 제18형－파생형 7의 유제에서 다시 다룰 것이다. 수순 중 흑3으로는 a도 가능하며, 흑3 이후－

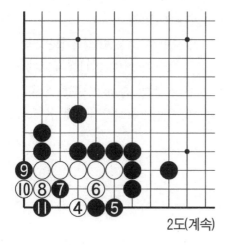

2도(계속)

2도(수순 주목)

본도의 진행으로 잡을 수 있다. 여기서 흑7·9·11의 수순에 주목할 필요가 있다.

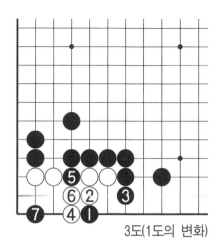

3도(1도의 변화)

3도(지킴)

　백2로 지킨 이후 본도 흑7까지의 진행은 파생형 18부터 20에서 익혀 두었던 수순이다.

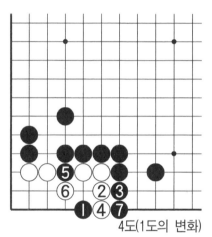

4도(1도의 변화)

4도(공격)

　백2로 공격하면 흑3 이하의 수순으로 잡을 수 있다. 결국 중요한 것은 흑1의 급소에 의해 결정된다는 것이다. 따라서 만약 흑1로─

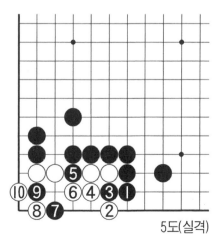

5도(실격)

5도(패)

　흑1에 먼저 두면 반대로 백이 백2의 곳을 차지하여, 이제는 백10까지 패를 피할 수 없게 된다.

귀7궁(변형)

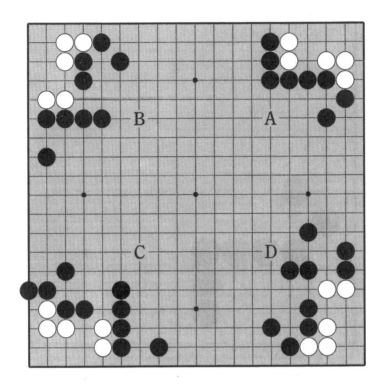

  본형은 제16형－파생형 18부터 파생형 24를 거쳐 귀
8궁으로 발전하는 마지막 길목이며 정석 과정에서 얻
어지는 실전형이다. 본형의 대표적인 모양은 **그림 A**지
만 이 모양은 기초에 불과하며, 사실상은 **그림 B, C,
D**의 변화가 핵심이다.

귀7궁(변형)-정석 과정

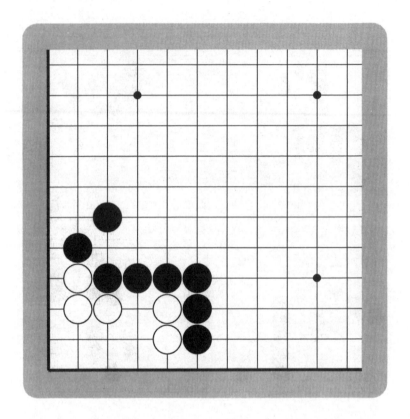

 본형은 공통 9의 가장 원시적인 모양으로 정석 과정에서 백이 가일수하지 않았다는 전제 하에 만들어진다. 이 모양이 만들어지는 과정과 잡는 방법을 알아보고 그 파생형에 대해서도 차근차근 검토해 보기로 하자.

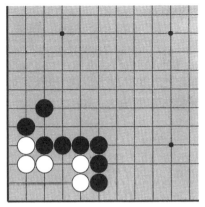

대표형 (흑선)

　본형이 실전에서 등장하면 눈감고 가일수할 수 있어야 한다. 정석이기도 하기 때문이다.

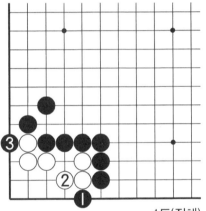

1도(정해)

1도(백 죽음)

　이 모양은 본도의 수순으로 간단히 잡힌다. 궁도를 좁혀 잡는 방법의 대표적인 것이다.

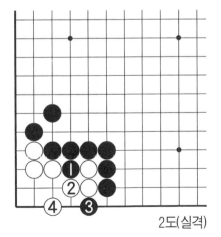

2도(실격)

2도(완생)

　흑1을 먼저 교환하면 잡을 수 없다는 것은 여러 차례 전술한 바 있다. 또 수순 중 흑3으로─

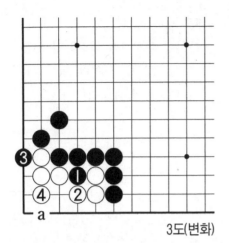

3도(변화)

3도(패)

본도와 같이 두는 것은 제16형 —파생형 16의 1도와 같지만, 흑 a의 맥점이 있다 해도 어디까지나 패이므로 실격이 된다.

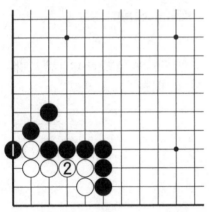

4도(실격)

4도(만년패)

본도의 수순도 전술한 바 있는 것이다. 흑1쪽을 먼저 젖히는 것은 백2로 귀8궁이 되어 만년패 이상은 없다.

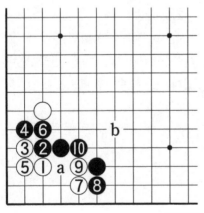

참고도

참고도(정석 관련)

대표형은 본도와 같은 정석 진행에서 얻어지는 것으로, 흑10 다음 백은 a로 두고 흑은 b로 수비하는 것이 정석의 끝이다.

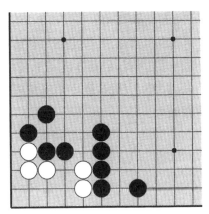

파생형 1 (흑선)

【파생형 1】

　본형이 대표형과 다른 점은 외부에 공배가 하나 더 있다는 것이다. 이 때문에 본형은 패가 되는데, 2가지의 패가 있지만 정해는 하나다.

1도(패)

　본도의 수순은 기억해 둘 필요가 있다. 흑백 쌍방간 이 진행이 최선이다.

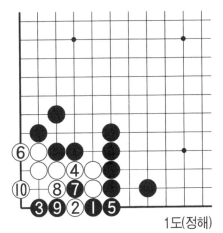

1도(정해)

2도(손해패)

　본도의 진행도 패가 되지만 흑으로서는 1도보다 손해다.

2도(3수째 실격)

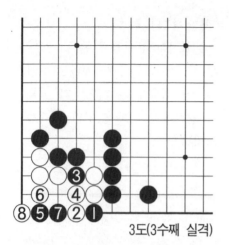

3도(3수째 실격)

3도(눌러잡기)

흑으로서는 실격이지만 본도의 진행도 기억해 둘만한 수순이다. 특히 백8은 '눌러잡기'를 유도하는 맥이다.

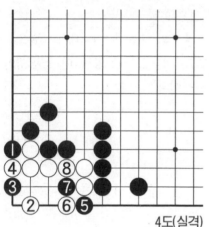

4도(실격)

4도(젖히는 방향)

흑1은 젖히는 방향이 틀렸다. 백2 이하 8까지 사는 수순은 제16형－파생형 22의 1도에서 설명한 바 있는 것이다.

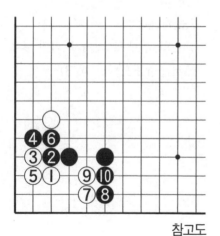

참고도

참고도(정석 관련)

파생형 1은 본도와 같은 정석 진행으로 얻어지는 실전형이다.

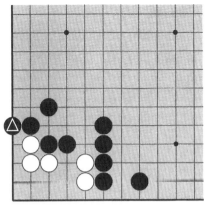

파생형 2 (흑선)

【파생형 2】

본형은 파생형 1에 흑▲가 추가 된 것으로, 이 수가 있다면 이 백 은 죽음이 있다. 또 본형은 제16 형―파생형 21의 유제 2에서 본 것이다.

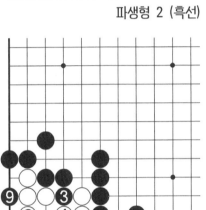

1도(정해)

1도(귀곡사)

본도의 수순으로 잡는 것이 정 답이다. 이 수순은 제16형―파생 형 21의 유제 2 풀이와 같다. 백 8이 끈질긴 저항이지만 흑9의 한 방이면 귀곡사로 유도할 수 있다.

2도(패)

이 모양에서는 이 수순이 실격 이다. 백4로 궁도를 넓히면 패를 피할 수 없기 때문이다.

2도(3수째 실격)

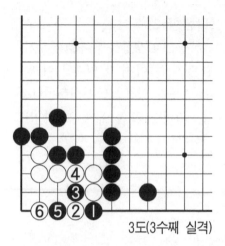

3도(3수째 실격)

3도(패)

본도 역시 패가 되므로 실격이다. 패를 내는 백4·6의 수순을 기억할 것.

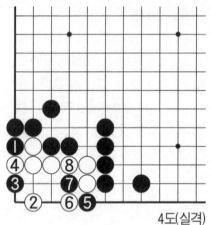

4도(실격)

4도(완생)

흑1은 백2로 완생이다. 이 수순은 제16형－파생형 22의 1도에도 있고 제17형－파생형 1의 4도에도 있다.

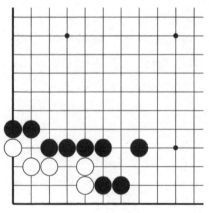

참고(잡는 수순은?)

[참고]

참고로 본도의 잡는 수순을 다시 확인하기 바란다. 이 모양은 제16형－파생형 21의 유제 1에서 본 것으로, 잡는 수순은 1도와 같다.

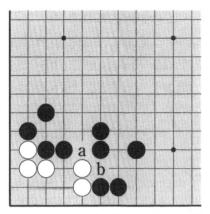

파생형 3 (사는 모양)

【파생형 3】

본형은 파생형 1의 패가 성립하지 않는다. a, b의 공배가 두 곳일 때 이 백을 잡는 수는 없다.

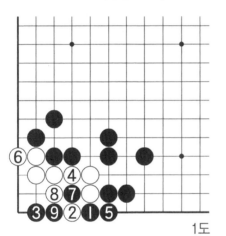

1도

1도(같은 수순이지만)

본도의 수순은 파생형 1의 정해와 같지만, 흑9때 백은—

2도(계속)

2도(눌러잡기)

본도 백1로 잇는 수가 있는 것이다. 백3까지 백은 '눌러잡기'로 훌륭히 살고 있다.

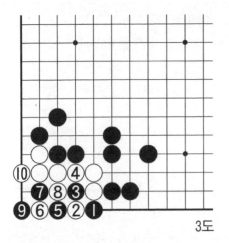

3도

3도(공배의 효과)

흑이 본도의 수순으로 패를 하려 해도 외부의 공배가 비어 있어 백10이 성립하므로 더 이상 수가 없다.

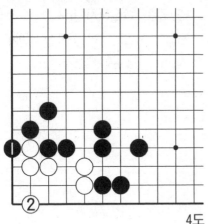

4도

4도(완생)

흑1로 젖히면 백2로 산다는 것은 파생형 1의 4도에서 설명했고 그 이전에도 몇 번 설명한 것이다.

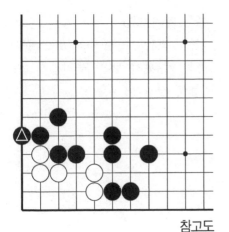

참고도

참고도(패)

그러나 흑⚫가 있다면 다시 1도의 패가 성립한다. 흑⚫도 공배를 메우고 있는 것이기 때문이다. 다시 한 번 확인하기 바란다.

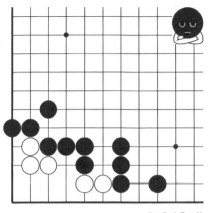

유제 (흑선)

[유제]

본형은 고전 묘수풀이에도 등장하는 것으로, 본래 귀7궁의 완전형에서 다룰 것이었으나 풀이 과정이 다소 복잡해 여기서 설명하기로 하겠다. 힌트는 백의 선패를 만드는 것이다.

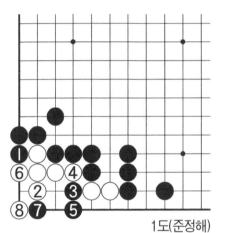

1도(준정해)

1도(흑의 선패)

우선 본도의 진행이 가장 많이 알려진 정해의 수순인데 이는 사실상 준정해라고 하겠다. 흑의 선패이기 때문에 한마디로 백의 실수인 것. 수순 중 백6으로—

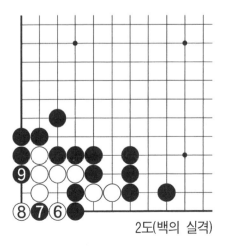

2도(백의 실격)

2도(양자충)

본도와 같이 두는 것은 흑7의 절묘한 맥이 기다리고 있다. 결국 양자충으로 백이 죽게 된다.

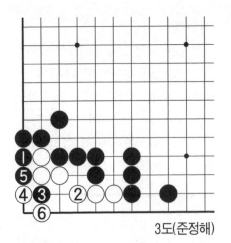

3도(준정해)

3도(흑의 선패)

쉬운 수순으로는 본도가 있다. 그러나 이 진행도 흑의 선패이므로 준정해. 수순 중 백4로―

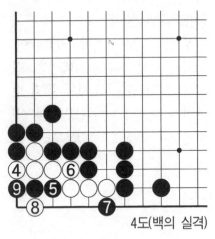

4도(백의 실격)

4도(백 죽음)

본도와 같이 두는 것은 흑9까지의 수순으로 백이 죽게 된다. 수순 중 백8로 패를 유도해 보지만, 흑9로 키우면 삶의 안형이 확보되지 못한다.

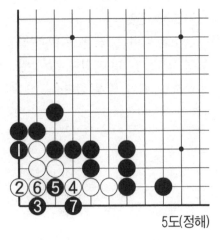

5도(정해)

5도(백의 선패)

백도 이 수순이 최선이 된다. 백의 선패로서 본도가 정해라고 할 수 있다. 수순 중 흑3과 흑5의 수순은 바뀌어도 상관없다. 백이 주의할 것은―

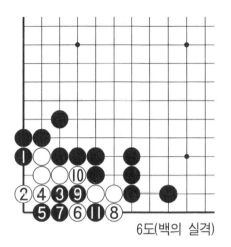

6도(백의 실격)

6도(흑의 선패)

흑5때 백6은 일견 맥점같지만 틀린 수순이다. 흑11까지 이 진행은 흑의 선패가 된다.

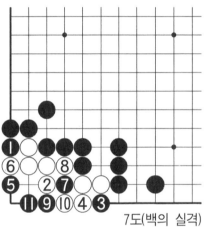

7도(백의 실격)

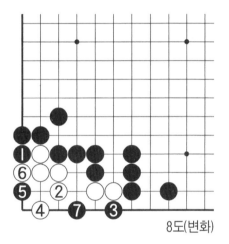

8도(변화)

흑1에 대해 백이 달리 두는 수는 없다. 7, 8도가 그러한 변화를 보여 주고 있다.

또 참고도와 같은 묘수풀이도 있는데, 이 진행은 1도와 같은 것이다.

참고도

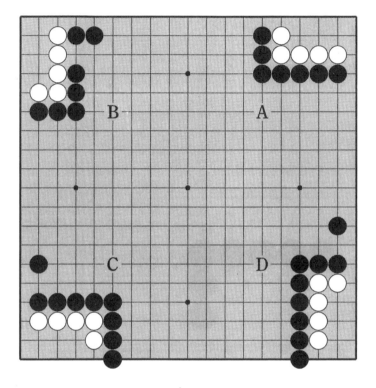

  귀8궁이란 1선을 모두 막았을 때 직사각형 모양의 8집이 만들어지는 모양을 말하는 것이다. 대표형은 그림 **A**이고 그림 **B, C, D**는 그림 **A**의 대표적인 파생형들이다.

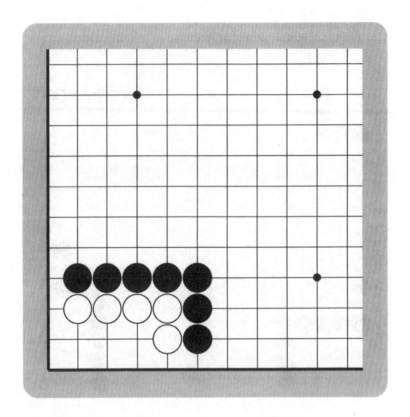

　본형은 귀8궁의 가장 대표적인 실전형이다. 이 모
양은 '만년패'의 수단이 남아 있으나, 실전에서는 초
반이나 중반전에 가일수하지 않고 두는 것이 보통이
다. 만년패란 글자 그 대로 '萬年覇', 즉 생명이 끈질
기기 때문이다.

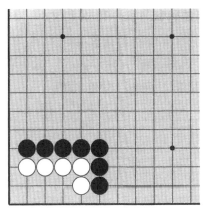

대표형 (흑선)

【대표형】

　본형에서 만들어지는 만년패는 2가지가 있다. 한 가지는 거의 사용되지 않지만 생각보다 위력적이다.

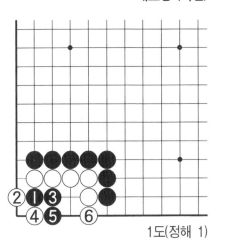

1도(정해 1)

　1도가 일반적인 모양의 만년패이다. 흑에게는 후수이기는 하지만 2도와 같은 수순도 있다. 흑5 때 백이 가일수하지 않는다면 3도와 같은 모양이 되어 백이 곤란하다. 다음 흑a의 패는 흑이 유리한 이단패다.

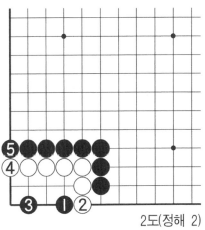

2도(정해 2)

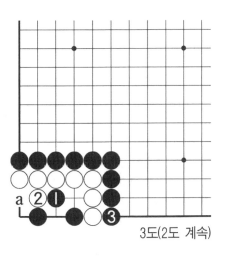

3도(2도 계속)

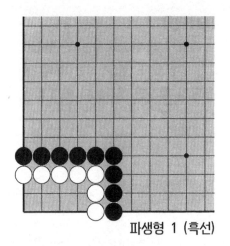

파생형 1 (흑선)

【파생형 1】

이 모양은 완전한 귀8궁이다. 흑이 이 백을 잡는 수단은 없지만 끝내기 수단은 남아 있다.

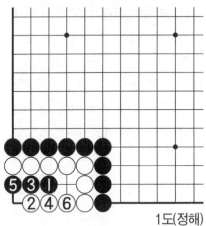

1도(정해)

1도(선수 빅)

본도의 흑1이 정확한 급소로 백6까지 흑의 선수 빅이다. 백이 이를 피하여ㅡ

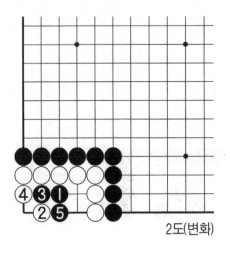

2도(변화)

2도(만년패)

본도와 같이 변화한다면 이는 만년패가 된다. 백이 어느 쪽을 선택하는가는 실전의 상황에 따를 뿐이다.

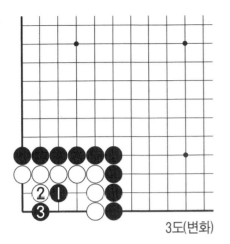

3도(변화)

3도(단패의 위험)

백2는 2도에 비해 백이 약간 손해다. 단패의 위험이 있기 때문이다. 즉 백은 가일수할 자리가 없는 반면, 흑은 기회가 생기면 언제든지 공격하여 단패로 몰고 갈 수 있다는 뜻이다.

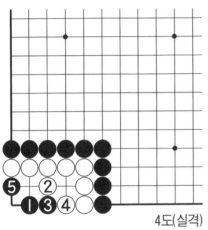

4도(실격)

4도(후수 빅)

흑1은 급소를 벗어났다. 흑5까지 흑의 후수 빅이 된다.

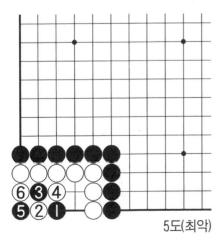

5도(최악)

5도(완생)

본도 흑1은 완전히 틀렸다. 백2 이하 백6의 수순으로 완생이다.

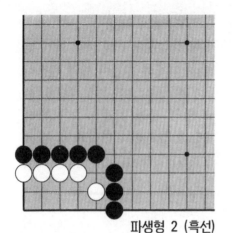

파생형 2 (흑선)

【파생형 2】

　파생형 1에 비해 백의 모양이 열악하다. 흑은 이 결점을 추궁하여 그냥 잡을 수 있다.

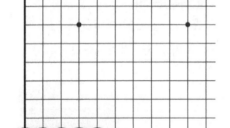

1도(정해)

　1도 흑1이 급소다. 그리고 흑5·7의 수순으로 자충을 유도하여 유가무가로 잡는다. 흑1 이후의 변화는 2도와 3도 정도인데 모두 자충을 유도하여 잡는 수순이다.

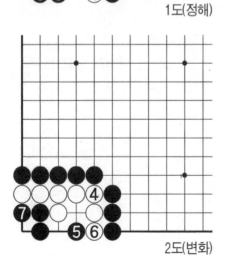

2도(변화)

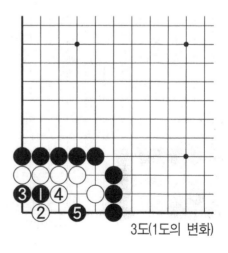

3도(1도의 변화)

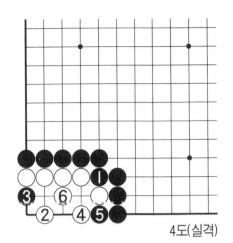

4도(실격)

4도(패)

본도의 흑1은 백2 이하의 수순을 읽지 못한 탓이다. 백6까지 패가 되어 실격이다.

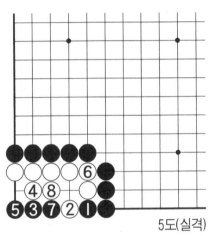

5도(실격)

5도(패)

흑1 역시 백6의 저항을 읽지 못한 탓이다. 백8까지 역시 패가 나고 말았다.

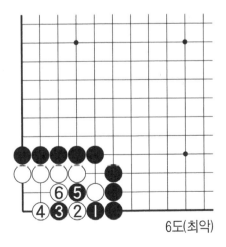

6도(최악)

6도(완생)

흑1·3은 최악이다. 백4·6으로 완생이 되기 때문이다.

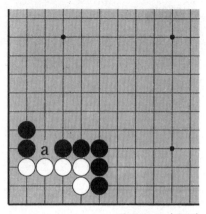

파생형 3 (흑선)

【파생형 3】

대표형과 비교하여 a에 공배가 하나 있다는 점이 다르다. 결론을 말하면 이 백은 맥점을 이용하여 빅을 만들 수 있다. 그러나 실전에서는 역시 만년패로 두는 것이 보통이다.

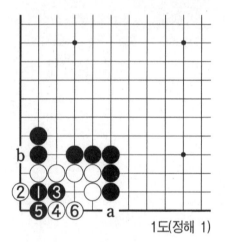

1도(정해 1)

1도(빅)

이 수순으로 빅이 되는데 흑a, b가 선수로 듣고 있어 끝내기 상으로는 손해의 의미가 있다. 그러나 여기서 백4의 맥점은 기억해 둘 필요가 있다. 흑이 이 수에 대해―

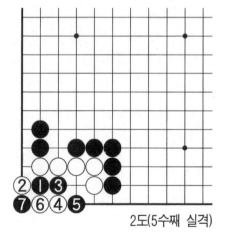

2도(5수째 실격)

2도(희생타)

본도 흑5로 반발하는 것은 백6으로 키워 죽이는 것이 통렬하다. 흑7 이후―

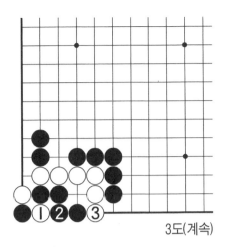

3도(계속)

3도(공배의 효과)

본도와 같이 진행된다면 이 백은 흑을 잡고 크게 살 수 있다. 바깥의 공배 때문이다.

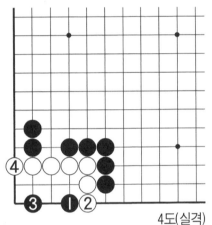

4도(실격)

4도(모양을 살펴야)

이 경우 흑1·3의 수순은 실격이다. 백4 이후 흑은 후속수단이 두절되어 오히려 손해다. 전체 모양을 두로 살피지 못한 결과다.

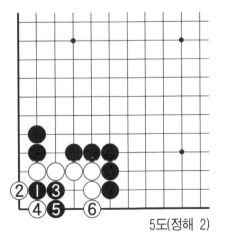

5도(정해 2)

5도(만년패)

실전이라면 백은 1도보다 본도를 택하는 경우가 많다. 끝내기에서 확실한 손해를 보기보다는 차라리 수명이 긴 만년패로 버티자는 뜻이다.

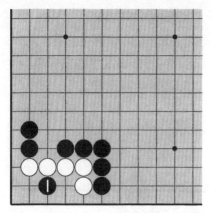

파생형 4 (백선)

【파생형 4】

흑1은 본래 성립하지 않는다. 그러나 응수에 혼선을 빚는다면 패가 되는 수도 있다.

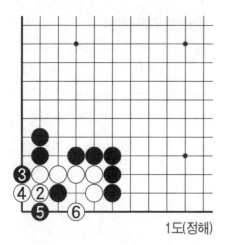

1도(정해)

1도(선수 빅)

이 모양은 백6까지의 수순으로 백의 선수 빅이 보장된다. 여기서 백의 착각을 불러 일으킬 만한 수는 흑5로—

2도(변화)

2도(무사)

본도 흑5로 두는 것이다. 백6이라면 무사하지만, 자칫하면 패가 될 수도 있으므로 주의를 요한다.

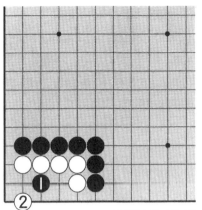

파생형 5 (흑선)

【파생형 5】

흑1에 대한 백2는 만년패 모양으로 유도하려는 것이겠지만 착각이다.

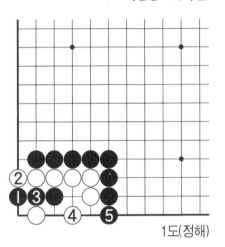

1도(정해)

1도(자충 유도)

본도의 수순으로 알기 쉽게 잡히는 것이다. 수순중 흑5는 자충을 유도하는 침착한 수법으로 기억해 둘 만하다.

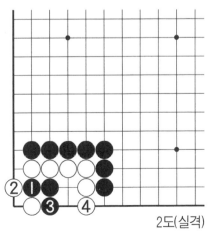

2도(실격)

2도(만년패를 기대)

백이 기대한 것은 본도로서 대표형의 1도로 유도하려는 것이었지만 착각인 것이다.

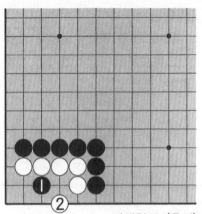

파생형 6 (흑선)

【파생형 6】

백2는 빅으로 유도하려는 것이지만 역시 착각이다. 파생형 4를 이해하지 못하면 죽음이 있을 뿐이다.

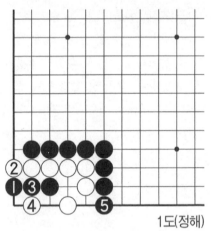

1도(정해)

1도(백 죽음)

이 모양도 본도 흑5까지의 수순으로 간단히 잡히는데, 이 결과는 파생형 5의 1도와 같은 것이다.

2도(실격)

2도(패)

흑은 본도의 수순으로 패를 만들 수도 있지만, 그냥 잡을 수 있는 돌을 패로 만들었으니 당연히 실격이다.

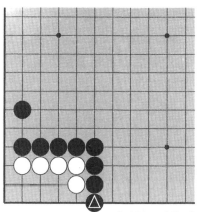

파생형 7 (흑선)

【파생형 7】

본형은 대표형과 비교하여 흑△가 추가되었다는 점이 다르다. 이 모양을 잡는 요령은 전술한 바 있지만 여기서 확실하게 마스터하기 바란다.

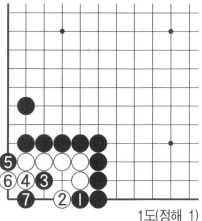

1도(정해 1)

1도(숙지)

본도 흑7까지의 수순을 숙지할 필요가 있다. 특히 흑3·5의 수순이 중요하다.

2도(정해 2)

2도(백 죽음)

이 수순으로도 잡을 수 있다. 그만큼 흑1·3의 수순이 중요하기 때문이며, 본도의 결과는 1도와 같은 것이다. 또 수순중 흑5로는―

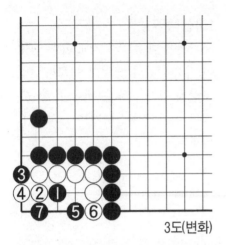

3도(변화)

3도(죽음의 궁도)

본도와 같이 흑5·7로 수순을 바꿔 두어도 죽음의 궁도로 잡을 수 있다.

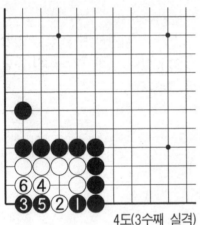

4도(3수째 실격)

4도(패)

이 경우 흑3의 치중은 패가 되므로 실격이다. 수순중 백4·6으로 패를 만드는 요령을 기억할 것.

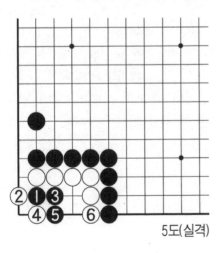

5도(실격)

5도(만년패)

본도의 수순은 백6까지 만년패가 된다. 따라서 실격이다.

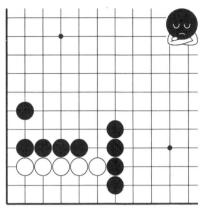

유제 (흑선)

[유제]

본도는 제16형－파생형 24의 1도에서 설명한 바 있다. 이 모양도 결국은 파생형 7의 1도의 수순을 이용하여 잡는 것이다.

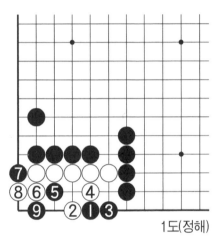

1도(정해)

1도(백 죽음)

본도의 진행은 파생형 7의 1도의 수순과 전혀 틀리지 않다는 것을 보여 주고 있다. 또 만약 백4로－

2도(마찬가지)

본도의 백4로 두어도 흑5·7로 역시 사는 수는 없다.

2도(변화)

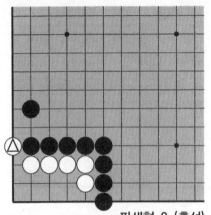

파생형 8 (흑선)

본형은 파생형 7에서 백△가 하나 추가된 것이다. 이 작은 차이 때문에 파생형 7의 1도는 성립하지 않는다. 지금은 파생형 7에서 실격 처리됐던 패가 최선이다.

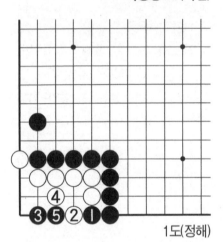

1도(정해)

1도(패)

이 경우는 흑5까지 패가 되는 것이 정해다. 그 이유는—

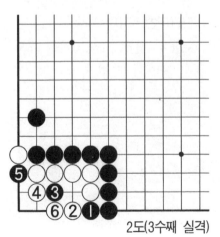

2도(3수째 실격)

2도(웅크림)

파생형 7의 1도처럼 잡고자 했을 경우, 흑5에 대해 백6으로 웅크려 살기 때문이다.

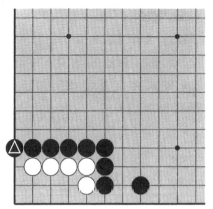

파생형 9 (흑선)

【파생형 9】

본형은 대표형에서 흑▲가 추가
된 모양이다. 이때는 잡는 수순이
5가지나 된다.

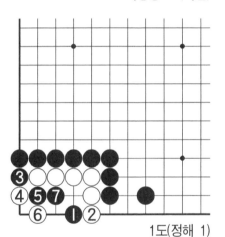

1도(정해 1)

1도(알려진 수순)

흑7까지 양자충으로 유도하는
수순이 가장 많이 알려진 것이다.
그러나 수순중 흑3으로는—

2도(정해 2)

2도(오궁도화)

본도 흑3에 두어 흑9까지 오궁
도화로 잡는 수도 있으며—

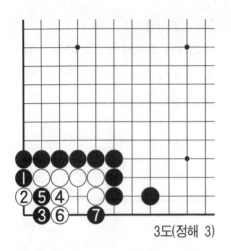

3도(정해 3)

3도(자충)

흑1 이하의 수순으로 자충을 이용하여 잡는 수도 있다. 흑7 다음 백이 막는 수가 없기 때문이다.

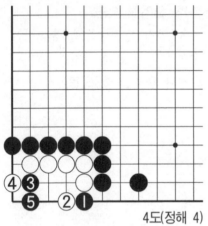

4도(정해 4)

4도(자충)

이 모양은 본도 흑5까지의 수순으로도 잡을 수 있다. 역시 자충이 있기 때문이다. 또 수순중 흑1로는—

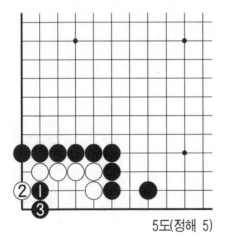

5도(정해 5)

5도(백 죽음)

단순히 흑1·3으로 먼저 두어도 잡힌다. 앞전의 수순을 익혔다면, 다음 백의 어떤 수단도 통하지 않음을 확인하기 바란다. 잡는 방법은 여기까지 5가지가 된다.

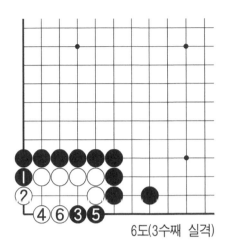

6도(3수째 실격)

6도(흑의 자충)

1도의 수순을 바꾸면 본도의 수순으로 잡을 수 없다. 백6까지 오히려 흑이 자충이 되어 '2의 2'에 눈을 허락하고 만다.

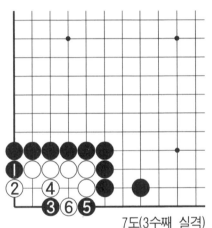

7도(3수째 실격)

7도(패)

흑3도 착각이다. 백4의 저항을 미처 읽지 못한 탓이다. 백6까지 패가 나고 말았다.

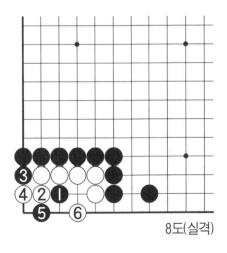

8도(실격)

8도(백 완생)

본도의 수순은 파생형 4의 1도와 같은 것이다. 백6의 맥으로 완생이다. 흑이 더 둔다면 빅이 날 것이다.

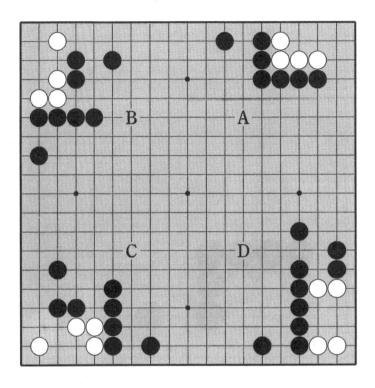

　그림 A, B, C, D는 모두 제18형 귀8궁의 파생형이다. 이 중에서도 특히 **그림 A**는 제7형의 귀6궁이 변으로 한 칸 이동한 모양을 하고 있는 것이며, 여기서 출발하여 제30형까지 발전하는 것이다.

귀8궁(변형) – 변으로 한 칸 이동

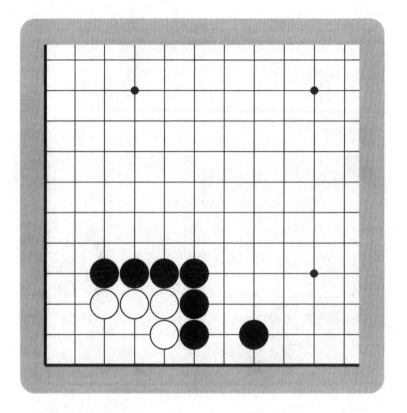

　본형은 제7형 귀6궁이 변으로 한 칸 이동한 모양
과 정확히 일치하며, 또 제18형 귀8궁이 만들어지기
직전의 모양이기도 하다. 사활은 이처럼 서로 연결
고리를 갖고 있는 것이다.

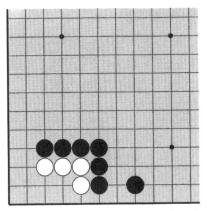

대표형 (흑선)

【대표형】

본형은 가장 많이 알려진 기초 사활 중 하나이며 실전형이기도 하다. 결론을 말하면 흑 선수로 이 백은 살 수 없다.

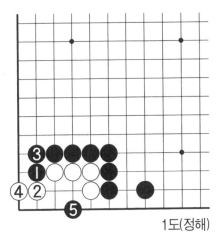

1도(정해)

1도(치중)

본도의 수순이 이 백을 잡는 유일한 방법이다. 단순하기는 하지만 흑5의 치중은 눈에 반드시 익혀 놓아야 하는 수법이다.

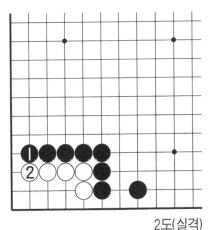

2도(실격)

2도(완착)

침착한 것 같아 보이는 흑1은 사실 완착이다. 백2로 제18형 귀8궁을 만들어 준 꼴이다.

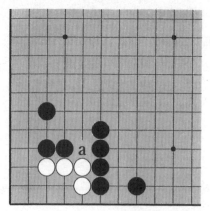

파생형 1 (흑선)

【파생형 1】

대표형에서 a가 비었다면 대표형 1도가 성립하지 않는다. 이 경우 패 이외의 수단은 없다.

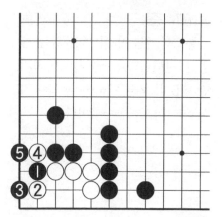

1도(정해)

1도의 수순 외에는 다른 방법이 없다. 흑5까지 패가 정답이다.

이와 비교할 수 있는 모양으로 유제가 있는데 이 모양은 제17형 ―파생형 1과 같은 것이며, 풀이의 수순으로 패가 된다.

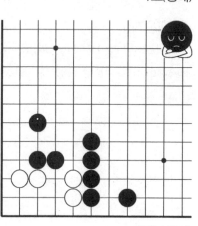

유제 (흑선)

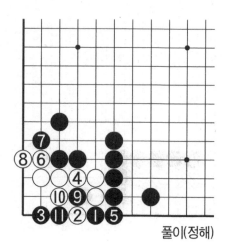

풀이(정해)

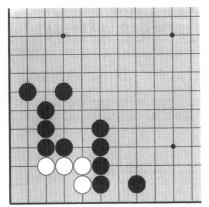

파생형 2 (흑선)

【파생형 2】

　앞서 파생형 1이 본형과 같은 조건을 가지게 되면 새로운 수법이 성립한다. 패로 잡으려 하는 것은 성급한 판단이다.

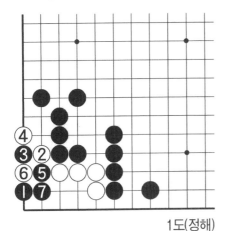

1도(정해)

　1도 흑1은 익혀 둘 만한 맥이다. 이하 흑7까지 패 없이 잡는다.

　또 이 수순은 유제와 같은 조건에서도 성립한다. 풀이의 수순으로 잡는 것이다.

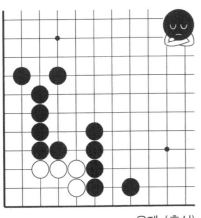

유제 (흑선)

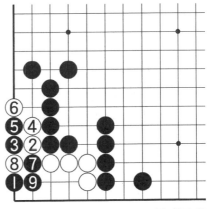

풀이(정해)

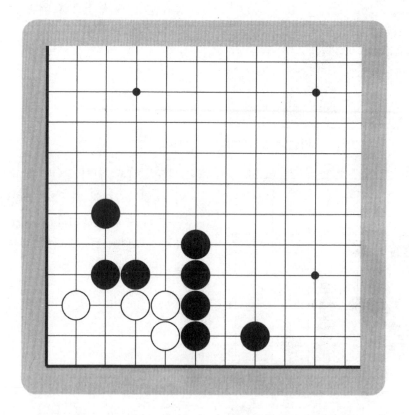

　본형은 제19형-파생형 1과 비교하여 백이 패를 하지 못하도록 한 칸 뛰어 둔 모양이다. 그러나 이 생각은 착각이다. 모양은 그럴싸해 보이지만 결론을 말하면 본형은 패 없이 잡히는 악형이다.

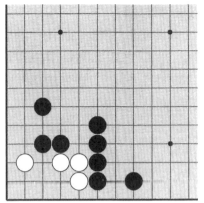

대표형 (흑선)

【대표형】

본형은 제19형─파생형 1에 비해 오히려 결함이 많다. 결함이란 귀의 특성을 말하는 것이며, 그것은 곧 귀곡사를 의미한다.

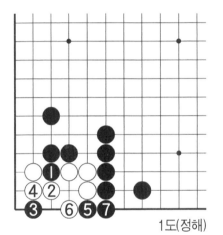

1도(정해)

1도(귀곡사)

흑3의 치중을 기억해 두기 바란다. 흑7까지 이 백은 귀곡사가 된다. 또 수순중 흑1로는 흑5로 먼저 두어도 되지만 이런 곳에서 멋을 부릴 필요는 없다. 그러나 흑3으로─

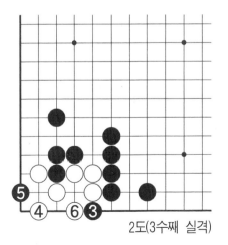

2도(3수째 실격)

2도(수순착오)

본도 흑3으로 젖히는 것은 수순착오가 된다. 백4 이하 백6까지 살려 주게 된다.

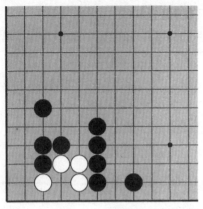

파생형 1 (백선)

【파생형 1】

그렇다면 본형을 살리는 방법을 알 수 있을 것이다. 대표형이 귀곡사가 된다는 것을 알았기 때문이다.

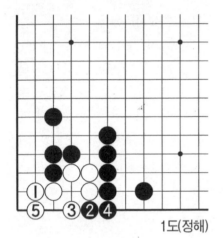

1도(정해)

1도(빠지는 수)

백1로 가만히 빠지는 수가 삶의 길을 열어 준다. 그리고 백5로 사는 것이 긴요하다. 욕심을 내다가는 다시 귀곡사가 된다.

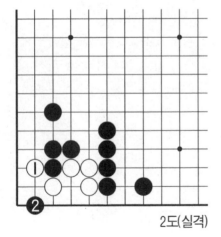

2도(실격)

2도(치중)

백1은 대표형에서 처럼 흑2의 치중으로 잡힌다고 설명했던 것이다. 백이 더 이상 버티면 귀곡사로 유도된다.

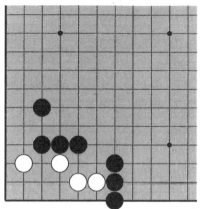

파생형 2 (흑선)

【파생형 2】

이 모양도 대표형과 같은 맥락에서 풀린다. 5번째 수가 포인트다.

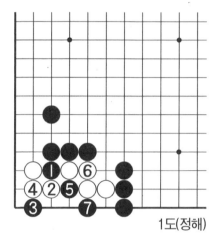

1도(정해)

1도(먹여치는 맥)

흑3까지는 대표형과 같다. 백4 때 흑5의 먹여치는 맥이 발견하기 쉽지 않다. 흑7까지 귀곡사로 유도한다. 흑5로—

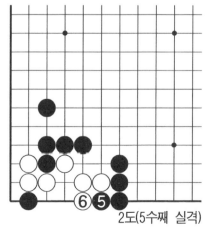

2도(5수째 실격)

2도(단순)

본도와 같이 단순하게 두어서는 결코 잡을 수 없다. 5번째 수가 포인트였던 것이다.

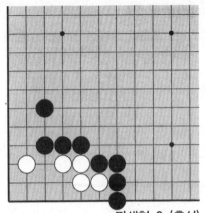

파생형 3 (흑선)

【파생형 3】

본형은 마에다 9단의 작품이다. 그러나 원본의 풀이가 잘못된 것으로 보인다. 모양은 파생형 2와 흡사하지만 그 방법으로는 잡지 못한다.

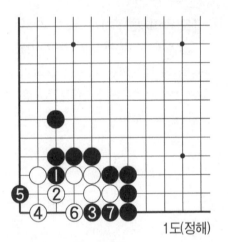

1도(정해)

1도(백 죽음)

이 모양은 본도의 수순이 아니면 잡을 수 없다. 흑7까지 집요한 흑의 공격으로 백은 안형을 확보할 여유가 없다.

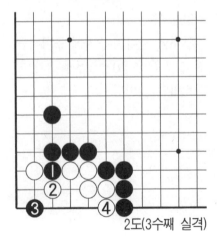

2도(3수째 실격)

2도(버팀수)

흑3의 치중은 파생형 2의 수순이지만, 백에게는 4로 버티는 수가 있다. 계속하여—

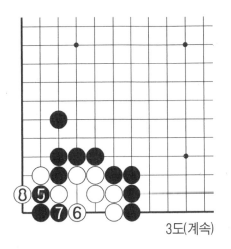

3도(계속)

3도(패)

흑5라면 백6 · 8의 수순으로 패가 된다. 또 수순중 5로—

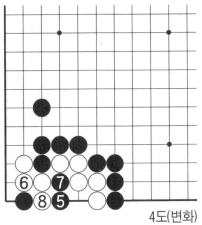

4도(변화)

4도(부분삶)

본도 흑5에 둔다면 백6 이하의 수단이 성립하여, 일부를 희생하더라도 귀의 일부가 살게 된다. 또 흑7로—

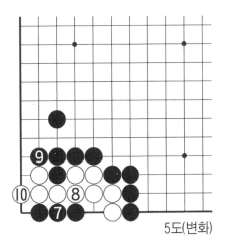

5도(변화)

5도(빅)

본도처럼 둔다면 백10까지 빅모양이 생긴다.

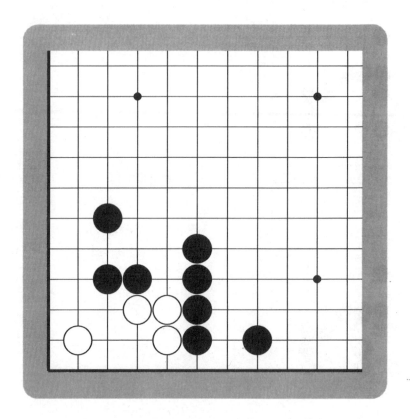

　본형은 기본형을 탈피하여 살아보고자 한 모양이
다. 그러나 이 모양 역시 결점을 안고 있다. 흑에게
는 '오궁도화'로 유도하는 수순이 있는 것이다.

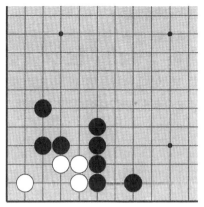

대표형 (흑선)

【대표형】

본형의 변화 속에는 궁도사활의
기초 기술이 상당수 들어 있다.

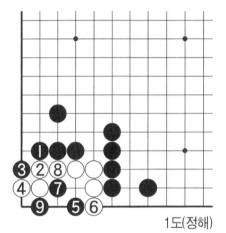

1도(정해)

1도(오궁도화)

본도의 수순을 기억하기 바란다.
흑9까지 오궁도화로 유도하는 기
초적인 수순이다. 수순중 백2로—

2도(변화)

2도(마찬가지)

본도와 같이 두어도 흑7까지 오
궁도화를 유도하는 수순은 같다.
이 수순은 매우 중요하므로 암기
해 둘 필요가 있다.

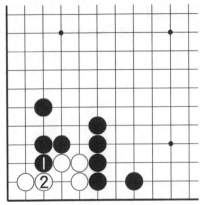

3도(실격)

3도(확인삶)

흑1로 잡을 수 없다는 것은 제 20형－파생형 1의 1도에서 설명한 바 있다. 다시 한 번 눈으로 수순을 따라가며 확인하기 바란다.

4도(실격)

4도(약점 노출)

본도의 수순으로도 이 백을 잡는 수는 없다. 백6 때 a의 약점이 노출되기 때문이다.

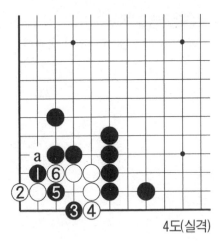

5도(실격)

5도(한칸 뜀)

흑1의 한칸 뜀도 상용되는 맥이기는 하나 이 경우는 백8까지 성립하지 않는다.

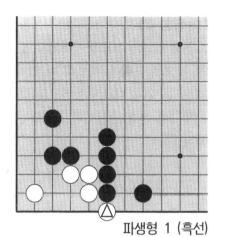

파생형 1 (흑선)

【파생형 1】

본형은 대표형에서 백△가 추가
된 모양이다. 이 때는 백도 제2형
─파생형 5와 같은 수법을 구사하
게 되어 그냥 잡는 수는 없다. 정
답은 패가 된다.

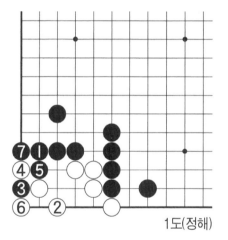

1도(정해)

1도(패)

흑1때 백2가 제2형─파생형 5
에서 보았던 수다. 이후 흑3 이하
로 패가 되는 것이 최선의 결론이
다. 수순중 백2로─

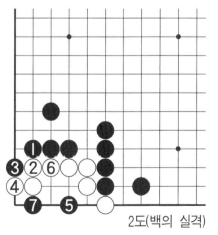

2도(백의 실격)

2도(오궁도화)

본도와 같이 두는 것은 백의 무
리다. 흑5·7이 오궁도화로 유도
하는 기초 수순인 것이다.

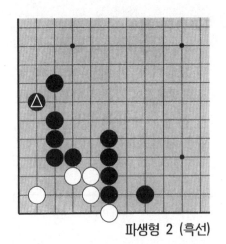

파생형 2 (흑선)

【파생형 2】

본형은 고전 묘수풀이에 실려 있는 것으로 흑⬤를 이용해 패 없이 잡는 문제다. 대표형의 5도와 파생형 1이 혼합된 것이라 생각하면 된다.

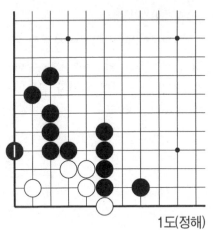

1도(정해)

1도(응원군)

흑1은 대표형의 5도에서 실격이었던 수지만 지금은 이 한수다. 좌측에 응원군이 생겼기 때문이다. 이후—

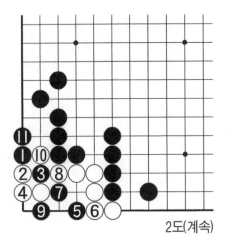

2도(계속)

2도(오궁도화)

본도 흑11까지의 수순으로 오궁도화를 만들어 잡는 것이 이 모양의 키포인트였다.

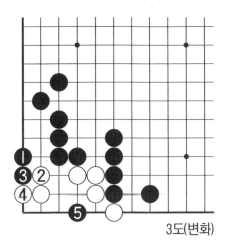

3도(변화)

3도(쌍점)

흑1때 백2의 쌍점 수비는 흑5까지 파생형 1의 2도와 같은 수순으로 잡힌다.

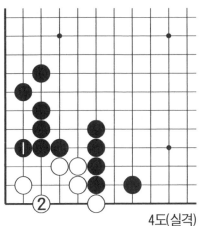

4도(실격)

4도(패)

또 흑1은 백2로 패가 된다는 것을 파생형 1의 1도에서 보여 준 바 있다.

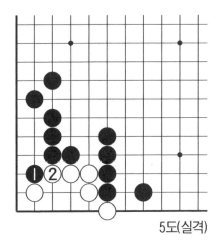

5도(실격)

5도(패)

흑1의 붙임은 백2로 저항하여 패가 아니고서는 공략할 수 없다.

귀8궁(변형)-웅크려 살기

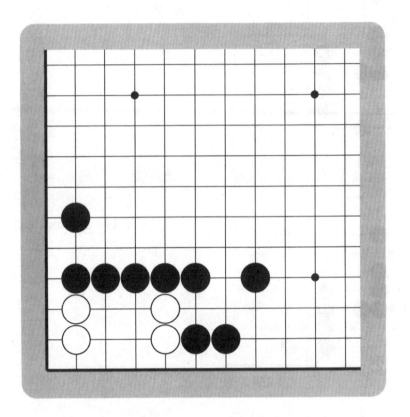

이 백이 열악한 모양이라는 것은 한눈에도 알 수 있다. 제21형과 파생형 전체를 통해 본 것같이 오궁도화가 어른거려 살기가 쉽지는 않을 것이다. 그러나 이 모양은 웅크려 사는 아이디어가 떠오르는 순간 급소가 보이는 모양이다.

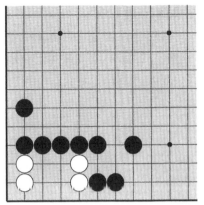

대표형 (백선)

【대표형】

　오궁도화를 구성하는 급소는 세 군데로, 그 중 가장 중요한 곳부터 검토하면 쉽게 찾을 수 있을 것이다.

1도(정해)

1도(생명줄)

　백1만이 유일한 생명줄이다. 이곳은 오궁도화를 구성하는 급소이기도 하다.

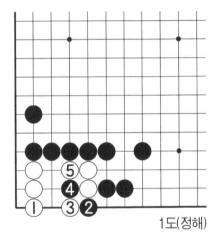
2도(실격)

2도(오궁도화)

　본도 흑8까지의 수순은 제21형 －대표형의 1도와 동일한 것이다. 오궁도화의 구성 요건이 충족된 모양이다.

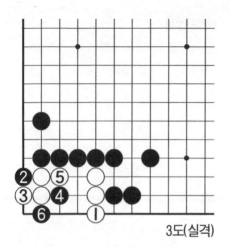

3도(단순한 넓힘)

백1로 궁도를 단순히 넓히는 것으로는 흑6까지 공격을 받아 살지 못한다. 수순중 흑4로는—

3도(실격)

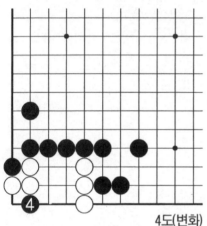

4도(맥점 한 방)

본도 흑4의 맥점 한 방으로도 살지 못한다. 또 이 수로는—

4도(변화)

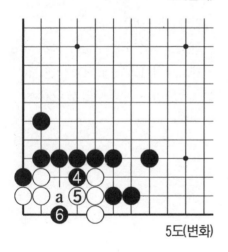

5도(마찬가지)

흑4·6의 수순으로도 잡히는데, 흑6으로 a에 끼워도 마찬가지로 잡히게 된다.

5도(변화)

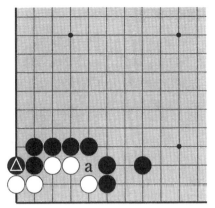

파생형 1 (흑선)

【파생형 1】

본형은 제19형과 비교하여 a에 백돌이 없어 자충을 모면한 대신 흑▲쪽이 막혀 있다. 이 때의 급소는 어디일까?

1도(정해)

1도(패)

귀쪽이 막히면 흑1이 급소가 된다. 백4까지 패가 정답이며 이러한 급소 이동은 제24형―파생형 1과 제25형에서 상세히 다루었다.

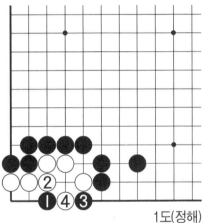

참고도

참고도(완생)

흑a로 막혀 있지 않았다면 이 백은 완생이다. 흑1에 대해 백2로 받을 수 있기 때문이다.

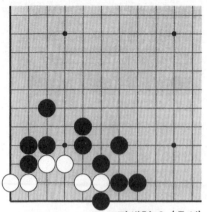

파생형 2 (흑선)

【파생형 2】

본형의 아이디어에 관해서는 제 23형부터 제23형－파생형 3에서 자세히 다루었지만, 제22형－파생형 1과 연관하여 살펴보기 바란다.

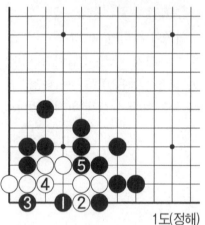

1도(정해)

1도(선치중 후붙임)

본도의 수순은 매우 중요한 것이다. 이 수순이 아니고서는 잡을 수 없다. 흑1로 치중한 후 흑3의 붙임, 이 수순을 기억하기 바란다.

2도(조급한 붙임)

흑1로 먼저 붙이면 백2로 간단히 살고 만다. 이 곳이 급소이기 때문이다.

2도(실격)

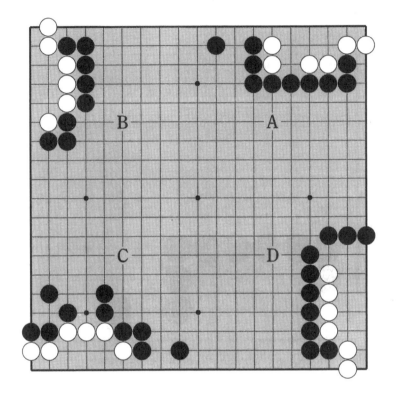

그림 A, B, C, D도 모두 귀8궁의 파생형이라 할 수 있다. 귀쪽을 젖혀 이은 모양만 다를 뿐 출신 성분은 다르지 않다. 특히 **그림 A**는 대표적인 기초 사활이지만 파생형의 구조적인 특성에 대해서는 아마추어 고단자들도 자세히 모르는 것 같다. 또 **그림 A, B, D**는 구조적으로 같은 급소를 갖고 있지만 **그림 C**는 급소의 이동이 있나. 그러나 **그림 C**도 **그림 B**의 파생형이므로 함께 다루는 것이 좋을 것이다.

귀8궁(변형) - 구조적 결함

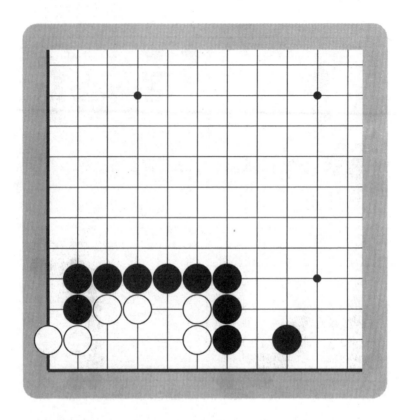

본형은 정석 과정에서 나타나는 모양인데, 이 모양의 구조적인 특성에 대해서는 이미 제22형-파생형 2의 1도에서 잠깐 소개한 바 있다. 또 이 모양은 그 동안 너무 기초 사활로만 취급했던 관계로 구조적 특성에 대해서는 소홀하지 않았나 싶다.

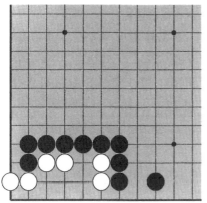

대표형 (흑선)

【대표형】

결론을 먼저 말하면 본형은 정해가 3가지다. 거의 모든 책에서 한 가지만 취급했던 것은 눈에 보이는 사항만을 취급했기 때문이다. 그러나 그래서는 구조적인 속성을 파악하기 쉽지 않다.

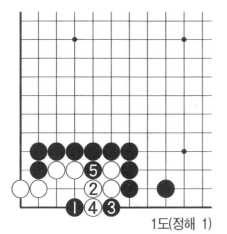

1도(정해 1)

1도(특별한 경우)

본도가 일반적으로 알려진 풀이인데, 흑5는 이 경우에만 성립하는 수이므로 다음 2가지 정해를 반드시 알아 두어야 할 것이다. 흑5로는—

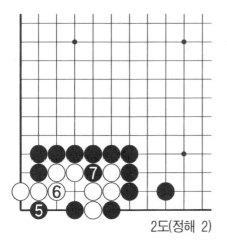

2도(정해 2)

2도(일반적)

본도와 같은 수순으로 두는 방법이 있다. 이 수순은 제22형—파생형 2의 1도에서 본 것이며 전도보다 일반적인 것이다. 또 1도 흑3으로는—

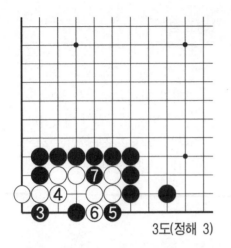

3도(정해 3)

3도(선붙임)

본도와 같이 흑3으로 먼저 붙일 수도 있다. 이 방법도 2도와 마찬가지로 일반적인 것이다. 이 두 가지 수순은 매우 중요한 것으로 반드시 숙지할 필요가 있다.

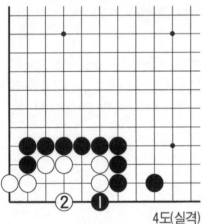

4도(실격)

4도(1선 젖힘)

흑1의 1선 젖힘은 백2로 급소를 지키게 되므로 더 이상 수가 없다.

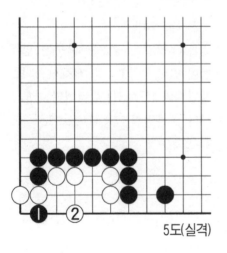

5도(실격)

5도(무용지물)

흑1과 같은 수도 무용지물이다. 백2가 급소이기 때문이다.

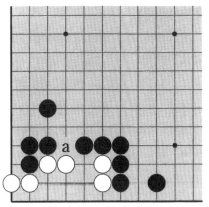

파생형 1 (흑선)

【파생형 1】

본형은 대표형에서 a의 공배가 빈 파생형이다. 이 공배는 어떤 작용을 할까. 결론을 먼전 말하면 이쪽의 공배는 아무런 작용도 하지 못한다. 또 대표형의 1도는 이 경우 성립하지 않는다.

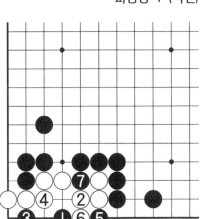

1도(정해 1)

1도(일반 수법)

흑7까지의 수순은 대표형의 정해 3과 같은 것이다. 일반적인 수법을 알고 있어야 풀리는 문제다. 수순 중 흑3으로는―

2도(수순 바뀜)

1도의 수순을 바꿔 이와 같은 수순으로도 잡을 수 있다. 이 수순은 대표형의 정해 2와 같다.

2도(정해 2)

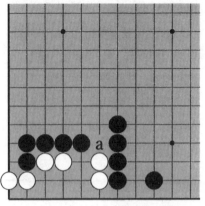

파생형 2 (흑선)

【파생형 2】

이번에는 대표형에서 a쪽에 공배가 생겼다. 이 공배는 어떤 작용을 할까? 결론을 먼저 말하면 이쪽의 공배는 대단히 중요하다. 하나가 비면 패고 두 개가 비면 살게 된다. 따라서 본형은 패다.

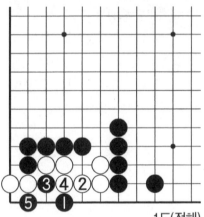

1도(정해)

1도(패)

흑5까지가 패가 되는 수순이다. 그러나 만약 백이 패를 피하고자 백4로—

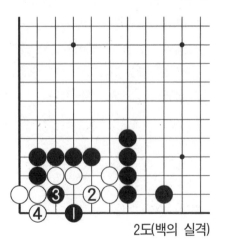

2도(백의 실격)

2도(무리한 지킴)

본도 백4에 지키는 것은 무리다. 백4에는—

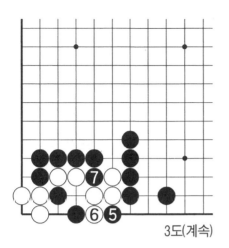

3도(계속)

3도(백 죽음)

흑5·7의 수순으로 그냥 죽게 되어 이는 백의 실격이다. 따라서 2도와 같이 둘 수 있으려면 공배가 2곳은 있어야 한다는 것이다.

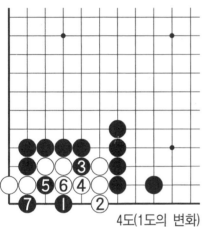

4도(1도의 변화)

4도(패)

또 1도 백2로 본도처럼 두어도 흑7까지 패가 나는 것은 마찬가지다.

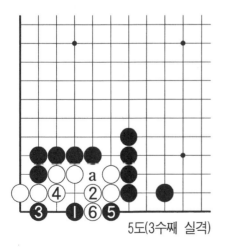

5도(3수째 실격)

5도(빅의 여지)

그러나 흑1·3의 수순은 이 모양에서는 성립하지 않는다. 백6 다음 흑a로 단수를 칠 수 없기 때문이다. 따라서 빅의 여지가 생겨났다.

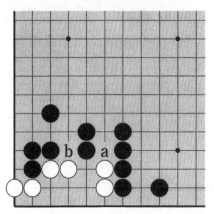

파생형 3 (사는 모양)

【파생형 3】

이번에는 a쪽에 하나, b쪽에 하나 모두 2곳이 비었다. 이 경우에는 b의 공배도 작용을 한다. a의 공배가 그것을 돕고 있는 것이다. 따라서 이 모양은 a쪽에 2개의 공배가 있는 것과 같다. 그래서 결론은 '산다'이다.

1도(빅이 최선)

본도는 백4가 성립하는 것을 보여 주고 있다. 결국 이 모양은 흑으로서 흑3으로 백4의 곳에 두어 빅으로 끝내기를 하는 정도다.

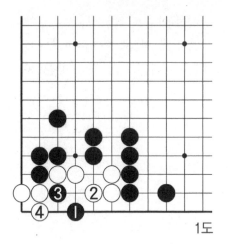

1도

참고도(결론)

본형은 참고도처럼 a, b 두 곳이 비어 있는 것과 같은 것이다. 따라서 이 모양의 결론은 '젖히는 쪽의 공배가 없으면 죽고 1개면 패, 2개면 산다.' 또 덧붙여 '젖히는 쪽의 공배가 1개, 이웃 공배가 1개여도 합이 2개면 산다.'

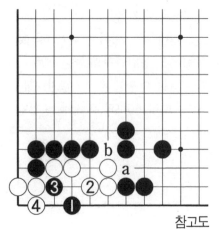

참고도

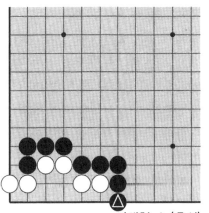

파생형 4 (흑선)

【파생형 4】

본형은 완생하고 있었던 실전형에 흑⚫가 추가된 상황이다. 백이 이 곳을 가일수하지 않으면 흑이 이 백을 잡는 것은 쉽다. 그러나 과연 몇 가지나 될까.

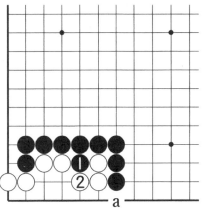

참고도

참고도(같은 모양)

본형은 자체로 실전형이지만 대표형에서 참고도처럼 흑1, 백2가 교환된 모양이라고 보아도 무방한 것이다. 여기서 흑a로 내려섰다고 생각하면 될 것이다.

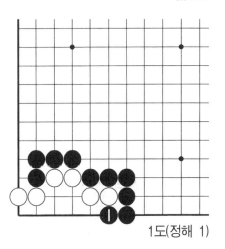

1도(정해 1)

1도(가장 간단)

우선 가장 간단한 수가 흑1이다. 실전에서는 이 수만 알고 있어도 될 것이다. 이것으로 백은 사는 길이 보이지 않는다.

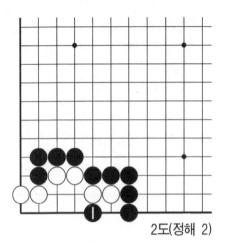

2도(정해 2)

2도 흑1의 붙임도 잡는 수다. 더 나아가 3도, 4도, 5도 모두 잡는 수가 되는데, 이 모양을 잡는 수가 5가지가 된다는 것이 아니라 이 중 5도의 수법이 다음 파생형 5의 수법과 같다는 힌트를 주려는 것이다.

이처럼 사활을 푸는 여러 가지 방법이 있지만, 모양에 따라 쓰임새가 달라지므로 그 연관성을 연결고리로 하여 풀어가는 것이 중요하다. 이것은 마치 권투선수가 링에 오르기 전 기본 스텝부터 마스터해야 하는 이치와 같다. 그래야 고난도의 실전에 부딪쳐도 헤쳐나갈 수 있는 길이 열리는 것이다.

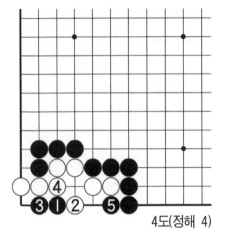

3도(정해 3)

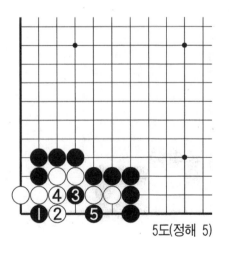

4도(정해 4)

5도(정해 5)

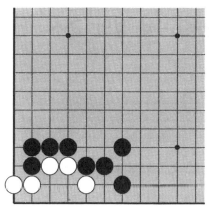

파생형 5 (흑선)

【파생형 5】

앞서 힌트를 주었듯이 이 모양은 파생형 4의 5도와 같은 수법으로 해결할 수 있는 것이다.

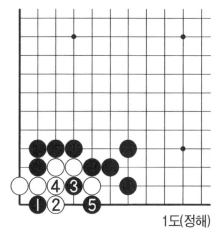

1도(정해)

1도(같은 구조)

흑5까지의 수순이 그것으로 파생형 4의 5도와 사실상 똑같은 구조를 갖고 있다. 수순중 백2로—

2도(변화)

2도(치중)

본도 백2에 이어도 흑3의 치중으로 그만이다. 참고로 흑1의 붙임은 맥점이기는 하지만 첫 수에 이 곳을 두는 경우는 거의 없으므로 쓰임새를 반드시 기억해야 한나.

귀8궁(변형)―석 점의 급소

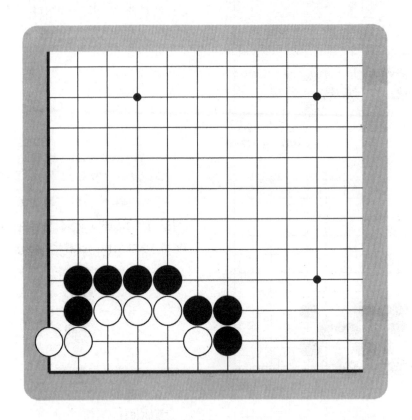

본형은 제15형의 변6궁을 이탈하여 만들어지기도 하는데, 귀8궁의 패턴에 집어넣은 것은 숙성상 제25 형 이하 제30형까지와 일관성 있는 연결고리를 가졌 기 때문이다.

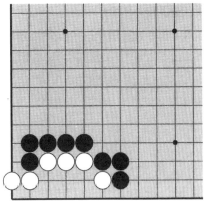

대표형 (흑선)

【대표형】

　본형은 기초적인 실전 사활로 자주 등장하는 것이지만, 이 모양만 암기해서는 발전이 없다. 파생형을 동시에 알고 있어야 한다.

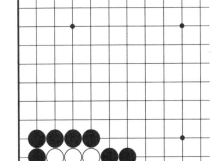

1도(정해)

1도(정공법)

　흑5까지의 수순이 정공법이다. 특히 흑3을 주시해야 한다. 이 수로—

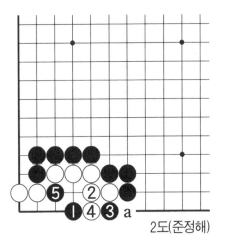

2도(준정해)

2도(부활)

　본도 흑3에 두는 것도 성립하지만 이 방법은 깨끗하지 못하다. 주변 상황에 따라 백a로 따는 맛이 부활할지도 모르므로 실전적이지 않은 것이다.

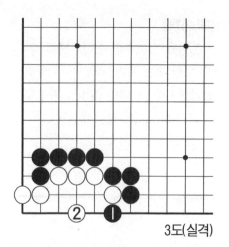

3도(실격)

3도(1선 단수)

흑1의 1선 단수는 이 경우 맥이 아니다. 백2로 지키는 자세가 좋아 완생이다. 또 흑1로—

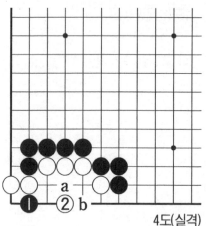

4도(실격)

4도(붙임)

본도 흑1에 붙이는 것도 역시 백2에 지켜 그만이다. 백도 2로 a나 b로 지키는 것은 정수가 아니다.

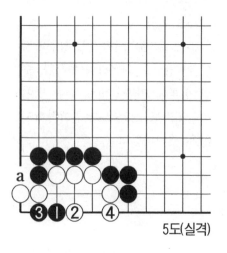

5도(실격)

5도(치중)

흑1의 치중도 백2·4에 이르러 무위에 끝난다. 흑1의 치중이 위력을 갖기 위해서는 흑a로 막혀 있어야 한다.

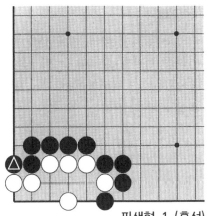

파생형 1 (흑선)

【파생형 1】

대표형의 3도에서 흑▲가 막혀 있다면 어떤 수단이 성립할까. 이러한 모양에서 흑▲가 막혀 있다는 것은 상당한 것이다.

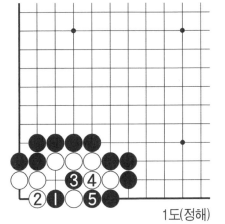

1도(정해)

1도(자충)

드디어 흑1의 치중이 등장하고 있다. 흑5에 이르러 백은 자충이 되어 이것으로 죽음이다. 만약 백 2로―

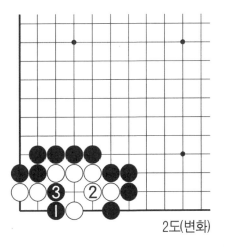

2도(변화)

2도(양자충)

본도 백2에 두어도 흑3에 끊겨 양자충이 된다. 공배가 찼다는 것은 이처럼 무섭다.

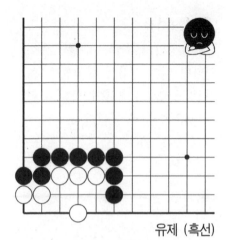

유제 (흑선)

[유제]

이 모양도 실전적인 것이다. 또 원리는 파생형 1과 같다. 이 모양에 대해서는 제25형에서 다시 상세히 다루었다. 백을 잡는 급소는?

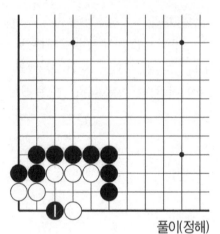

풀이(정해)

풀이(치명타)

파생형 1과 마찬가지로 본도 흑 1이 치명타라는 것이다. 또 이 모양은 변으로 이동하면—

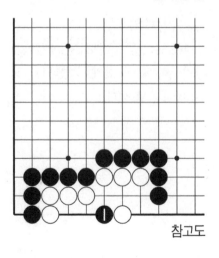

참고도

참고도(같은 원리)

이와 같은 모양이 되지만 원리가 같으므로 역시 흑1이 급소다.

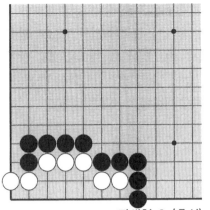

파생형 2 (흑선)

【파생형 2】

본형은 기본형이 가장 발전한 모양인데, 이 모양에서도 급소는 통렬한 것이며 결론은 패다.

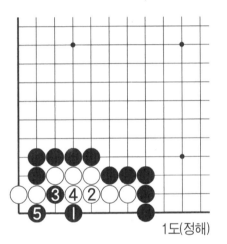

1도(정해)

1도(패)

역시 흑1의 곳이 급소이며 이하 흑5까지 패가 최선이다. 그런데 여기서 중요한 것은 흑5때 백이 패를 피하려고―

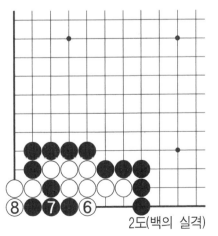

2도(백의 실격)

2도(후격)

백6에 단수를 치는 것은 수읽기가 부족한 것이다. 이른바 '후격(後擊)'이라고 하는 '돌밑의 수'가 기다리고 있는데, 그것은 백8로 따낸 다음―

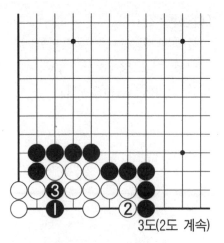

3도(2도 계속)

3도(양자충)

흑1의 치중이 있다. 백2로 안형을 확보해야 할 때 흑3으로 양자충이 되어, 백은 패 없이 죽게 되는 것이다.

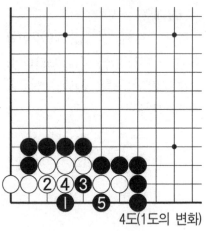

4도(1도의 변화)

4도(패)

1도 백2로 본도의 수순을 밟아도 흑5까지 역시 패다.

5도(치받음)

흑1에 대해 백2로 치받는 것은 착각이다. 흑3으로 간단히 죽는다.

5도(백의 실격)

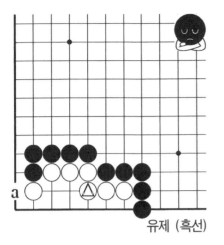

유제 (흑선)

[유제]

이 그림은 파생형 2에서 a에 있던 백돌이 백△에 놓인 모양이다. 이때도 흑의 수순은 파생형 2의 1도로 둘 수 있다.

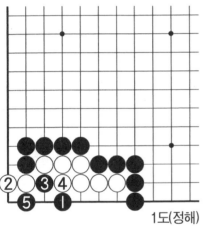

1도(정해)

1도(패)

이 모양도 흑1의 치중이 아니면 아무 수도 안 된다. 흑5까지 결국 파생형 2의 1도로 환원된 상황이다. 수순중 백2로—

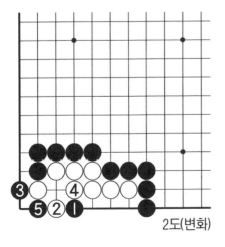

2도(변화)

2도(불리한 패)

본도 백2와 같이 두어도 흑5까지 역시 패다. 오히려 이 진행은 1도에 비해 백이 불리하다.

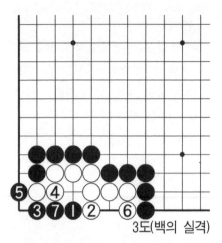

3도(백의 실격)

3도(자충)

흑1때 백2로 두는 것은 흑3 이 하 흑7까지 자충이 되어 살 수 없다.

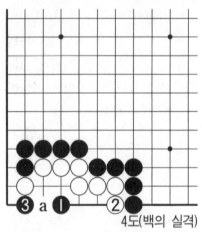

4도(백의 실격)

4도(붙이는 맥)

본도 백2도 마찬가지로 흑3에 붙였을 때 더 이상 수가 없다. 흑3으로는 흑a에 두어도 마찬가지다.

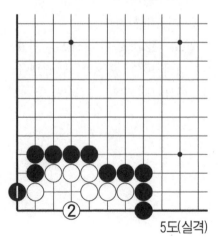

5도(실격)

5도(사는 모양)

단순히 흑1로 젖히는 것은 실격이다. 백2로 사는 모양은 제5형에서 많이 다룬 모양이다.

귀8궁(변형) – 공배와 급소

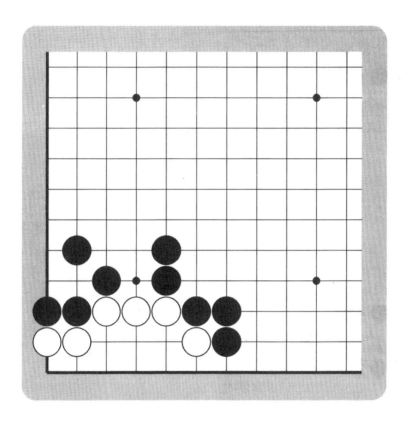

본형은 제24형과 가장 가까운 모양이지만 제24형과는 급소의 위치가 다르다. 공배의 위치가 달라져 급소의 위치도 이동했기 때문이다. 이 모양은 제24형-파생형 1에서 다루었던 수법과 일치한다.

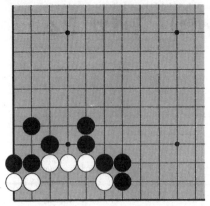

대표형 (흑선)

【대표형】

본형은 중앙에 공배가 생긴 대신 왼쪽 공배가 채워진 것이다. 이 때문에 급소의 위치가 약점이 생긴 쪽으로 이동하게 된다.

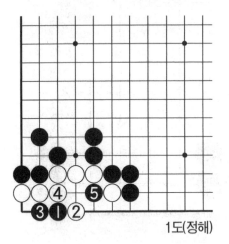

1도(정해)

1도(급소의 위치)

흑1이 이 모양의 급소다. 급소의 위치가 제24형에서 귀쪽으로 한 칸 이동한 것이다. 백2에는 흑3으로 귀쪽의 눈을 없앤 다음 흑5로 잡는다.

2도(실격)

2도(패)

고전 묘수풀이에는 본도의 수순이 많으나, 이 모양에서는 패가 되어 실격이다. 참고로 1도(정해)의 급소는 20세기에 들어서 발견된 것이다.

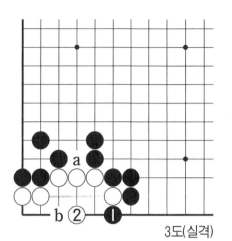

3도(실격)

3도(공배 차이)

흑1은 성립하지 않는다. 백2 다음 a의 공배 때문에 흑이 b의 치중을 두더라도 촉촉수가 되기 때문이다. 이것이 제24형-파생형 1과의 차이점이다. 제24형-파생형 1과 비교해 보기 바란다.

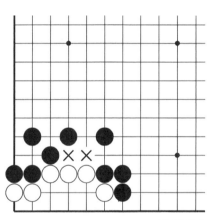

참고도 1

참고도 1(중앙 공배와 무관)

중앙의 공배는 ×가 2곳이라도 관계없다. 이 공배는 아무리 많아도 무관하다. 어디까지나 귀쪽의 자충이 문제가 되는 것이다.

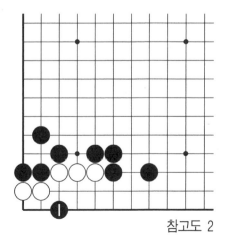

참고도 2

참고도 2(선치중)

따라서 이와 같은 모양에서도 흑1로 둘 수 있어야 한다. 이 곳의 치중이 선행되지 않고서는 문제를 해결할 수 없다.

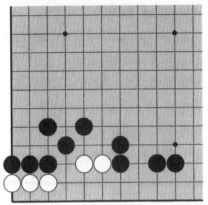

파생형 1 (흑선)

【파생형 1】

고전 묘수풀이에 있는 모양이지만 아이디어는 대표형에서 빌린 것이다. 어떻게 대표형으로 유도하는 것이 수순일까.

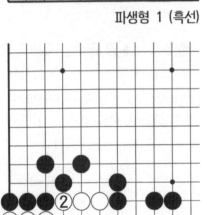

1도(정해)

1도(동일 속성)

흑1은 얼른 생각하기 쉽지 않을 것이다. 그러나 흑1로 두면 백2가 절대이므로 이 순간 대표형과 동일한 속성을 갖게 된다. 이때 흑3이 같은 맥락의 급소가 되며 이후 백이—

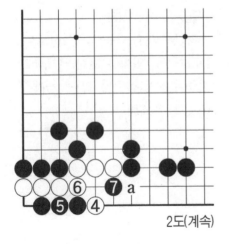

2도(계속)

2도(백 죽음)

백4로 저항하겠지만 흑5·7이 백의 명맥을 끊는 수순이다. 백a의 절단은 성립하지 않는다.

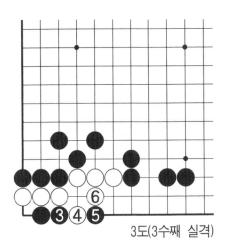

3도(3수째 실격)

3도(패)

예전의 풀이에는 이 수순으로 되어 있었다 그러나 흑3은 틀린 맥이다. 백6까지 패가 되기 때문이다.

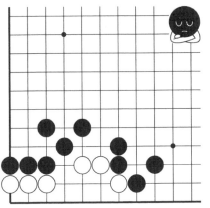

유제 1 (흑선)

[유제 1]

이 모양도 고전 묘수풀이에 실려 있다. 다만 틀린 것은 오른쪽에 백의 젖힘수가 있다는 것이며, 이 때문에 백도 패로 저항하는 수가 생긴다.

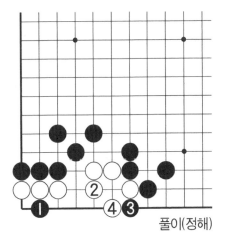

풀이(정해)

풀이(패)

흑1은 파생형 1의 1도와 같은 것이다. 이 때 백은 2로 웅크려 백4까지 패로 버티는 것이 최선이다.

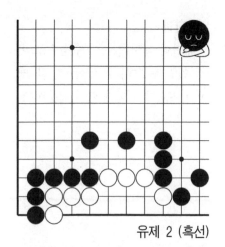

유제 2 (흑선)

[유제 2]

　이 모양은 대표형이 변으로 이동한 모습이다. 이 때도 잡는 수순은 같다.

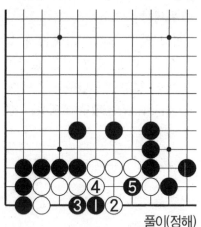

풀이(정해)

풀이(잡는 요령)

　역시 흑5까지의 수순으로 잡는 것이 요령이다. 이 수순은 결국 대표형 1도와 같은 것이다.

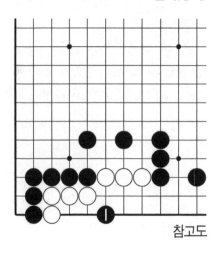

참고도

참고도(역시 선치중)

　이 모양에서도 흑1의 치중이 우선이다. 모양이 바뀌어도 속성이 같으면 같은 수법이 성립한다.

귀8궁(변형) – 똑같은 급소

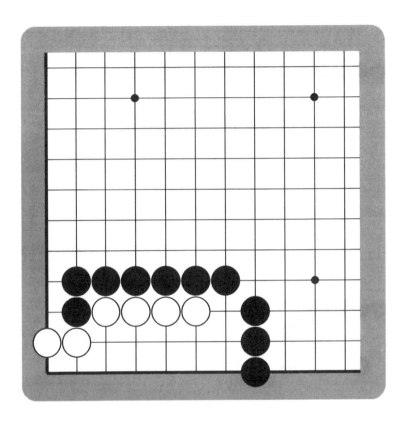

본형은 거창하게 생겼지만, 속성은 제23형, 제24형과 같은 것이며, 특히 제24형–파생형 2와는 거의 같은 것이라고 생각하면 된다.

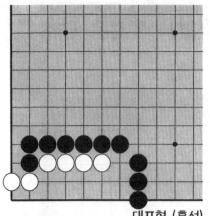

대표형 (흑선)

【대표형】

　본형을 보고 첫 수를 찾는 것은 일단 어렵지 않다. 제23형, 제24형에서 힌트를 얻을 수 있기 때문이다. 그리고 준정해의 수순을 읽기 위해서는 제24형—파생형 2의 숙지가 필요하다.

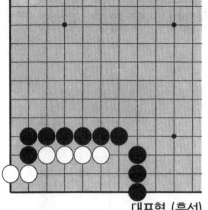

1도(준정해)

1도(끼움)

　흑1의 치중은 절대다. 또 백2의 수비도 마찬가지다. 이때 흑3의 끼움이 자충으로 유도하는 수순의 일착이다. 계속하여—

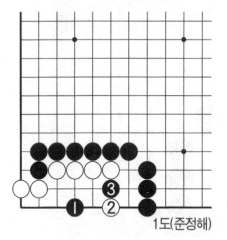

2도(계속)

2도(패가 최선)

　본도의 수순을 밟다보면 제24형—파생형 2와 비슷해지고 있다는 느낌을 받을 것이다. 백10까지 패가 최선이 된다. 만약 여기서 백이 패를 피하여—

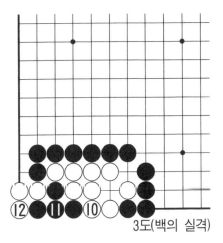

3도(백의 실격)

3도(욕심)

패를 피해 백이 본도와 같이 둔
다면 양자충의 죽음을 맞게 된다.
백12 다음—

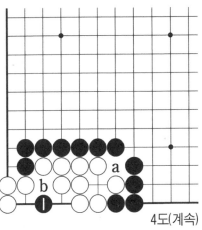

4도(계속)

4도(양자충)

흑1의 치중으로 백은 더 이상 수
가 없다. 백a로 안형을 확보해야
하는데, 흑b로 끊어 양자충에 걸
린다.

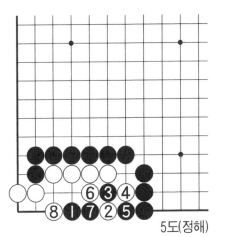

5도(정해)

5도(흑의 선패)

사실 본형의 정해는 본도의 수
순처럼 흑9까지 알기 쉽게 흑의 선
패를 만드는 것이다. 다만 준정해
를 먼저 내세운 것은 앞에서 배운
사활 기술을 연관성 있게 습득시
키려 한 것이다.

❾…❸

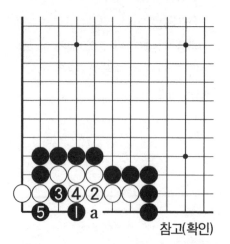

참고(확인)

[참고]

참고로 제24형-파생형 2의 수순을 다시 확인하기 바란다. 본도의 수순이다. 흑5때 패를 피하여 백a로 둔다면 양자충이 기다리고 있다.

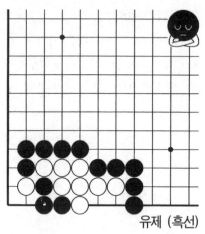

유제 (흑선)

[유제]

지금까지의 모양에서 아이디어를 빌려 비교적 쉬운 묘수풀이를 만들면 이와 같은 모양이 된다.

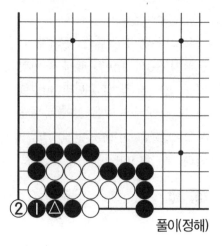

풀이(정해)

풀이(돌밑의 수)

지금까지 연습했으므로 어렵지는 않을 것이다. 흑1로 키워 죽인 후 다시 ▲의 곳에 치중하면 된다. 바로 이런 유형이 '돌밑의 수(후격)'라는 것이다.

❸…▲

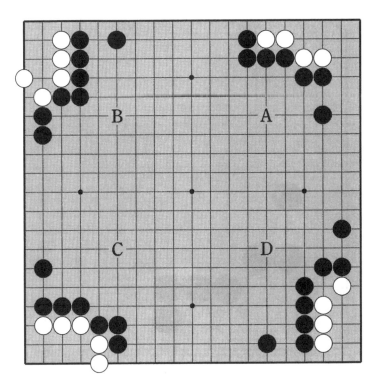

　이 그림들은 귀8궁의 파생형 중 대표적인 실전형인
데, 사실은 귀7궁이 귀8궁의 기본형으로 발전하기 직
전의 모양이라고도 할 수 있다.
　이 그림들의 대표형은 **그림 A**이며 **그림 C, D**는 너
무도 유명한 실전형이다. 또 **그림 D**는 **그림 B, C**의 파
생형 중 대표격이다.

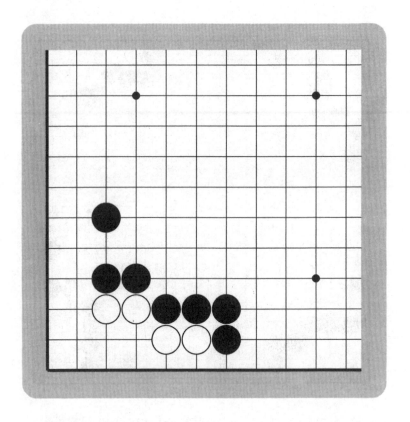

　　본형은 흑이 귀를 젖혀 잇는 순간 완생형이 되는 모양으로 제23형과 연결고리를 갖고 있으며, 특히 완생형은 제23형-파생형 4에서 보았던 것이다. 또 그 변화 속에는 제13형-파생형 3과 제13형-파생형 4 의 유제가 숨어 있다.

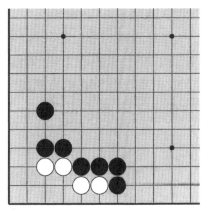

대표형 (흑선)

【대표형】

본형은 침착함이 부족해서는 잡을 수 없다. 조급히 젖혀 이으면 제23형―파생형 4에서 본 모양과 같은 완성형이 된다.

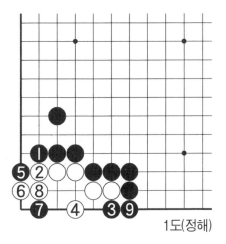

1도(정해)

1도(용이주도)

본도의 수순으로 잡는 것이 정답이다. 흑1을 먼저 두고 흑3으로 젖히는 것이 용이주도한 수순이다. 수순중 흑5로는 흑7에 먼저 두어도 무방하다.

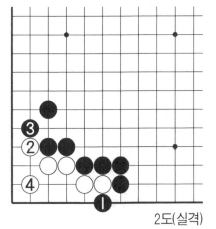

2도(실격)

2도(패)

흑1쪽을 먼저 젖히는 것은 백2의 저항에 부딪친다. 백4까지 되면 패 이상은 없다. 또 흑3으로―

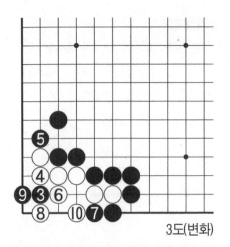

3도(변화)

3도(무리)

본도와 같이 흑3으로 치중하여 잡으러 가는 것은 무리다. 백4로 잇고 흑5로 공격하면 이하 백10까지 살게 된다. 또 본도 흑5로—

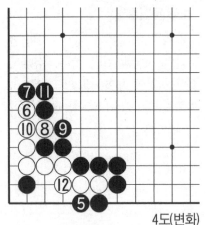

4도(변화)

4도와 같이 두는 것도 무리다. 백12까지 크게 살고 만다. 수순중 흑7로 백10에 끼우면 백은 외부로 탈출하게 된다.

5도는 백을 완생시킨 것으로 제23형—파생형 4에서 보았던 것이고, 6도 흑1과 같은 편법은 백4의 맥으로 넉넉히 살려 주게 된다.

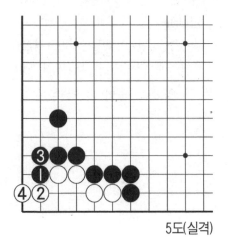

5도(실격)

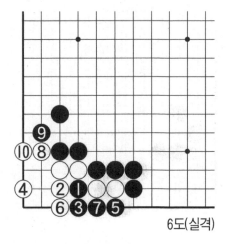

6도(실격)

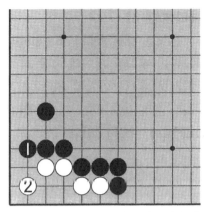

파생형 1 (흑선)

이 모양은 백이 대표형을 이탈한 것으로, 제13형―파생형 4의 유제에서 설명한 바 있는 것이다. 본형 역시 침착하지 않으면 패가 된다.

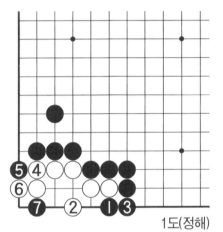

1도(정해)

1도(죽음)

본도의 수순 중에서는 특히 흑3의 침착함에 주목할 필요가 있다. 이 수가 아니면 무조건 패다. 흑3으로―

2도(3수째 실격)

2도(패)

본도와 같이 잡으러 가는 것은 조급한 수법이다. 백6에 이르러 흑은 a로 패를 할 수밖에 없다.

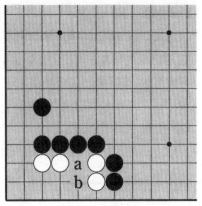

파생형 2 (흑선)

【파생형 2】

본형은 대표형에서 흑a, 백b의 교환이 생략된 것인데, 섣불리 생각하면 제23형으로 유도된다고 착각할 수도 있다. 또 수순이 틀리면 백의 저항이 있다.

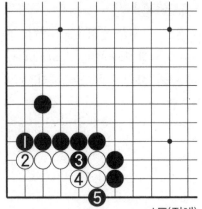

1도(정해)

1도(정확)

흑1로 빠진 다음 흑5까지의 수순이 정확한 것이다. 이것으로 대표형 1도로 유도할 수 있다.

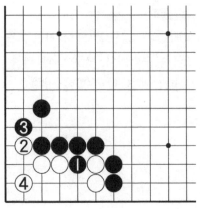

2도(실격)

2도(수순 착오)

흑1은 수순 착오다. 백은 2·4의 패로 저항하게 된다.

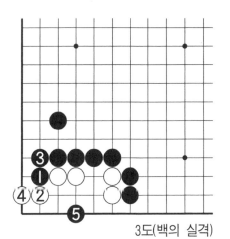

3도(백의 실격)

3도(흑의 생각)

흑은 1·3으로 젖혀 이어 백4 때 흑5로 치중하면 제23형으로 유도된다고 생각하겠지만, 백은 이렇게 두지 않는다. 백은 4로—

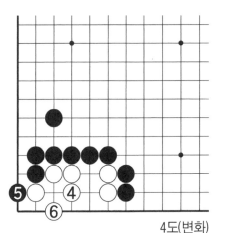

4도(변화)

4도(패)

본도의 백4로 지킬 것이다. 이 진행으로는 패밖에 기대할 수 없다. 또 흑이 5로—

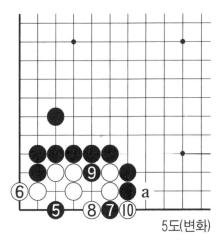

5도(변화)

5도(탈출)

본도의 수순으로 두는 것은 백10 이후 a로 탈출하는 수가 있다.

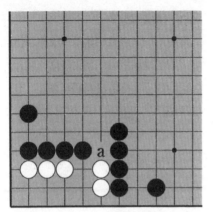

파생형 3 (흑선)

【파생형 3】

이 모양에서 a의 공배가 있다면 어떤 변화가 있을까. 결론을 말하면 흑이 이 백을 잡는 수는 없다. 최선은 빅이다.

1도(늦추는 수)

흑1때 백2로 늦추는 수가 중요하다. 이 수가 아니면 빅은 없다. 계속하여ー

1도(정해)

2도(빅이 최선)

흑이 3·5로 공격하면 백6이 또 긴요한 수다. 이하 백10까지 빅이 최선이다. 이 수순은 기억해 둘 필요가 있다.

2도(계속)

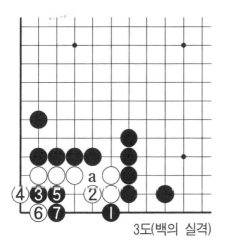

3도(백의 실격)

3도(패)

흑1때 백2는 일반적으로 두어지는 수지만 흑3 이하로 패가 된다. 더군다나 a가 비어 이 패는 만년패가 아니고 단패다.

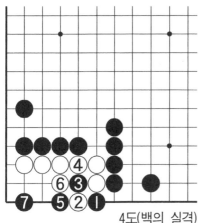

4도(백의 실격)

4도(착각)

흑1로 젖혔을 때 백2로 그냥 막는 것도 착각이다. 백6때 흑7을 보지 못한 것이다. 이것으로 패가 나는 모습이다. 백이 착각한 것은―

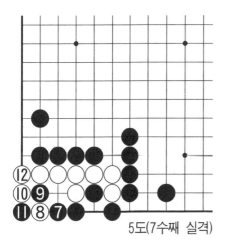

5도(7수째 실격)

5도(촉촉수)

본도 흑7로 둘 것으로만 생각했기 때문이다. 이 수순이라면 패와 관계없이 촉촉수가 되어 백이 살 수 있다.

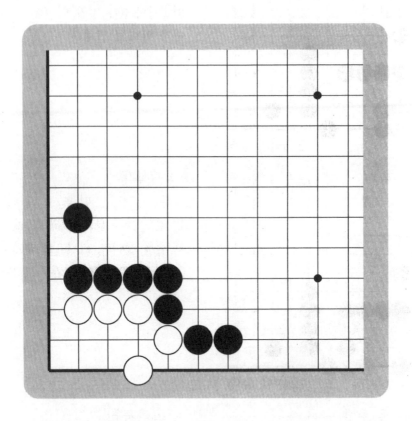

　본형은 일반적으로 널리 알려진 실전형이자 기초형 사활이지만, 잡는 수순은 제27형—대표형의 1도와 같은 맥락이라고 보면 될 것이다. 그러나 이 모양에서도 반드시 알아 두어야 할 사항이 있다.

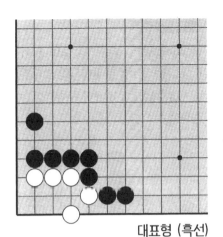

대표형 (흑선)

【대표형】

본형은 제27형－대표형의 1도 와 사실상 맥락을 같이 한다. 따라서 잡는 수순도 같다.

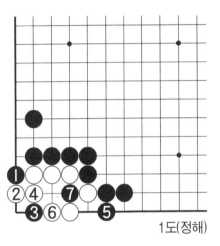

1도(정해)

1도(일치)

본도의 수순이 제27형－대표형 의 1도와 일치한다는 것을 다시 한 번 확인하기 바란다. 수순중 흑1 로는 3에 먼저 두어 잡을 수 있다.

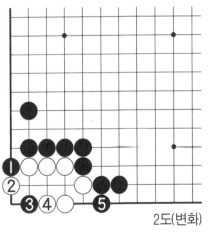

2도(변화)

2도(공배 공격)

백4에도 흑5로 뒤에서 공배를 공 격하는 수단에는 변함이 없다. 참 고로 흑5로는－

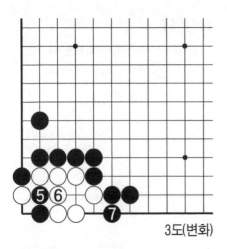

3도(변화)

3도(묘기)

본도와 같이 둘 수도 있으나 이런 묘기는 굳이 흉내낼 필요가 없다. 일반적인 정공법만 알면 되는 것이다.

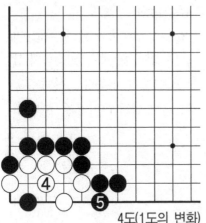

4도(1도의 변화)

4도(잡는 수순)

백4에도 흑5로 잡는 것이 수순이다. 달리 두면 백이 흑5쪽을 젖혀 패다.

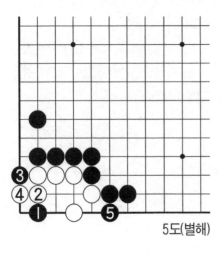

5도(별해)

5도(선치중)

1도에서 간단히 언급한 것이지만 흑1의 치중을 먼저 할 수도 있다. 그러나 백2에는 반드시 흑3을 먼저 교환해야 한다.

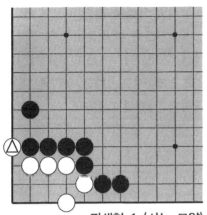

파생형 1 (사는 모양)

【파생형 1】

본형은 대표형에서 백△의 젖힘이 추가된 것이다. 결론을 먼저 말하면 이 수로 인해 흑은 이 백을 잡을 수 없다.

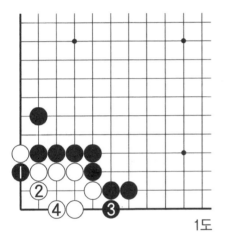

1도

1도(사는 수순)

본도의 수순은 중요하므로 숙지할 필요가 있다. 흑1에 대해 백2로 늦추는 수법과 흑3에 대해 백4로 웅크리는 수법은 잊어서는 안된다. 만약 하나라도 틀리면 삶이 없는 것이다. 또―

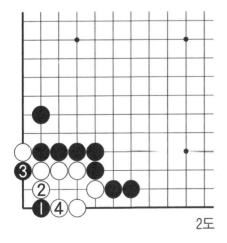

2도

2도(선치중)

흑1로 먼저 치중할 경우 본도의 수순도 동시에 알고 있어야 한다. 흑3에는 반드시 백4로 단수해야 산다.

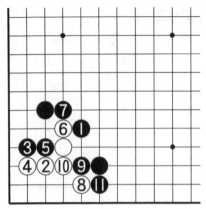

참고도 1

참고도 1(정석 관련)

파생형 1은 참고도와 같은 정석에서 나타난다. 이른바 화점에서 '3수 손뺀 정석'이라는 것으로, 흑 11까지 진행된 다음—

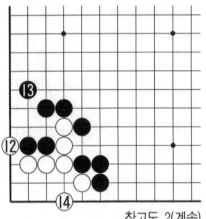

참고도 2(계속)

참고도 2(절대 교환)

백12를 먼저 젖히고 백14로 두어야 안전한 것이다. 이 수순을 놓치면 대표형의 수순으로 삶이 없다. 참고로 이 정석은 백이 손해라 하여 현재 사용되지 않으며, 그 대신—

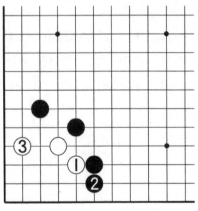

참고도 3

참고도 3(현대형)

본도와 같이 두고 있다. 이 편이 백으로서는 다소 득이다. 이 변화에 대해선 정석책을 참고하기 바란다.

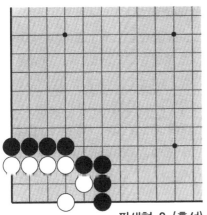

파생형 2 (흑선)

【파생형 2】

본형은 제28형을 익히기 위한 초, 중급자용 실전 사활이다. 요령은 귀곡사를 이용하는 것이다. 패는 실격이다.

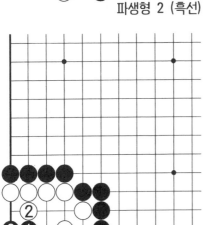

1도(정해)

1도(백 죽음)

대표형과 급소는 같다. 흑3 이후 백에게 더 이상 수가 없다는 것은 직접 확인하기 바란다.

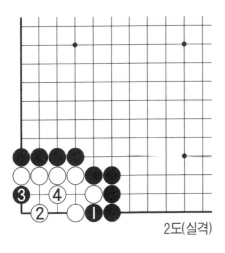

2도(실격)

2도(패)

흑1은 귀6궁을 유도하려는 것이지만 백2·4의 저항이 있어 패가 된다.

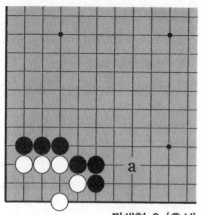

파생형 3 (흑선)

【파생형 3】

본형에서 반드시 알고 있어야 하는 사항은 이런 것이다. 일반적으로 실전에서는 대표형처럼 탈출이 불가능한 상태가 아니기 쉽다. 지금과 같이 a쯤에 흑돌이 없다면 이 모양은 실전적인 패가 되는 것이다.

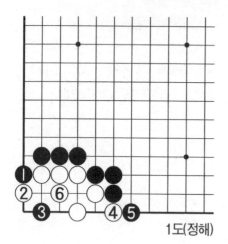

1도(정해)

1도(패)

본도의 수순이 그것인데 흑3때 백은 4로 먼저 젖혀 두고 백6으로 패를 할 수 있다. 만약 백이 탈출할 수 없는 경우라면, 백은―

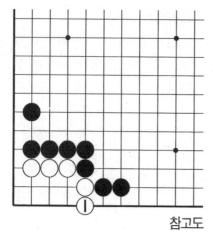

참고도

참고도(정수)

본도와 같이 백1에 두어 패를 해야 한다. 이 모양은 무조건 패이며 제29형에서 다루었다.

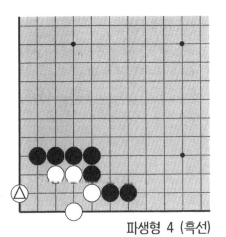

파생형 4 (흑선)

【파생형 4】

본형은 백이 대표형을 이탈한 모습이다. 그러나 백△는 아무런 도움이 되지 못한다.

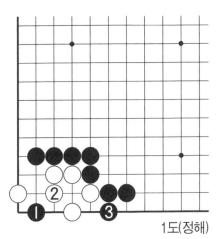

1도(정해)

1도(치명타)

본도의 수순으로 간단히 잡을 수 있다. 어쨌든 흑1의 급소가 이 모양에서는 치명적이다. 참고로 이 모양이 변으로 한 칸 이동하게 되면—

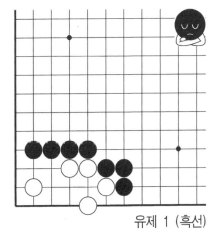

유제 1 (흑선)

[유제 1]

이 그림과 같은 모양이 되는데 이 때는 급소의 위치도 이동한다. 자, 이 백을 잡는 올바른 수순은 어디일까?

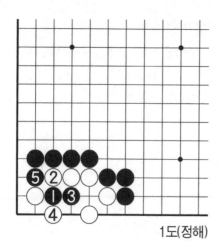

1도(정해)

1도(건너붙임)

이 때는 흑1·3의 수순이 정답
이다. 실전형은 이렇게 위치 이동
에 따라 급소도 이동하는 경우가
있다.

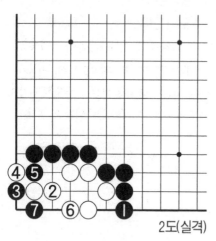

2도(실격)

2도(패)

본도 흑1로는 흑7까지 패를 피
할 수 없다. 또 수순중 백2로는—

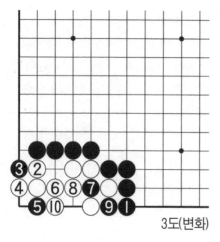

3도(변화)

3도(손해패)

백10까지의 수순으로 패를 할 수
있으나 이 진행은 2도보다 백이 손
해다.

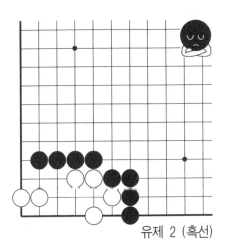

유제 2 (흑선)

[유제 2]

이 모양은 유제 1의 파생형이라 할 수 있는데 숨은 변화는 '양자충'과 '돌밑의 수'다. 그 동안의 경험을 통해 백을 잡는 수순을 찾아 보자.

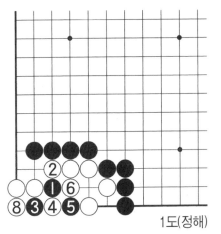

1도(정해)

1도(건너붙임)

일단 흑1의 건너붙임부터 시작한다. 본도는 '돌밑의 수'를 만드는 변화로, 백8로 따낸 다음—

❼···④

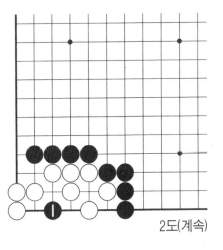

2도(계속)

2도(돌밑의 수)

흑1에 치중하여 잡게 되는데, 이 모양은 사실상 대표형 4도와 일치하는 것이다. 지금 당장 확인해 보는 것이 좋다. 또 양자충은 이 변화를 백이 피할 때 만들어지므로 그 변화는 직접 검토해 보는 것이 좋겠다.

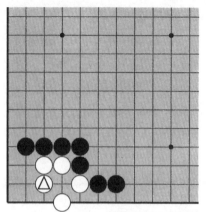

파생형 5 (흑선)

【파생형 5】

본형은 파생형 4의 백△가 여기에서의 백△로 위치를 바꾼 것이다. 그러나 이 모양은 의외로 탄력이 있어 패가 된다.

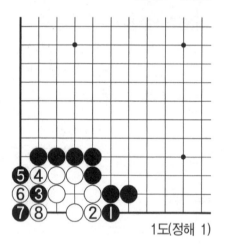

1도(정해 1)

1도(패)

본도의 수순이 쌍방 최선이다. 이 모양은 귀에서 자주 나타나는 모양이므로 수순을 익혀 둘 필요가 있다. 또 흑3으로는ㅡ

2도(정해 2)

2도(패)

본도와 같은 수순으로도 패가 된다. 그러나 흑이 패에서 질 경우 백a로 나가는 수가 남아 손해가 될 수도 있으므로 주의해야 한다.

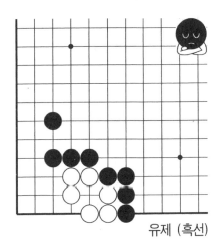

유제 (흑선)

[유제]

이 모양은 파생형 5가 변으로 한 칸 이동한 모습이다. 이 때는 패가 없이 잡을 수 있다. 자충을 이용할 수 있기 때문이다. 이 백을 잡는 방법은?

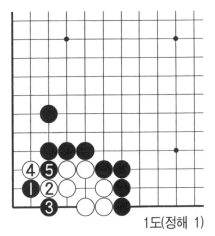

1도(정해 1)

1도(날일자 포위)

흑1의 날일자로 백을 포위해 들어간다. 이후 흑5까지의 수순으로 백은 잡힌다. 자충이기 때문이다. 또一

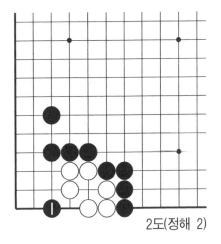

2도(정해 2)

2도(기습 돌격)

흑1로 두어도 결과는 같다. 백의 본진에 기습 돌격해 들어가는 이 수가 본도에서는 멋진 감상의 포인트다.

귀8궁(변형)—가장 실전적

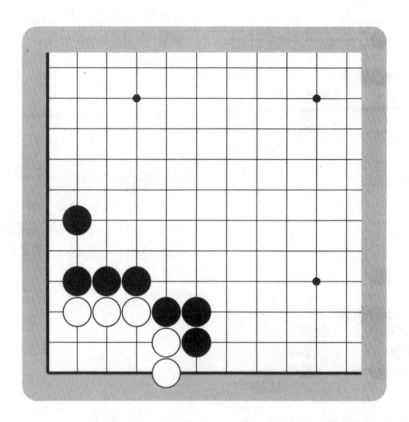

본형은 실전에서는 제28형으로 살 수 없기 때문에 나타나는 모양으로 따라서 가장 실전적인 것이다. 또 이 모양이 무조건 패가 된다는 것은 제28형—파생형 3에서도 간단히 언급한 바 있다.

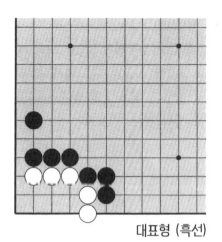

대표형 (흑선)

【대표형】

본형은 실전에서 자주 등장하는 만큼 변화를 확실히 이해해 둘 필요가 있다. 이 모양은 4가지 방법의 패가 있다.

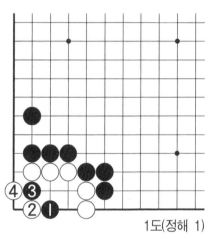

1도(정해 1)

1도(패)

흑1의 치중은 이 모양에서만 성립한다. 외부에 공배가 있으면 성립하지 않는다는 것을 반드시 기억해 두어야 한다. 백4로는—

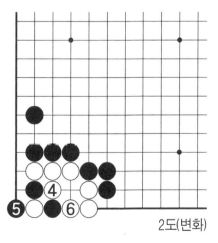

2도(변화)

2도(마찬가지)

본도 백6까지의 수순으로도 패를 할 수 있다.

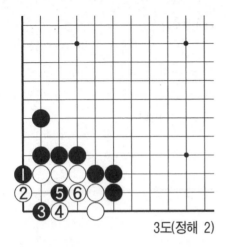

3도(정해 2)

3도(패)

본도의 수순처럼 흑1로 젖힌 다음 흑3의 치중으로도 패가 되며, 이 방법은 외부의 공배에 관계없이 성립한다. 흑3으로는—

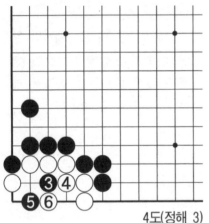

4도(정해 3)

4도(패)

본도의 흑3으로 두어 백6까지 패를 만들 수도 있다. 이 방법도 외부의 공배와는 관계없이 성립한다.

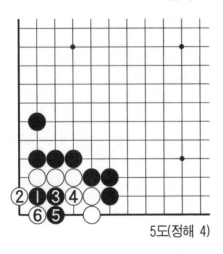

5도(정해 4)

5도(패)

마지막으로 본도의 수순으로도 패가 된다. 흑1로 붙인 후 백6의 집어넣기까지 이 방법도 외부의 공배와 관계없이 성립한다.

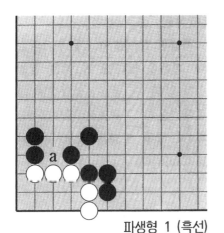

파생형 1 (흑선)

【파생형 1】

대표형에 비해 a가 비어 있는 모양이다. 이 때는 대표형의 1도가 성립하지 않는다고 설명한 바가 있다.

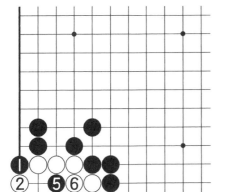

1도(정해)

1도(패)

이 경우에는 본도와 같은 방법으로 패를 하는 것이 옳다. 또 대표형 4, 5도의 방법도 가능하다.

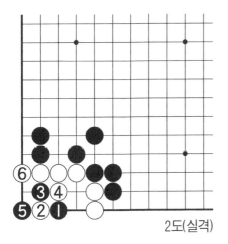

2도(실격)

2도(치중)

흑1·3은 대표형에서는 성립했던 수순이지만 이 경우에는 실격이다. 백6으로 빠지면 흑은 이 백을 잡을 수 없다.

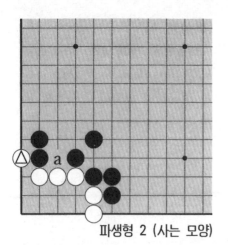

파생형 2 (사는 모양)

【파생형 2】

파생형 1에서 백△가 추가되었다. 결론을 말하면 이 백은 잡을 수가 없다. 단, 흑a가 막혔다면 대표형 1도의 수순으로 패가 된다. 흑a로 막힌 모양은 직접 확인해 보기 바란다.

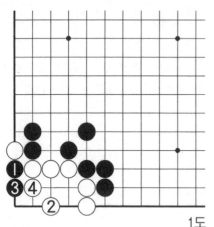

1도

1도(사는 모양)

우선 흑1에 백은 이 돌을 따내지 않고 백2로 지켜 살 수 있다. 흑3에는 백4로 그만이다. 또 흑1로는―

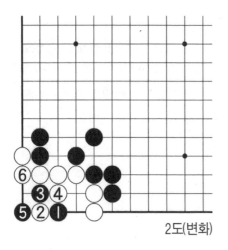

2도(변화)

2도(치중)

본도 흑1에 치중해도 백6까지 산다. 파생형 1의 2도와 같은 방법이다.

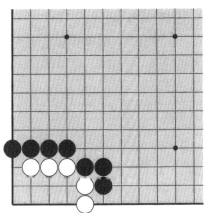

파생형 3 (흑선)

【파생형 3】

본형은 제29형의 파생형 중에서 가장 열악하다. 왼쪽 1선에 흑돌이 1개 더 있기 때문이다. 이 때문에 흑이 이 백을 잡는 수가 무려 9가지나 되며 마지막에는 변화도 한 가지가 더 있는 정도다.

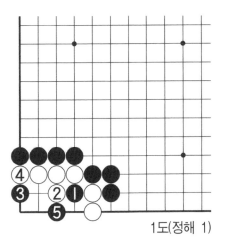

1도(정해 1)

1도(선끊음)

이 수순이 가장 알기 쉽다. 흑1로 하나 끊어 둔 다음 흑3·5로 자충을 유도한다. 이 수순을 바꾸어도 되는데—

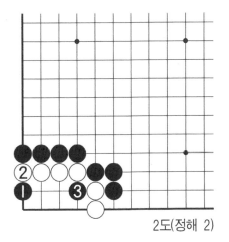

2도(정해 2)

2도(후끊음)

본도와 같이 두는 것도 가능하다. 흑1로 살짝 뛴 다음 흑3의 끊음. 또 흑3으로는—

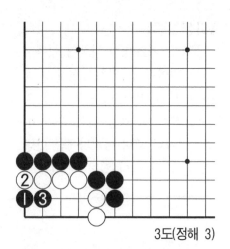

3도(정해 3)

3도(뒤에서 몲)

본도 흑3으로 뒤에서 밀고 들어
가도 잡을 수 있다. 이 수로는—

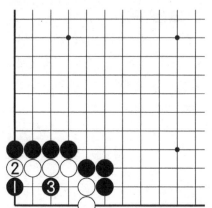

4도(정해 4)

4도(붙임)

본도 흑3에 붙여서 잡을 수도 있
다. 이 뿐 아니라 흑3으로는—

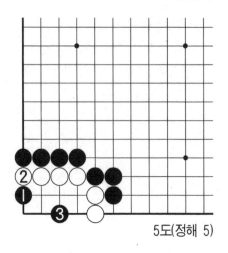

5도(정해 5)

5도(후치중)

이렇게 흑3으로 치중해도 무난
히 잡을 수 있다. 또 흑1로—

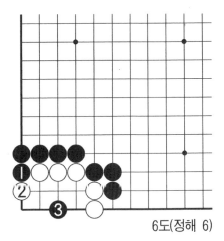

6도(정해 6)

6도(통렬한 급소)

본도의 수순도 성립한다. 흑3의 치중이 통렬한 급소이기 때문이다. 또 흑1로는—

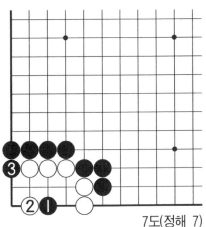

7도(정해 7)

7도(선치중)

본도 흑1로 먼저 치중할 수도 있다. 백2에는 흑3으로 두거나—

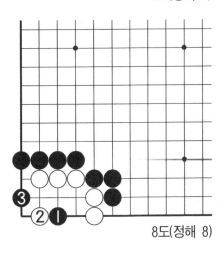

8도(정해 8)

8도(선치중 후의 변화)

본도 흑3으로 둘 수도 있다. 이러한 변화들 외에—

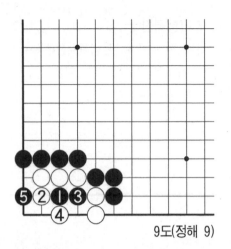

9도(정해 9)

9도(선붙임)

곧바로 흑1에 먼저 붙일 수도 있다. 백2에는 흑3·5의 수순으로 잡을 수 있다. 수순중 백2로─

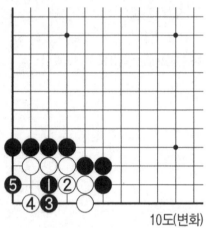

10도(변화)

10도 백2로 두면 이번에는 흑3·5의 수순으로 잡는다.

참고로 11도와 12도는 이 모든 수순을 놓치고 패가 되는 변화들이다.

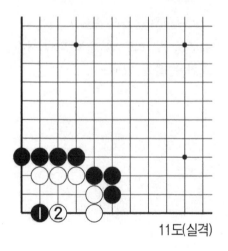

11도(실격)

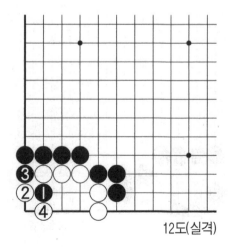

12도(실격)

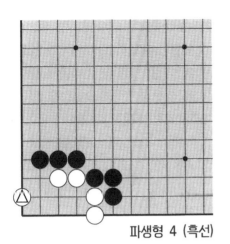

파생형 4 (흑선)

【파생형 4】

본형은 대표형을 이탈하여 백△ 에 지킨 모습이지만, 이 모양도 탄력점이 2곳 있어 패가 된다.

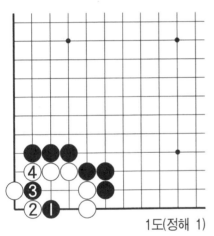

1도(정해 1)

1도(패)

흑1의 치중에는 백2로 저항하여 패가 되며—

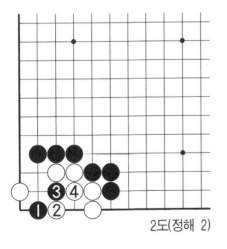

2도(정해 2)

2도(패)

흑1로 이쪽을 치중하면 백2로 저항하여 패가 된다. 흑1·3은 수순이 바뀌어도 성립한다. 중요한 것은 이 모양의 탄력점이 흑1의 곳과 백2의 곳 두 자리라는 점이다. 참고로 이와 똑같은 속성을 가진 파생형을 두 가지의 유제로서 살펴보기로 하자.

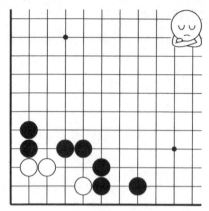

유제 1 (백선)

[유제 1]

　본형은 대단히 열악하지만 제29형의 속성, 특히 파생형 4의 탄력점을 이용하여 패로 버틸 수 있는 모양이다. 백선의 결과는?

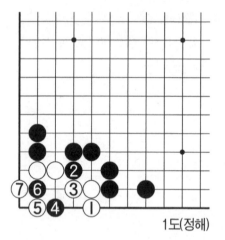

1도(정해)

1도(패)

　백1로 두는 순간 백집에는 흑4의 곳과 백5의 곳 2곳에 탄력점이 만들어져 패로 버틸 수 있다.

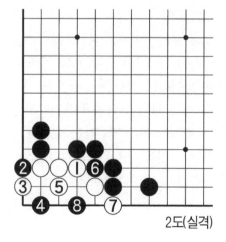

2도(실격)

2도(백 죽음)

　백1은 흑2 이하의 수순으로 잡힌다. 이 모양은 제30형에서 상세히 다루었다.

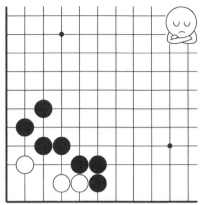

유제 2 (백선)

이 그림 역시 파생형 4의 탄력
점을 이용하여 패로 버틸 수 있는
모양이다. 그 외의 수로는 살릴 수
없다.

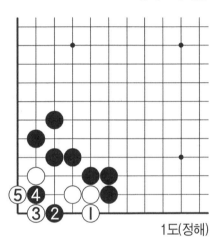

1도(정해)

1도의 백1만이 2곳의 탄력점을
가질 수 있는 요처다. 1도, 2도, 3
도 3가지의 변화에서 보면 알 수
있듯이 백1 이후는 어떻게 해도 백
이 패로 저항할 수 있다.

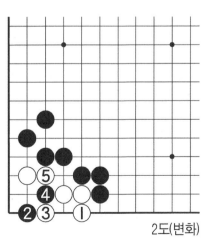

2도(변화)

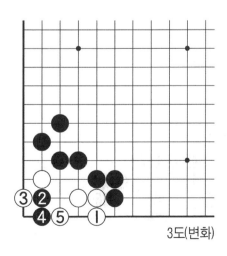

3도(변화)

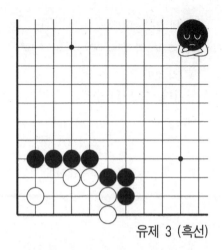

유제 3 (흑선)

[유제 3]

이 모양은 파생형 4가 변으로 한 칸 이동한 것이다. 변으로 이동하면 귀의 특성을 잃게 되어 저항하는 입장에서는 그 만큼 위험하다. 그래서 이 모양은 패로 버티지 못한다.

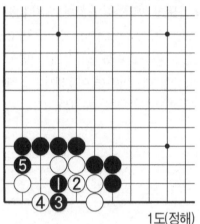

1도(정해)

1도(백 죽음)

흑1·3은 일단 눈모양을 없애는 공격이다. 백4는 패로 저항하려는 의도지만 흑5의 침착한 공격에 더 이상 버틸 수 없다. 여기서 흑5로 —

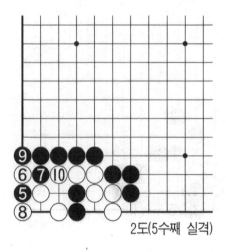

2도(5수째 실격)

2도(패)

본도 흑5에 붙이는 것은 조급한 생각이다. 백은 10까지 패로 버틸 수 있다.

귀8궁(변형)—연속 치중

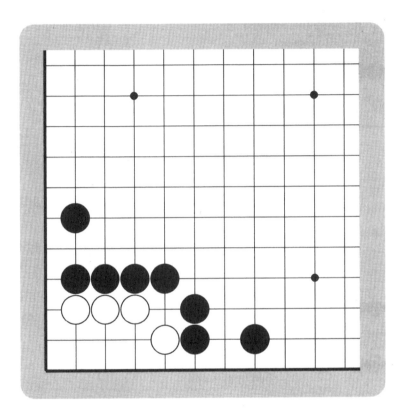

본형은 귀8궁에서 돌이 하나 부족한 모습을 하고 있지만 섣불리 공격하다가는 패를 만들 수도 있다. 이 모양은 제28형과 제29형의 분기점이라고 할 수 있는 것으로, 제29형—파생형 4 유제 1의 2도에서 잠깐 설명한 바 있다.

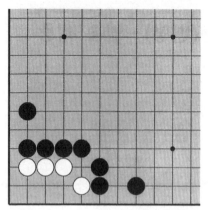

대표형 (흑선)

【대표형】

본형은 제28형의 속성을 얼마나 이해하고 있느냐의 잣대가 될 것이다.

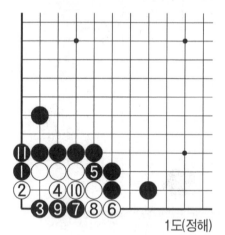

1도(정해)

1도(백 죽음)

흑1·3은 제28형－대표형을 잡을 때 사용하던 수순이다. 다음 백의 응수를 기다려 대응하는 것이 요령인데 백4라면 흑5가 긴요하다. 백6은 패로 버티자는 것이지만, 흑7 이하 11까지 잡을 수 있다. 백4때－

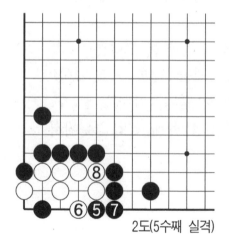

2도(5수째 실격)

2도(패)

본도 흑5로 젖히는 것은 아직 제28형을 이해하지 못한 것이다. 백은 백8로 패로 버틸 수가 있게 되었다.

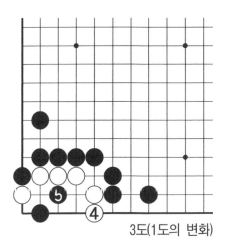

3도(1도의 변화)

3도(오궁도화)

1도 백4로 본도와 같이 두면 흑 5로 잡는다. 이 궁도는 빅이 아니고 오궁도화다.

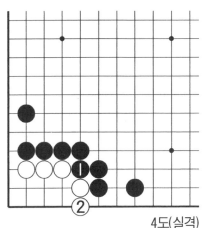

4도(실격)

4도(패)

가장 염려해야 할 수는 흑1이다. 백은 2로 두게 되어 제29형－대표형의 패로 버틸 수 있다.

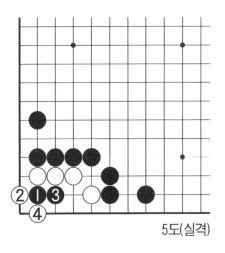

5도(실격)

5도(패)

흑1의 붙임도 백4까지 귀의 탄력 때문에 패를 피할 수 없다.

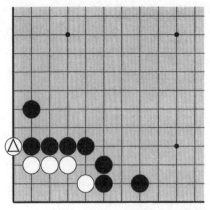

파생형 1 (흑선)

【파생형 1】

본형은 대표형에서 백△의 젖힘이 추가된 것이다. 이러한 젖힘이 있으면 풀이 과정이 약간 어려워진다고 생각하면 된다. 최종 결론은 패다.

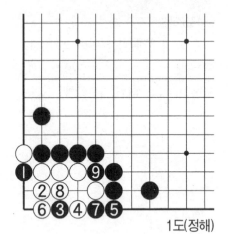

1도(정해)

1도(패)

흑1때 백2로 늦추는 것은 제28형－파생형 1에서 본 백의 대응방법이다. 이때 흑은 3으로 먼저 치중하는 것이 요령이다. 백4 이후 흑9까지 패가 된다. 수순중 백2로는—

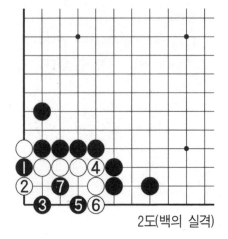

2도(백의 실격)

2도(오궁도화)

본도 백2로 따내는 것은 대표형과 마찬가지가 되므로 흑3 이하의 수순에 의해 오궁도화로 잡힌다.

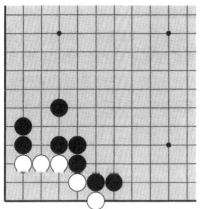

파생형 2 (흑선)

【파생형 2】

　본형은 한눈에 패가 보이는 모양이다. 그러나 패를 만들어서는 안 된다. 어떻게 하든 대표형으로 유도해 잡아야 한다.

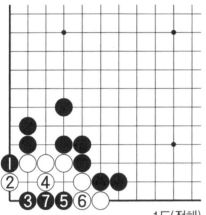

1도(정해)

1도(선젖힘 후치중)

　대표형으로 유도하려면 반드시 흑1·3의 수순이 필요하다. 이후 백4로 버틸 때 흑5의 치중으로 잡을 수 있다.

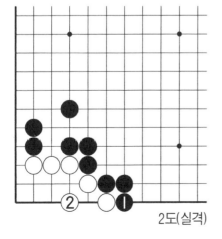

2도(실격)

2도(패)

　흑1은 백2로 무조건 패가 되어 실격이다.

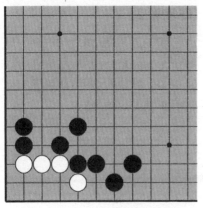

파생형 3 (흑선)

【파생형 3】

본형은 대표형과 비교하여 오른쪽의 모양이 다르다. 그러나 이 차이는 일장 일단의 문제일 뿐이다. 대표형의 아이디어가 아니면 공략할 수 없다.

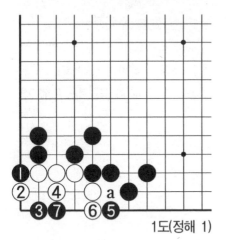

1도(정해 1)

1도(불변)

흑1·3의 수순은 불변이다. 백4 때 흑5로 a에 두어도 결과는 같다. 흑7 다음 백은 더 이상 저항할 수 없다.

2도(정해 2)

2도(선치중)

이 모양에서는 흑1로 먼저 치중해도 잡을 수 있다. 백2라면 흑3·5의 수순이 좋기 때문이다. 그러나 기력이 약한 분들에게는 권할 만한 것이 아니다.

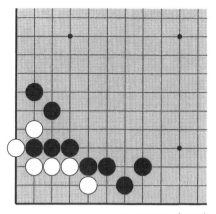

파생형 4 (흑선)

【파생형 4】

이 모양은 파생형 3보다 난이도가 높아졌다. 백에게도 끈질기게 저항하는 수가 생겼기 때문이다. 그러나 결론은 '흑선 백사'다.

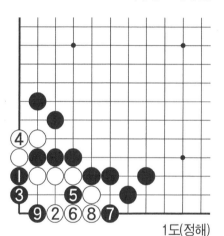

1도(정해)

1도(자충)

흑1에 백2가 첫 번째 버티는 수다. 또 흑3에 백4가 두 번째 버티는 수다. 그러나 흑5·7이 백의 저항 의지를 분쇄하는 수순이다. 흑9로 백 죽음이다. 백은 이것으로 자충의 모양이기 때문이다. 주의할 것은 흑7로─

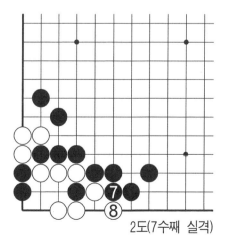

2도(7수째 실격)

2도(패)

본도 흑7에 무심코 단수하면 안된다는 것이다. 백8로 끈질기게 저항하는 수단이 있기 때문이다.

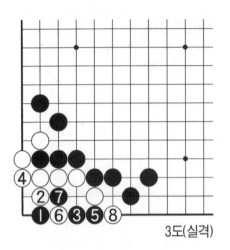

3도(실격)

3도(선치중)

이 경우는 그냥 흑1의 치중이 성립하지 않는다. 백4·6의 수순이 좋아 백8 이후—

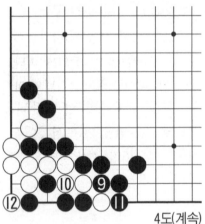

4도(계속)

4도(양패)

백12까지의 수순에 의해 양패로 산다.

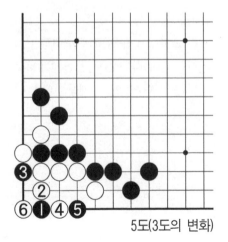

5도(3도의 변화)

5도(완생)

또 3도 흑3으로 본도의 수순을 택하는 것은 이미 엎질러진 물이다. 백4·6으로 알기 쉽게 살아 있기 때문이다.

공통⑭ 귀8궁(변형)

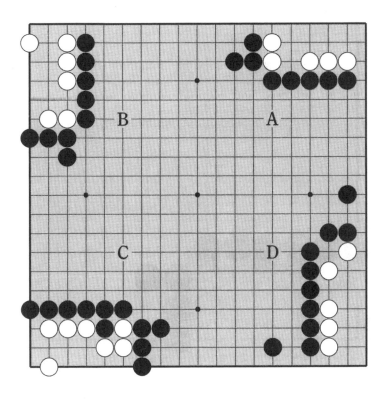

　그림 B, C, D와 같은 실전형은 사실상 **그림 A**에서 출발한 것이다. **그림 A**는 앞서 제27형에서 속성을 설명했고 만들어지는 과정은 제27형－파생형 2에서 집중적으로 다루었던 것이다. 여기까지 중요한 귀8궁의 파생형은 거의 마스터하는 셈이 될 것이다. 따라서 **그림 D**까지를 끝으로 귀8궁을 마치기로 하겠다.

귀8궁(변형)-세 가지 변화

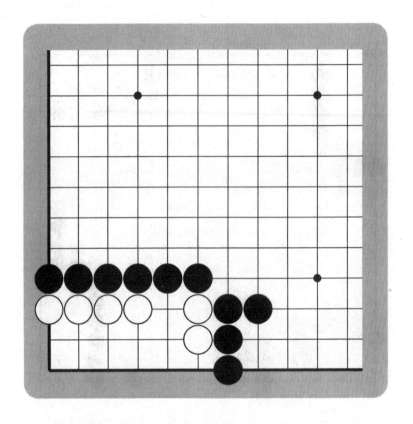

공통 14의 그림 A는 제27형과 제27형-파생형 2
에서 상세히 설명했으므로 생략하기로 하고 이 모양
에 대해 검토해 보기로 한다. 단순한 모양이지만 변
화가 무수히 많으므로 중요한 3가지만 짚고 넘어가
겠다.

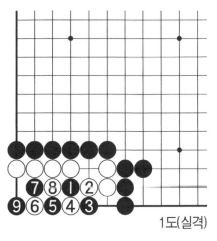

1도(실격)

1도(백의 선패)

흑1로 먼저 치중한 다음 백2가 절대일 때 흑3 이하 본도의 수순을 밟으면 흑9까지 백의 선패가 만들어져 실격이다.

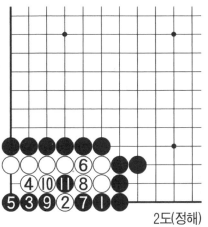

2도(정해)

2도(흑의 선패)

흑1로 먼저 1선에 밀고 들어간 다음 백2로 받아야 할 때 흑3 이하 본도의 수순을 밟아야 흑11까지 흑의 선패다. 수순중 백2로 흑11에 두는 것은 흑이 4로 치중해 그냥 잡힌다.

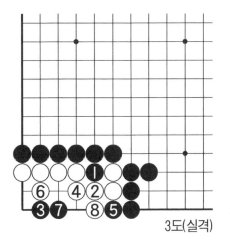

3도(실격)

3도(만년패)

본도는 백8까지 만년패가 되므로 실격이다. 이 밖에도 재미있는 변화가 많으나 숨어 있는 변화에 대해서는 다음 기회에 보여 주기로 한다.

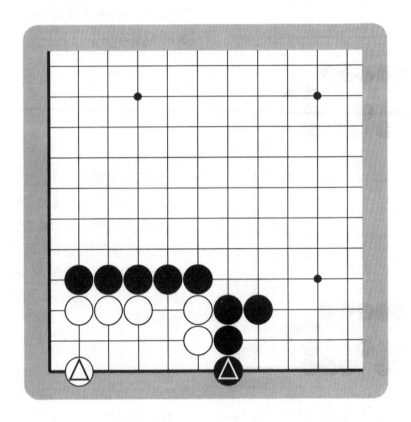

　　본형은 정석 과정에서 나타나는 실전형이다. 일반
적으로 이 모양은 백△로 지켜져 있으면 안전하지만
그럼에도 불구하고 흑의 정교한 수순에 의해 죽음이
있다. 바로 흑▲ 때문이다. 또 그 과정의 변화 속에
는 '돌밑의 수'의 하나인 이른바 '후절수'라는 변화도
숨어 있다.

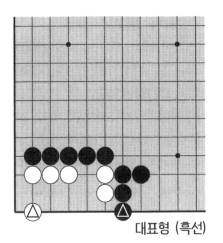

대표형 (흑선)

【대표형】

　백△와 흑▲는 과연 어느 쪽의 위력이 셀까. 이 모양은 화점 정석에서 발생하는 것이다.

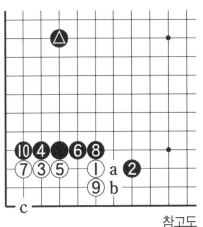

참고도

참고도(정석 관련)

　본형은 흑▲가 있는 상황에서 만들어진 참고도의 정석에서 출발한다. 흑10 이후 흑이 a, b를 막게 되면 백은 c로 지키는 것이 보통인데 그 다음 본형처럼 흑이 1선에 한 수를 더 추가한 것이다.

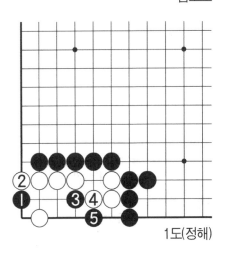

1도(정해)

1도(정교)

　흑1의 치중은 절대이며 다음 흑3·5가 정교한 수순이다. 이후―

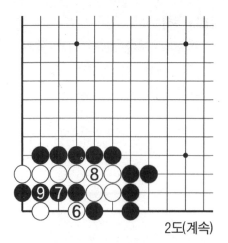

2도(백 절명)

백이 촉촉수를 노리고자 백6에 먹여쳤을 때 흑7이 연관된 수순이다. 이때 백이 흑9로 잡는 것은 흑이 백8에 끊게 되므로, 본도 백8은 어쩔 수 없다. 이때 흑9가 백의 명맥을 끊는 마지막 수가 된다.

2도(계속)

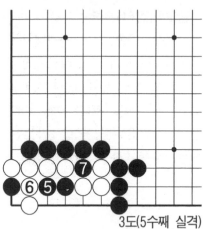

여기서 반드시 알아 두어야 할 변화가 있다. 1도의 흑5로 3도 흑 5·7의 수순을 밟는 것은 4도를 거쳐 5도의 백1에 이르러 그 유명한 '후절수'로 산다는 사실이다. '후절수'는 '후치중'과 함께 '돌밑의 수'라고 하는 고급 수법이다.

3도(5수째 실격)

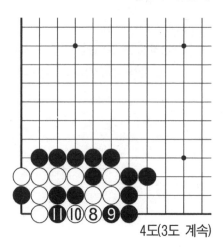

4도(3도 계속)

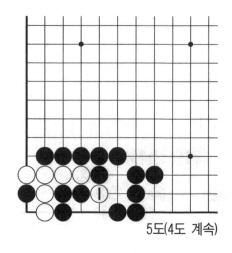

5도(4도 계속)

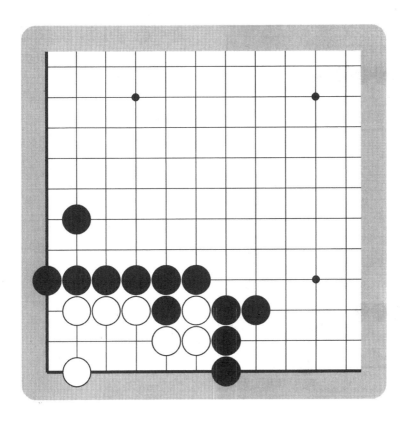

　본형은 제32형에서 변화한 것이지만 이 모양의 속
성에 대해서는 이미 제9형-파생형 7의 유제 2와 유
제 3에서 검토한 바 있다. 특히 유제 2는 사실상 본
형과 동일형이라 할 수 있다. 또 본형에서는 환격을
이용해 눈을 빼앗는 수법도 변화의 과정 속에 숨어
있다.

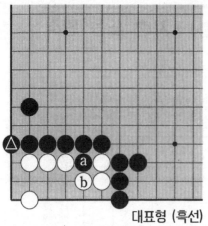

대표형 (흑선)

【대표형】

본형은 제32형이 흑a, 백b가 교환된 상태에서 흑▲가 추가된 모습이다. 흑a, 백b가 교환된 상태라면 제32형의 수순은 성립하지 않는다. 다시 말해 흑▲가 없으면 이 백은 완생형이다.

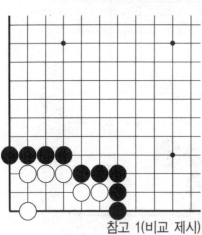

참고 1(비교 제시)

[참고 1]

본도는 제9형－파생형 7의 유제 2에서 검토한 것이다. 대표형과는 사실상 동일한 것이다. 또－

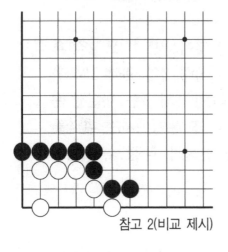

참고 2(비교 제시)

[참고 2]

본도는 제9형－파생형 7의 유제 3에서 본 것이다. 이 두 가지의 모양과 비교하면서 대표형을 살펴보기 바란다.

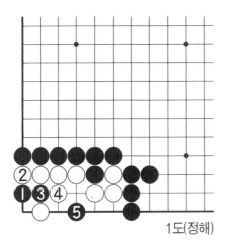

1도(정해)

1도(자충 유도)

흑1은 절대이며 흑3이 자충을 유도하는 수순이다. 흑5의 치중으로 백은 더 이상 살 수 없다. 수순중 백2로는―

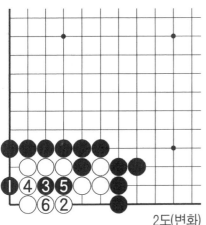

2도(변화)

2도(환격 이용)

본도 백2에 두는 것은 흑3·5의 수순이 준비되어 있다. 이 수순은 환격을 이용해 안형을 탈취하는 수법으로, 백6 다음―

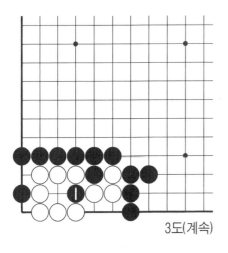

3도(계속)

3도(절호의 먹여침)

마지막으로 흑1로 절호의 먹여침을 두어 잡게 된다. 앞의 제시된 참고와 비교하면서 확인하는 것이 좋을 것이다.

귀8궁(변형)—긴 여정

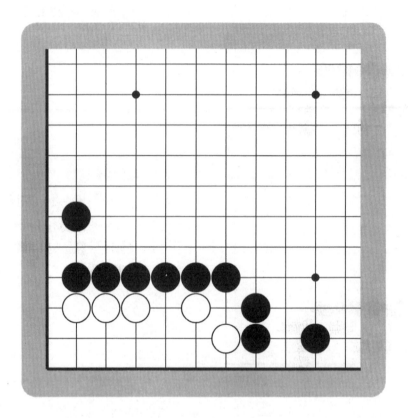

본형은 제32형, 제33형에 비해 그렇게 실전적이지는 않다. 그러나 형태상으로 분류하면 분명 같은 계통이며 같은 급소가 있다. 다만 난이도가 높은 이유는 변화 속에 제18형 귀8궁이 가진 속성이 포함되어 있기 때문이다.

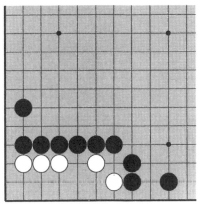

대표형 (흑선)

【대표형】

이 모양은 고전 묘수풀이에 등장하는 것으로, 흑의 정교한 수순과 백의 끈질긴 저항이 볼만하여 최후에는 패로 결론이 난다.

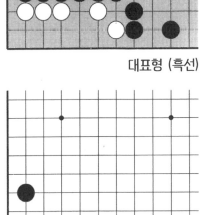

1도(정해)

1도(패)

본도의 수순이 쌍방 최선이다. 백6때 흑7의 수순은 제32, 33형의 급소를 노리고 있고, 흑9때 백10・12는 제29형의 패로 버티는 수순이다. 만약 흑7때─

2도(백의 실격)

2도(허무)

본도 백8에 두면 흑9로 치중하여 허무하게 잡히고 만다.

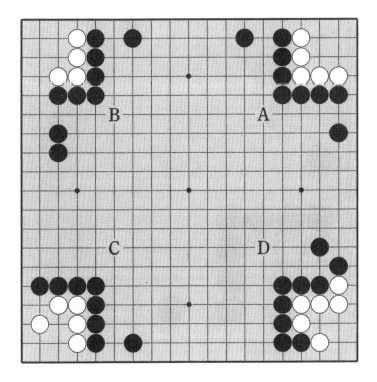

귀9궁이란 흔히 말해 '뒷박형'을 말하는데, 넓은 의미로 말하면 그와 관련된 파생형까지를 총칭하는 것이다. 귀9궁은 사실상 약 80여 개의 패턴으로 분류할 수 있지만 여기서는 기본적인 실전형만을 다루었다.

귀9궁(뒷박형) - 패의 백화점

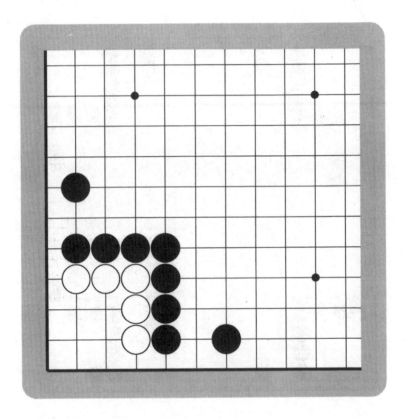

본형은 귀9궁을 대표하는 이른바 '뒷박형'이다. 흔히 '뒷박형을 알면 1급'이라는 말이 있는데 이는 지나친 말일 것이다. 혹시 80여 개에 달하는 파생형까지를 모두 섭렵한다면 모를까 일반적인 뒷박형은 모두 패일 뿐이다. 다만 어떤 패이냐가 문제다.

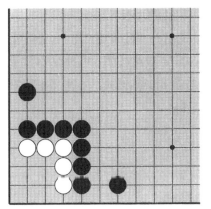

대표형 (흑선)

【대표형】

공배가 없는 '뒷박형'은 단패가 된다. 그리고 패를 만드는 방법은 6가지나 더 있지만 여기서는 6가지만 선택했다. 그러나 정해는 하나뿐이다.

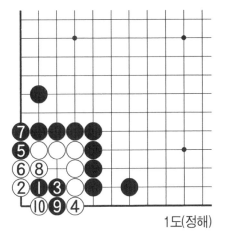

1도(정해)

1도(정치중)

흑1의 정치중부터 시작한다. 흑으로서는 같은 패라도 백10까지의 수순이 가장 득이다. 따라서 이것을 정해라고 할 수 있다.

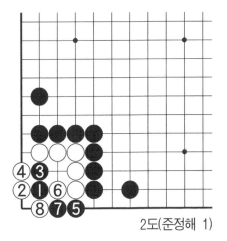

2도(준정해 1)

2도(예전의 수순)

예전에는 백8까지의 수순을 정해라고 했지만 흑으로서는 1도에 비해 손해이므로 준정해라고 하는 편이 옳다.

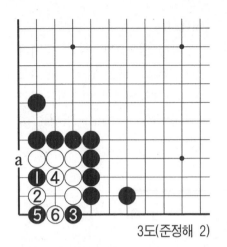

3도(준정해 2)

3도(붙이는 치중)

다음은 흑1로 붙이는 치중이다. 본도도 단패이기는 마찬가지다. 수순중 백4로 백6에 두면 흑a로 잡힌다.

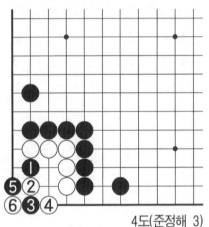

4도(준정해 3)

4도, 5도, 6도 모두 단패다. 그러나 흑이 패에 질 경우 1도에 비해 무조건 손해가 되므로 모두 준정해 정도로 취급하는 것이 옳을 것이다.

참고로 3도는 파생형 3, 6도는 파생형 2에서 다시 다루었다.

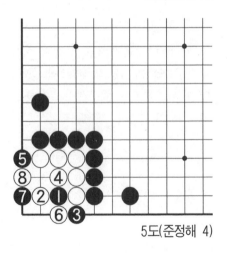

5도(준정해 4)

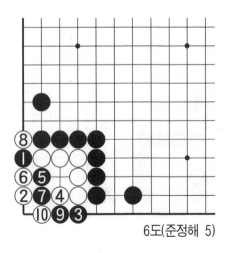

6도(준정해 5)

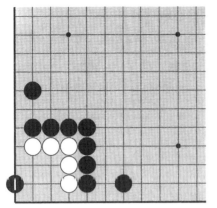

파생형 1 (백선)

【파생형 1】

흑1의 치중은 일종의 현혹 수단이다. 그러나 정공법은 아니다. 백이 제대로만 응수한다면 패 없이 살 수 있다.

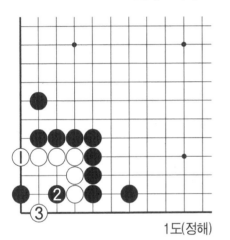

1도(정해)

1도 백1이 아니면 안 된다. 그리고 흑2때 백3의 치중이 절대적이다. 이후는 일사천리인데, 2도의 수순을 거쳐 백9까지 촉촉수로 산다.

3도 백1은 흑의 주문에 걸린 것이다. 흑6까지 유가무가다.

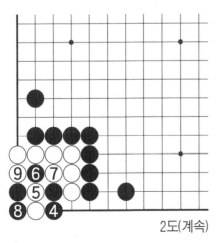

2도(계속)

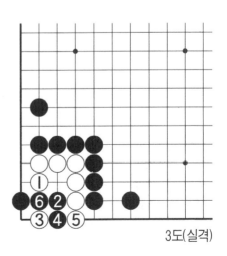

3도(실격)

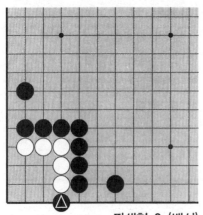

파생형 2 (백선)

【파생형 2】

본형은 대표형의 6도에서 잠깐 설명했던 것이다. 흑▲도 파생형 1 못지 않게 현혹적인 수법이다.

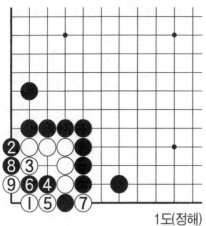

1도(정해)

1도(패)

백은 본도의 수순으로만 패를 할 수 있다. 백1·3으로 연속해서 늦추는 것이 요령으로, 백9까지 패가 만들어진다. 만약 백1로─

2도(실격)

2도(유가무가)

무심코 본도 백1에 받는다면 흑 2 이하의 수순으로 유가무가가 되어 패 없이 죽게 된다.

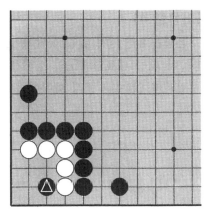

파생형 3 (백선)

【파생형 3】

본형은 대표형의 3도에서 잠깐 설명했던 모양이다. 흑❹는 다음 수에도 함정이 있다.

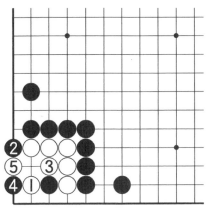

1도(정해)

1도 백5까지 패가 되는 것이 최선이다. 만약 1도 백3으로 무심코 2도 백3에 두면 흑4로 잡힌다. 이것이 두 번째 함정이다.

3도 백1은 첫 번째 함정으로 주문에 걸려든 것이다. 흑4까지 유가무가가 된다.

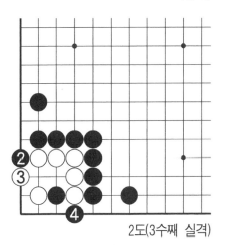

2도(3수째 실격)

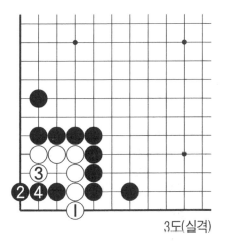

3도(실격)

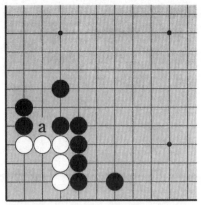

파생형 4 (흑선)

【파생형 4】

본형은 a가 비어 있는 뒷박형이다. 이 때는 대표형 1도의 정해가 성립하지 않는다. 공배 때문이다.

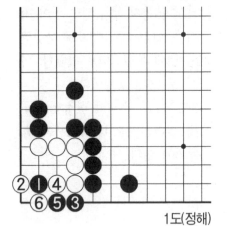

1도(정해)

1도(패)

이번에는 본도의 수순이 유일한 정해가 된다. 여기서 뒷박형의 원리 하나를 깨우칠 수 있다. "공배가 아무리 많아도 추가 젖힘수만 없으면 1도의 패가 된다."

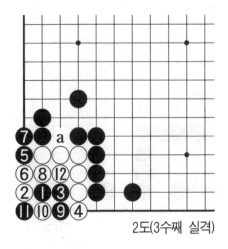

2도(3수째 실격)

2도(눌러잡기)

이 진행은 대표형의 1도와 같은 수순이다. 그러나 백은 백12의 '눌러잡기'로 살고 있다. 그 이유는 a의 공배 때문이다.

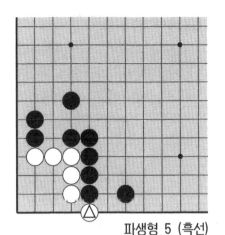

파생형 5 (흑선)

【파생형 5】

본형은 백△의 젖힘이 있다. 젖힘이 있다면 파생형 4의 1도가 성립하지 않는다. 흑이 젖힐 수 없기 때문이다.

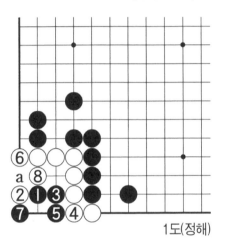

1도(정해)

1도(이단패)

본도의 수순으로 이단패가 된다. 백도 이단패가 싫으면 흑7때 백8로 백a에 두면 만년패가 된다. 흑도—

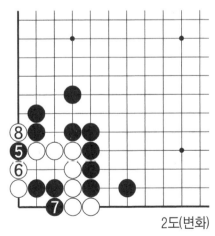

2도(변화)

2도(만년패)

이단패가 싫으면 흑5·7로 두면 된다. 이것도 마찬가지로 만년패의 모양이다.

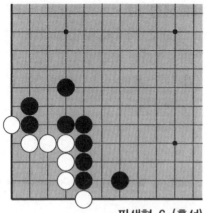

파생형 6 (흑선)

【파생형 6】

본형은 양쪽이 모두 젖혀져 있다. 이는 백에게 선택권이 있다. 만년패로 만들 것인가, 이단패로 만들 것인가, 늘어진 패로 만들 것인가.

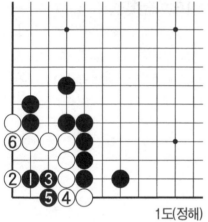

1도(정해)

1도의 수순으로 만년패가 되는 것이 쌍방 최선이다.

1도 백6으로 2도의 수순을 밟아 3도처럼 두는 것은 한 수 늘어진 패가 된다.

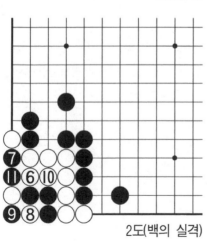

2도(백의 실격)

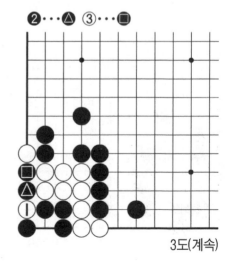

❷…△ ③…■

3도(계속)

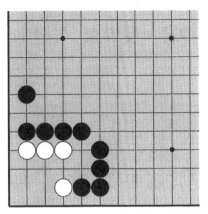

파생형 7 (백선)

【파생형 7】

본형은 백이 원하면 뒷박형을 만들 수 있게 되어 있다. 그러나 그렇다면 단패가 된다. 이 모양은 본래 패를 피하여 눈을 만드는 급소를 찾는 것이 주된 것이지만 형태상 뒷박형과 연계하여 익히는 것이 좋다.

1도(쌍점)

백1·3으로 쌍점으로 만드는 수순이 이 모양의 포인트다. 흑4에는 백5로 훌륭히 살고 있다.

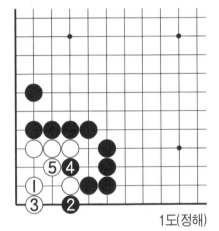

1도(정해)

2도(단패)

다시 한 번 기억하자. "공배가 아무리 많아도 젖힘수가 없으면 이 모양은 단패다."라는 사실을. 즉 백1로 뒷박형을 일부러 만들면 아무리 공배가 많더라도 백7까지 단패가 된다.

2도(실격)

귀9궁-뒷박형 직전

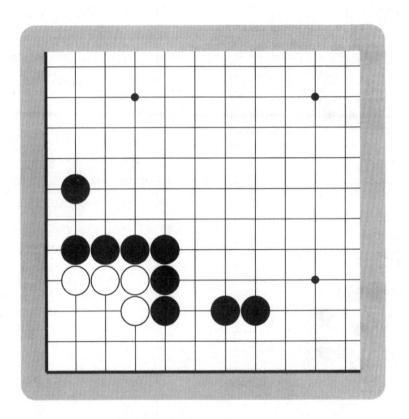

본형은 뒷박형이 만들어지기 직전의 모습이며 따라서 흑에게 선택권이 있다. 뒷박형을 주든 다른 수법을 강구하든. 귀9궁이란 이런 모든 여건을 모두 수용하는 말이다.

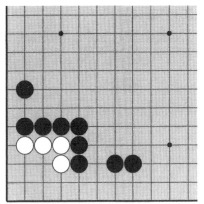

대표형 (흑선)

【대표형】

본형은 뒷박형이 만들어지기 전 귀9궁 내의 급소를 흑이 먼저 선 전할 수 있어, 그 수순에 따라 백 을 잡을 수 있다.

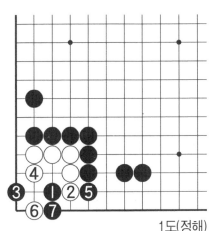

1도(정해)

1도(유가무가)

흑1·3이 이 모양에서 상용되는 중요한 수순이다. 백4에는 흑5가 긴요하다. 또 백6에는 흑7이 마지 막 결정타가 된다. 결국 유가무가 로 낙착된다.

2도(실격)

2도(패)

흑1로 붙이면 백2로 되붙인 후 흑3 이하 맹렬히 공격해도 백8까 지 패로 끈질기게 버틸 수 있다. 백에게는 이 외에도 패를 만드는 수단이 있다.

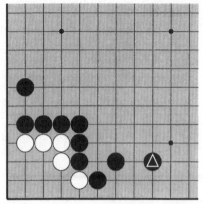

파생형 1 (흑선)

【파생형 1】

본형은 고전 묘수풀이에 오류가 있는 것으로, 이 백을 패 없이 잡으려면 흑▲쯤에 보강이 되지 않으면 안 된다.

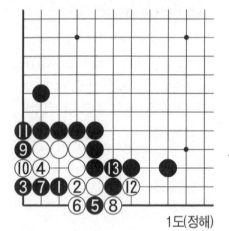

1도(정해)

1도(봉쇄 여부)

본도의 수순중 흑5가 없으면 안 된다. 따라서 백12까지 백이 머리를 내밀게 되므로 탈출을 방비하지 않으면 안 되는 것이다. 흑5가 어째서 중요한가 하면―

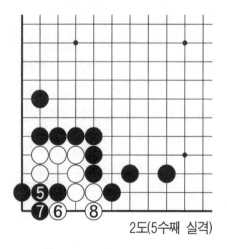

2도(5수째 실격)

2도(패)

본도처럼 단순히 흑5에 두면 백6으로 두는 수가 있어 백8까지 패가 되고 만다. 고전에서는 백6을 간과한 것같다.

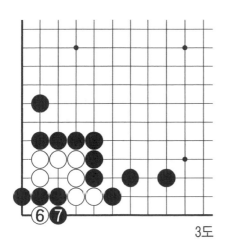

3도

3도(고전의 오류)

2도의 흑5 다음 고전에서는 백 6으로 두면 흑7로 유가무가가 된 다고 했던 것이다.

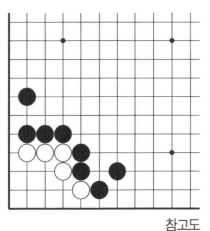

참고도

참고도(고전의 원제)

참고로 고전의 원제는 이렇게 되 어 있는 것이다. 또 이와 비슷한 예로ー

유제 (흑선)

[유제]

실전형이지만 본형과 같은 문제 에도 그러한 수순이 간과됐던 적 이 있다. 우선 이 문제를 풀어본 다음 해설을 보도록 하자. 고전에 서는 이 모양을 무조건 잡는 것으 로 판단했던 것인데, 그 수순을 보 면ー

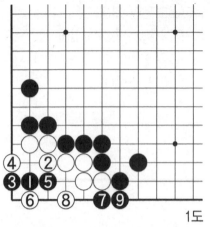

1도

1도(고전의 오류)

　본도와 같았다. 백6때 흑7로 두고 백8 때 흑9로 가만히 잇는 침착한 수순으로 죽는다고 되어 있으나 백에게는 끈질기게 버티는 수단이 있었던 것이다.

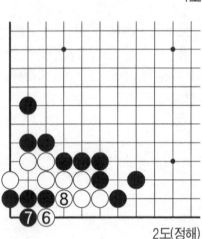

2도(정해)

　2도의 백6·8이 그것이다. 이것으로 패가 되며, 수순중 흑7로 3도의 흑7에 두면 백8의 호수가 있어 이 흑을 잡고 크게 살게 된다.
　참고로 1도 백6부터 흑9까지의 수순은 상용적인 것으로, 제18형 —파생형 5의 1도나 제18형—파생형 6의 1도에서 본 것과 같은 수순인데, 이 고정관념이 백의 저항을 눈치채지 못하게 했던 것이다.

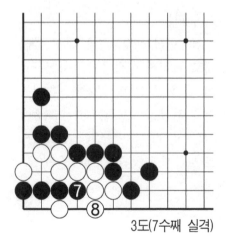

3도(7수째 실격)

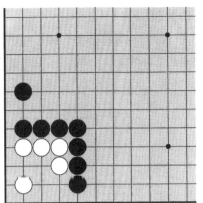

파생형 2(흑선)

【파생형 2】

본형은 자충을 이용해 그냥 잡을 수 있다. 제35형-파생형 3의 2도를 역순으로 생각하면 알기 쉽게 풀리는 수준이다.

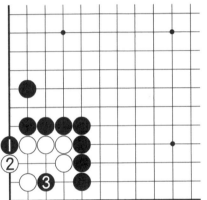

1도(정해)

1도(역순)

흑1·3의 수순이 제35형-파생형 3의 2도를 역순으로 생각한 것이다. 이것으로 백은 꼼짝없이 잡힌 모습이다.

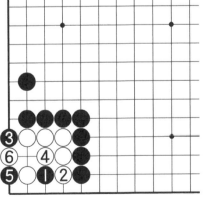

2도(실격)

2도(패)

흑1·3의 수순을 바꾸면 다시 제35형-파생형 3으로 환원되어 버린다. 역순이었기 때문이다. 수순 하나 차이로 패가 생기고 말았다.

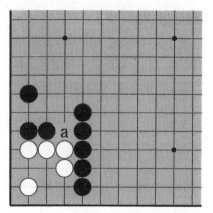

파생형 3 (흑선)

【파생형 3】

본형은 파생형 2에서 a가 비어 있는 모습이다. 이 때는 자충이 없으므로 그냥 잡는 수는 없다.

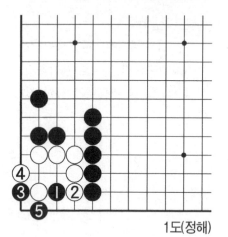

1도(정해)

1도(패)

본도의 수순은 이 모양에서 패를 만드는 상용 수법이다. 흑1 다음 흑3의 껴붙임이 절묘하며, 백4로 받을 수밖에 없을 때 흑5면 패다.

2도(실격)

2도(완생)

1도와 달리 흑1·3의 수순을 바꾸면 백4로 반발하는 수가 있다. 백6까지 완생이다. 이렇게 살 수 있는 것도 a의 공배가 있어 자충을 피해갈 수 있기 때문이다.

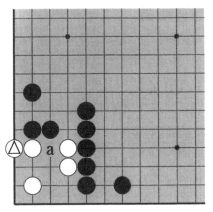

파생형 4 (흑선)

【파생형 4】

본형은 귀9궁의 파생형이면서 귀6궁의 파생형과 연결고리를 갖고 있다. 제13형－파생형 1이 그것이다. 본형이 귀9궁의 파생형인 이유는 a의 백돌이 △로 옮겨졌기 때문이다. 따라서 이를 구성하는 급소도 같다.

1도(패)

본도의 수순으로 패가 되는 것이 최선이다. 여기서 흑1·3·5의 위치를 보면 파생형 3의 1도와 일치하는 것을 알 수 있다.

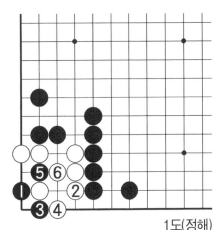

1도(정해)

2도(눌러잡는 형태)

흑1은 위치가 잘못되었다. 백4로 '눌러잡기'의 형태가 되어 알기 쉽게 살려 주고 말았다.

2도(실격)

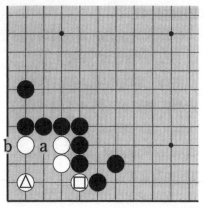

파생형 5 (흑선)

【파생형 5】

본형은 두 가지로 분석할 수 있다. 하나는 파생형 1에서 a에 있던 돌이 △로 이동한 것, 다른 하나는 파생형 4에서 b에 있던 돌이 ▢로 이동한 것.

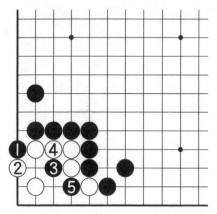

1도(정해)

1도(자충 유도)

흑1 이하의 수순으로 자충을 유도해 잡는 패턴은 결국 파생형 2의 1도와 다르지 않다.

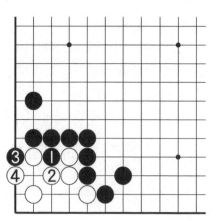

2도(실격)

2도(패)

흑1·3의 수순은 제13형─파생형 10의 1도와 다르지 않다. 여기서는 잡을 수 있는 모양에서 패가 났으니 실격이다.

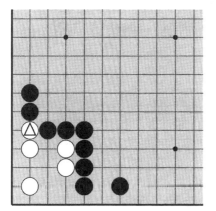

파생형 6 (흑선)

【파생형 6】

본형도 백△의 위치만 바뀐 것이다. 따라서 이 모양을 공략하는 방법도 2가지다.

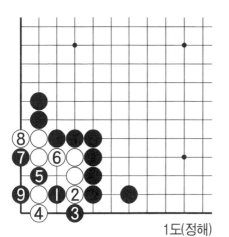

1도(정해)

1도의 수순은 귀9궁을 공략하는 패턴과 흡사한 것이며 2, 3도는 귀6궁을 공략하는 패턴과 흡사한 것이다. 다만 2, 3도는 늘어진 패가 되므로 준정해라고 할 수 있다.

2도(준정해)

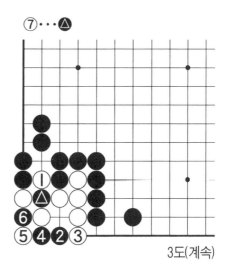

⑦…△

3도(계속)

귀9궁(뒷박 변형)-파생의 기점

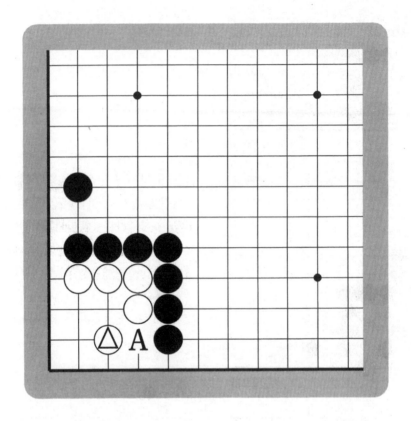

　　본형은 뒷박형에서 A에 있던 백돌이 △로 이동한
것이다. 물론 이 경우도 패가 되는데, 중요한 것은
이 모양을 기점으로 귀9궁의 새로운 파생형이 도출
된다는 것이다.

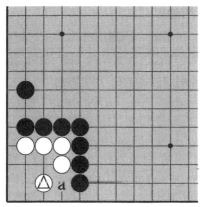

대표형 (흑선)

【대표형】

a의 돌이 ⓐ로 위치 이동했다는 것은 이 자체로는 큰 의미가 있는 것이 아니다. 중요한 것은 귀9궁이 파생형을 만들고 있다는 사실이다.

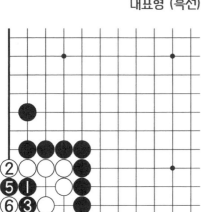

1도(정해)

1도(패)

이 모양은 백6까지의 수순으로 패가 되는 단 한 가지다. 그러나 수순중 백2로-

2도(백의 실격)

2도(일격)

본도 백2에 두는 것은 얼핏 급소처럼 보이지만, 흑3의 치중으로 일격을 가해 살지 못한다.

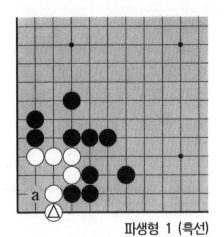

파생형 1 (흑선)

【파생형 1】

본형은 대표형에서 유도된 것이다. 백△는 a에 두어 사는 것이 정수였다. 어떻게 공략할까.

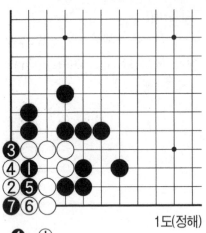

1도(정해)

④…①

1~3도(후치중)

1도부터 3도까지의 수순을 자세히 관찰하기 바란다. 이 수순은 실전적인 것으로 흑이 6점으로 키워죽이고 3도 흑1에 치중하는 수순은 거의 정석화된 것이다. 이 수법도 일종의 '후치중'이라는 '돌밑의 수'에 해당한다.

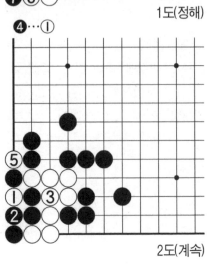

2도(계속)

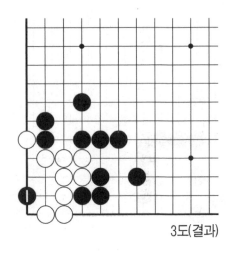

3도(결과)

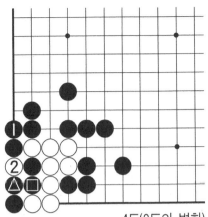

4도(2도의 변화)

4도(패)

흑이 2도 흑4로 겁을 먹고 본도 흑1에 물러서는 것은 백2로 따내고 나면 패가 되고 만다. 주의해야 할 수순이다. 이 모양은ㅡ

❸…▲ ④…◨

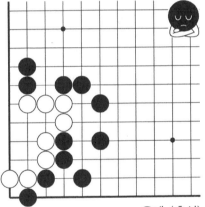

유제 (흑선)

[유제]

본도와 같은 실전형에서도 같은 수법이 적용된다. 이 모양은 파생형 1이 변으로 한 칸 이동한 것이다. 이 백을 잡는 수순은?

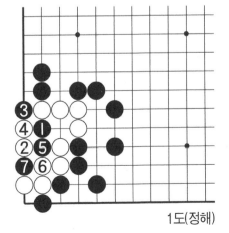

1도(정해)

1도(공략법)

따라서 본도와 같은 수순으로 공략해야 하는 것이다. 흑7 다음ㅡ

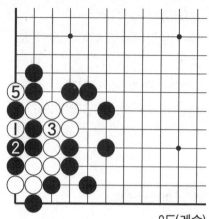

2도(계속)

2도(백 죽음)

1도에 이은 본도의 일련된 수순은 결국 파생형 1의 정해 과정과 일치하는 것이다. 주의해야 할 것은—

④…① ⑥…②

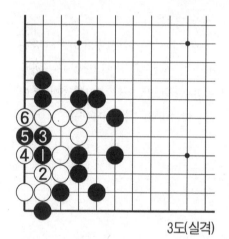

3도(실격)

3도(눌러잡기)

첫 수로서 흑1의 붙임이 가장 눈에 먼저 보인다는 것이다. 그러나 이 수로는 백6까지 '눌러잡기'가 성립하여 백은 완생이다. 마찬가지로—

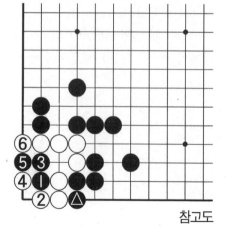

참고도

참고도(조심할 수순)

파생형 1에서 흑▲가 추가되면 흑1이 먼저 눈에 띄게 되므로 항상 조심해야 한다. 백6까지 눌러잡기에 의해 백 완생이기 때문이다.

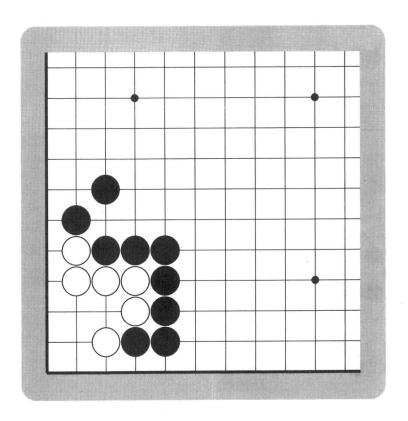

본형도 알고 보면 뒷박형, 즉 귀9궁의 파생형이다. 그 이유는 근본적인 급소의 위치가 변하지 않았고, 특히 이 모양의 일반형은 특정한 형태의 패로 결말이 나기 때문이다.

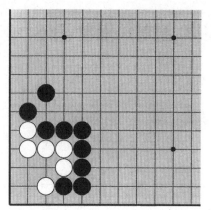

대표형 (흑선)

본형은 대표형이자 실전형이다. 외부에 공배가 없으면 귀9궁과 달리 패 없이 잡힌다. 그 이유는 귀 쪽에 백의 약점이 노출되었기 때문이다.

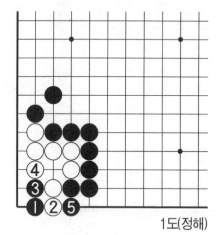

1도(정해)

1도(백 죽음)

흑1의 치중이 급소다. 그러나 이 치중은 외부에 공배가 하나 있는 경우까지만 성립한다. 2개가 되면 이 수법은 사용할 수 없다. 수순 중 흑1로―

2도(실격)

2도(패)

이 모양에서는 본도와 같이 흑1로 붙이면 무조건 패가 된다. 이 경우에는 실격이지만, 공배가 하나인 경우는 준정해, 공배가 2곳 이상인 경우는 정해로 둔갑한다.

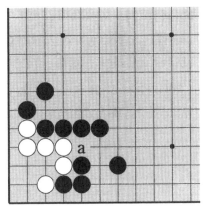

파생형 1 (흑선)

【파생형 1】

대표형에서 a에 공배가 하나 생겼다. 앞서 설명했듯이 여기까지는 치중이 성립한다.

1도의 패가 정답이다. 그 이유 흑이 패에 지더라도 흑5와 흑11로 막은 자체가 득이기 때문이다. 2도는 1도의 계속이다.

이 경우 3도는 같은 패이지만 1도에 비해 손해이므로 준정해가 된다.

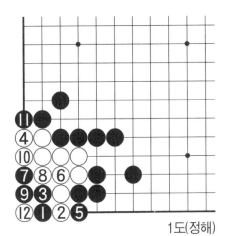

1도(정해)

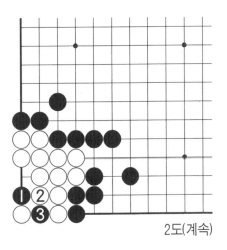

2도(계속)

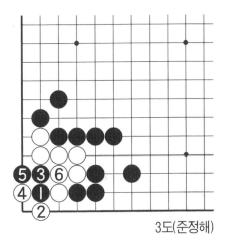

3도(준정해)

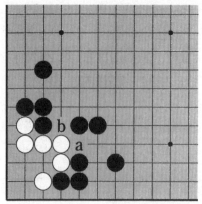

파생형 2 (흑선)

【파생형 2】

본형은 a, b로 공배가 2개다. 이 모양이 일반적인 것인데, 이 경우는 지금까지 천덕꾸러기 취급을 받았던 패가 정답이 된다.

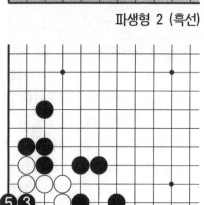

1도(정해)

1도(패)

본도의 수순은 대표형에서는 실격, 파생형 1에서는 준정해였지만, 이 일반형에서는 유일한 정해가 된다. 그 이유는—

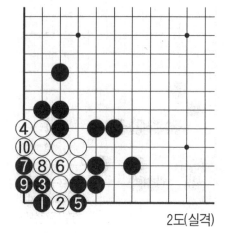

2도(실격)

2도(눌러잡기)

대표형에서 정해였던 본도의 수순이 공배의 지원에 의해 '눌러잡기'가 되기 때문이다. 백10 이후 백의 완성 과정을 직접 확인하기 바란다.

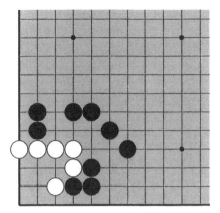

파생형 3 (흑선)

【파생형 3】

본형은 대표형의 급소를 이용하지 않고서는 잡을 수 없다.

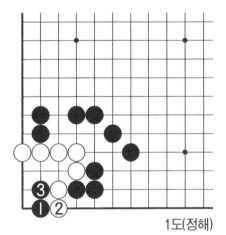

1도(정해)

1도(백 죽음)

흑1·3의 수순은 대표형의 수순과 일치한다. 흑3 이후 백은 죽음이 기다리고 있다.

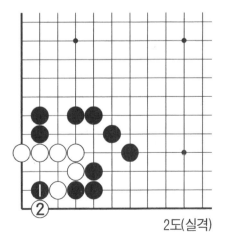

2도(실격)

2도(완생)

흑1의 수법은 이 경우 성립하지 않는다. 백2로 젖히는 순간 완생이기 때문이다.

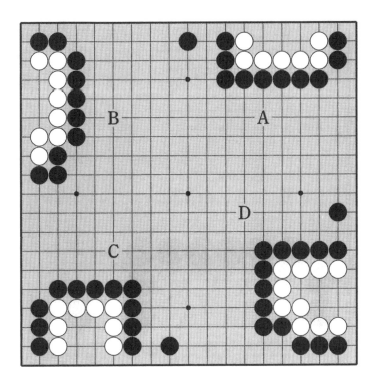

본형은 변6궁의 대표형이다. **그림 A**는 누워진 기본형이고, **그림 B**는 변7궁으로 발전한 모습이다. 또 **그림 C**는 변6궁의 세워진 대표형이고, **그림 D**는 변7궁으로 발전한 모습이다. 변6궁에 대해서는 이미 제15형에서 다루었던 것이지만 제15형은 사실상 **그림 A**의 변형이라 할 수 있다. 그럼에도 불구하고 변형을 먼저 다루고 기본형을 나중에 다루게 된 데에는 그만한 이유가 있다. 각 형을 패턴별로 분류하여 연관성 있게 스토리 방식으로 구성하고자 했기 때문이다.

변6궁-급소 세 곳

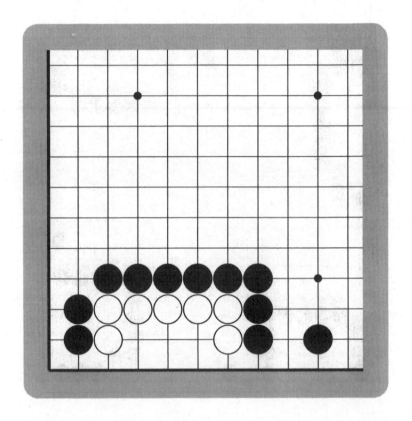

본형은 변6궁의 기본형이자 대표형이다. 귀6궁을 구성하는 급소가 3곳이었던 것과 같이 변6궁도 3곳이다. 따라서 공격하는 쪽에서는 3곳을 노리는 수순에 만전을 기해야 하고 방어하는 쪽에서는 그 수순을 방해해야 할 것이다.

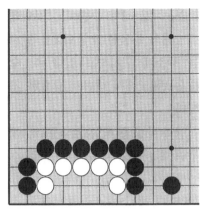

대표형 (백선)

【대표형】

본형은 빅으로 유도하는 것이 최선이다. 빅을 피하려 하면 죽음의 궁도가 된다.

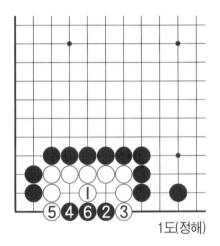

1도(정해)

1도(빅)

본도의 백1이 빅을 만드는 유일한 수단이다. 흑2 이하로 만들어진 이 모양은 가장 기초적인 빅의 형태다.

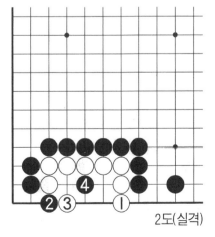

2도(실격)

2도(죽음의 궁도)

백1로 궁도를 넓히려는 것은 죽음의 궁도가 된다. 흑2·4의 수순은 정석화된 것이지만, 흑에게는 다른 방법으로 잡는 수도 있다.

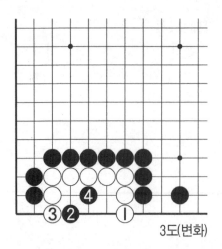

3도(변화)

3도 흑2·4의 수순이 그것인데 이 2개의 흑돌은 오궁도화를 만드는 급소에 위치하고 있다. 이 수순은 변6궁에서 대단히 중요한 것이다.

만약 수순중 백3으로 4도 백3에 두면 흑4·6의 수순으로 잡을 수 있다.

5도 흑2는 백3이 주효하여 흑이 4로 패를 피하면 흑6까지 1도가 뒤집어진 것과 같은 빅이 된다.

또 5도 흑4로 6도 흑4에 두면 백5로 패가 된다.

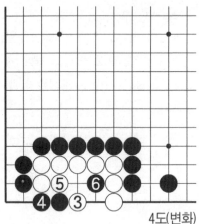

4도(변화)

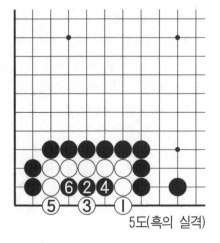

5도(흑의 실격)

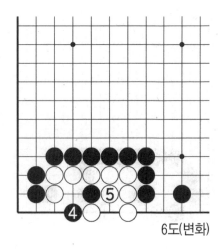

6도(변화)

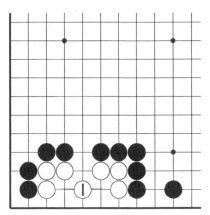

참고도 1

참고도 1(같은 맥락)

본도와 같은 모양에서 백1로 사는 것도 같은 맥락이며─

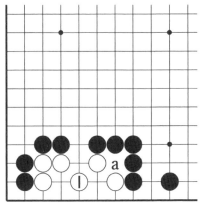

참고도 2

참고도 2(같은 맥락)

본도와 같은 모양에서 백1로 사는 것도 대표형과 같은 맥락이다. 본도는 a가 비어 있지만 이렇게 한 곳만 비어 있으면 빅으로 만들 수 있다. 물론 양쪽이 다 비어 있으면 죽는다.

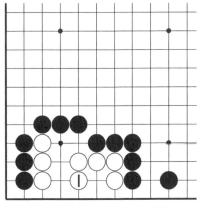

참고도 3

참고도 3(같은 맥락)

또한 참고도 3과 같은 모양에서 백1로 두는 것도 역시 같은 맥락의 수법이다.

변7궁-두 가지 방법

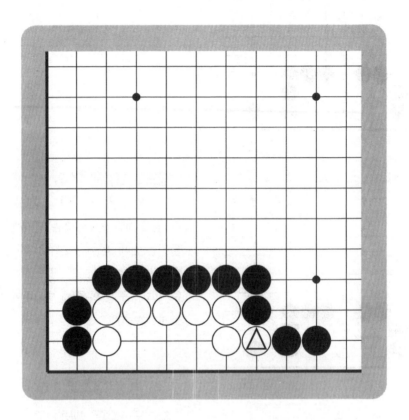

본형은 기본형에서 백△로 한칸이 넓어진 모습인데, 말하자면 변7궁이라 할 수 있다. 이 모양을 잡는 수법은 2가지다.

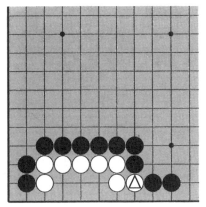

대표형 (흑선)

【대표형】

　백△로 한 칸 넓어진 만큼 흑은 제39형의 수순으로 변화하지 못하게 해야 한다. 오궁도화를 구성하는 급소가 3곳이라는 사실을 잊지 말아야 할 것이다.

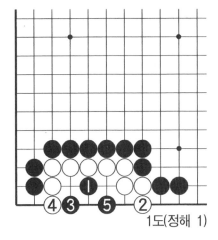

1도(정해 1)

1도(오궁도화)

　이 수순이 가장 잘 알려진 것이지만 흑1은 본형에서만 성립한다. 이 결과는 오궁도화인데, 흑1·3·5의 위치를 반드시 기억해 두기 바란다.

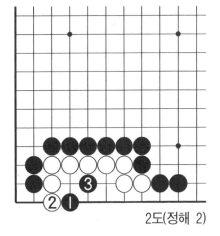

2도(정해 2)

2도(확실)

　흑1·3의 수순으로도 잡을 수 있다. 1도보다는 본도의 수법이 더 확실하다. 흑1의 치중은 변7궁에서 거의 100% 성립된다.

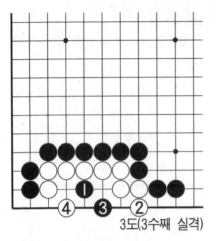

3도(3수째 실격)

3도(빅)

백2때 흑3은 수순이 틀린 것이다. 백4가 두어지면 빅이다.

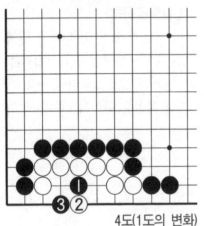

4도(1도의 변화)

4도(단수의 방향)

흑1때 백2에는 반드시 흑3으로 단수를 쳐야 한다. 방향이 틀리거나 달리 두는 것은 실패한다. 역시 백은 죽음뿐이다.

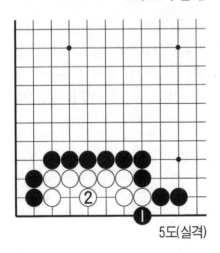

5도(실격)

5도(1선 젖힘)

흑1의 1선 젖힘은 제39형—대표형의 1도로 만들어 주어 실격이다. 계속해서 두면 빅으로 사는 것이다.

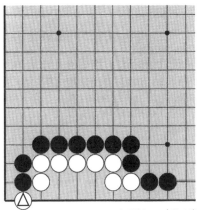

파생형 1 (흑선)

【파생형 1】

백△의 젖힘은 중요한 변수를 갖게 한다. 본형에서 대표형 1도의 정해보다 2도의 정해가 보편적이라는 것을 실감할 수 있을 것이다.

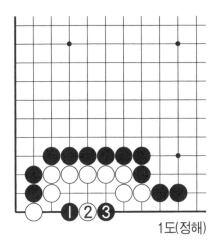

1도(정해)

1도 흑1의 치중이 아니면 잡을 수 없다. 백2의 저항에는 흑3이 긴요하다.

2도의 수순은 이 경우 성립하지 않는다. 백△ 때문에 백6까지 촉촉수가 되는 것이다.

참고도와 같은 모양에서도 흑1 이어야 한다. a가 자충 역할을 하여 불리한 여건이 전제되어 있기 때문이다.

2도(실격)

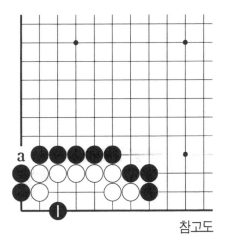

참고도

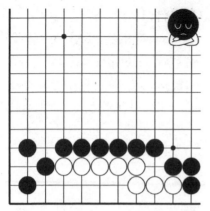

유제 1 (흑선)

[유제 1]

이 모양은 묘수풀이에 해당한다. 그러나 속성은 파생형 1과 동일한 것이다. 따라서 대표형 1도로는 해결되지 않는다.

1도 흑1이 얼른 눈에 들어오지 않을 것이다. 흑3은 파생형 1의 1도와 같은 치중이다.

2도의 흑1은 백2로 간단히 살게 되고, 3도는 파생형 1의 2도와 같이 촉촉수로 살게 된다.

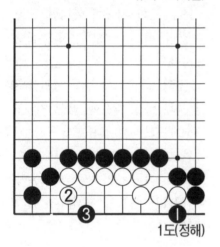

1도(정해)

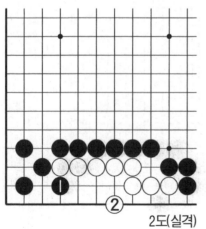

2도(실격)

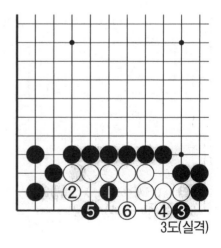

3도(실격)

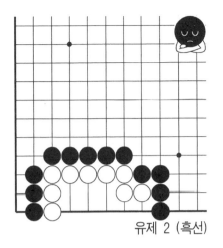

유제 2 (흑선)

[유제 2]

본형은 빅으로 살아 있다. 그러나 빅으로 사는 수법을 모르면 백으로서는 낭패다.

풀이(빅)

흑1때 백2로 두는 것이 중요하다. 흑3에는 백4로 빅이다.

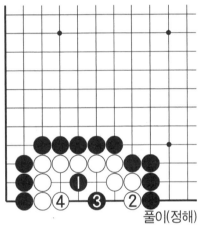

풀이(정해)

[유제 3]

백△쪽이 막혀 있어도 원리는 마찬가지다. 빅을 만드는 수순은?

풀이(빅)

흑1의 치중에는 백2로 막는 것이 빅을 만들 수 있는 유일한 수다.

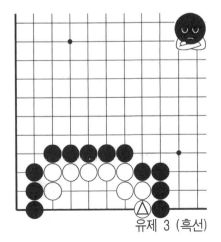

유제 3 (흑선)

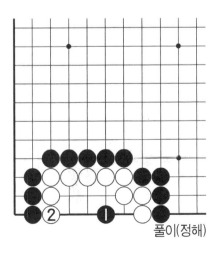

풀이(정해)

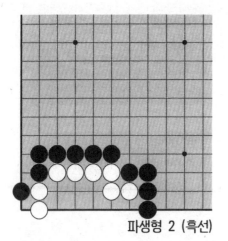

파생형 2 (흑선)

【파생형 2】

　본형은 제40형과 제15형의 혼합형이라고 할 수 있다. 제15형은 본래 결함이 있는 모양이므로 혼합형 역시 결함이 있게 마련이다.

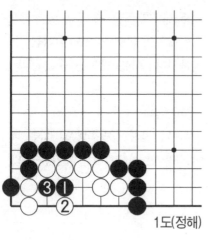

1도(정해)

　흑은 1도 흑1·3으로 자충을 유도해 잡을 수 있다. 이러한 수순은 참고도 1이나 참고도 2와 같은 모양에서도 똑같이 적용된다. 다만 참고도 2에서 백돌이 a나 b에 하나라도 추가되면 이 수순은 성립하지 않는다.

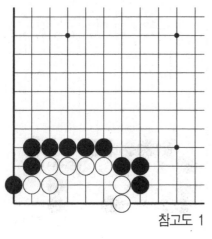

참고도 1

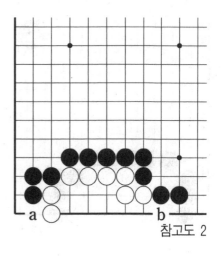

참고도 2

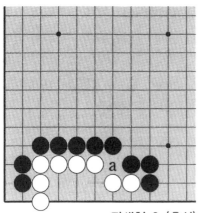

파생형 3 (흑선)

【파생형 3】

a가 비어 있다면 어떻게 될까. 이 경우는 백도 패로 버티는 수 밖에 없다. a는 어디까지나 결함이기 때문이다.

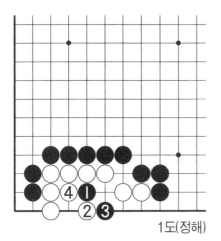

1도(정해)

1도(패)

백4까지의 수순으로 패가 되는 것이 쌍방 최선이다. 만약 백2로―

2도(약점 노출)

본도 백2에 둔다면 흑3을 거쳐 흑5때 a의 약점이 노출되어 빅으로 만드는 수순을 얻을 수 없게 되는 것이다. 따라서 오궁도화의 죽음이 기다리게 된다.

2도(백의 실격)

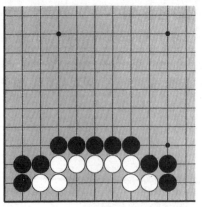

파생형 4 (사는 모양)

【파생형 4】

본형은 양쪽 모두 한 칸씩 넓어진 모습이다 이 모양은 변7궁의 완전형으로 볼 수 있으며 따라서 살아 있는 모양이다.

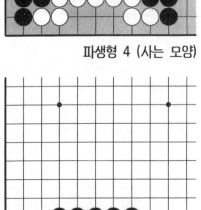

1도

1도(정법)

흑1의 치중에는 백2로 두어 사는 것이 정법이다.

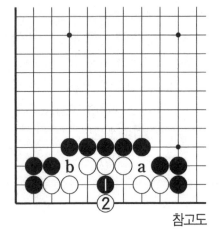

참고도

참고도(사는 모양)

본도처럼 a, b가 모두 비어 있어도 마찬가지 수순으로 살아 있는 모양이다.

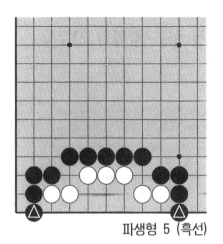

파생형 5 (흑선)

【파생형 5】

파생형 4의 참고도에서 흑▲들이 추가되었다면 어떻게 될까. 이때는 백에게 죽음이 있다.

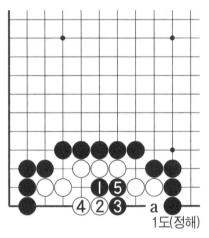

1도(정해)

1도(백 죽음)

본도는 파생형 4의 참고도와 같은 백의 수순이 성립하지 않는다는 것을 보여 주고 있다. 흑5 이후 a로 연결하는 후속수단이 남은 것이 백으로선 치명적이다.

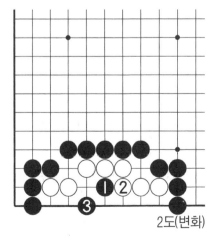

2도(변화)

2도(무위)

백2의 저항도 흑3으로 무위에 그치고 만다. 백은 더 이상 사는 길을 만들 수 없다.

변6궁(세워진 형)－젖힘과 꼬부림

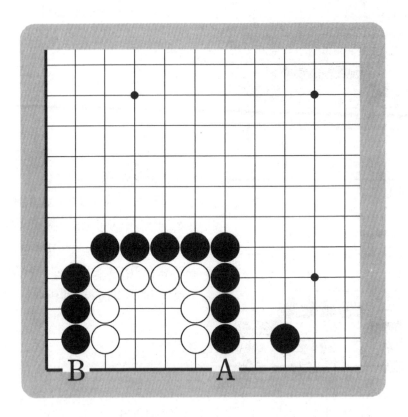

본형은 일명 '변의 2흡 뒷박형'이라는 것으로 유명
한 기초형이다. 그러나 알고 보면 이 모양은 변6궁
이 길게 세워진 형태와 같은 것이며 따라서 빅 모양
으로 유도하는 수순이 필수적이다. 그러기 위해서는
전제 조건이 있는데 그것은 백이 A나 B중 어느 한
쪽이 젖혀져 있어야 한다는 것이다. 이 모양 자체로
는 살 수 없다.

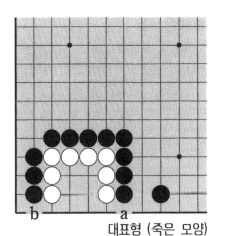

대표형 (죽은 모양)

【대표형】

본형은 이 자체로 죽어 있다. 부활하기 위해서는 반드시 a나 b쪽 어느 한 곳이 젖혀져 있어야만 한다.

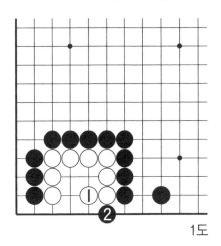

1도

1도(죽는 모양)

잡는 입장에서는 '꼬부린 쪽을 젖힌다'라고 알고 있으면 되고, 반대로 사는 입장에서는 '젖힌 쪽을 꼬부린다'라고 알고 있으면 된다.

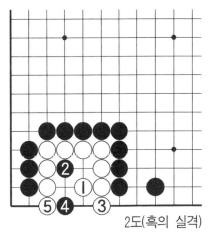

2도(흑의 실격)

2도(빅)

백1때 흑2로 치중하는 것은 백3·5로 빅이 된다. 이 빅 모양 역시 변6궁을 세워 놓은 모양이다.

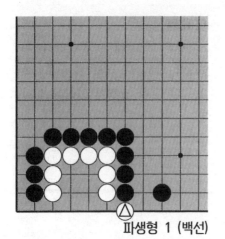
파생형 1 (백선)

【파생형 1】

백△가 젖혀져 있다. 사는 입장에서는 항상 '젖힌 쪽을 꼬부린다'는 원칙을 따라야 한다.

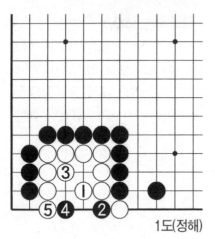
1도(정해)

1도(꼬부림의 방향)

따라서 본도 백1쪽을 꼬부리는 것이 정답이다. 흑2에는 백3으로 웅크려 백5까지 자충을 이용하여 산다.

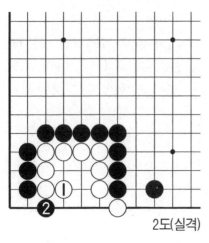
2도(실격)

2도(원칙 무시)

본도 백1은 원칙을 무시했기 때문에 흑2로 잡힌 모양이다.

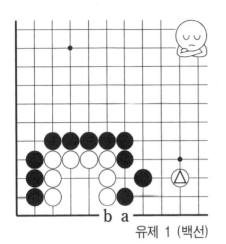

유제 1 (백선)

[유제 1]

이 모양의 묘수풀이에는 항상 이와 같이 백△가 이웃에 있다. 그러나 이러한 모양은 백이 a나 b를 선수로 둘 수 있는 맥을 찾는 것이므로 이 모양의 원칙을 모른다면 까막눈일 뿐이다.

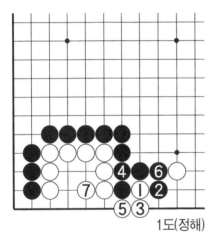

1도(정해)

1도(상용 수법)

백1 이하의 맥은 거의 정석화된 상용 수법이다. 백5까지 젖힘의 모양을 만들고 백7로 꼬부리는 것이 마무리다. 수순중 흑4로—

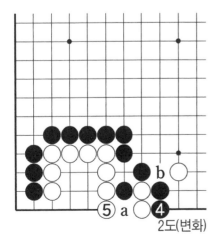

2도(변화)

2도(내려섬)

본도 흑4에 두면 이 때는 백5로 내려선다. 이 수는 a로 이어 b를 노리는 것이므로 백은 이것으로 살아 있다.

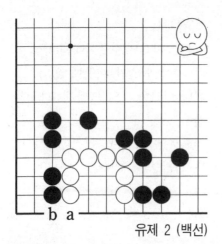

유제 2 (백선)

[유제 2]

이 모양은 난이도가 가장 높은 것이지만 귀끝의 특성만 알고 있으면 식은 죽 먹기라고 할 수 있는 정도다. 백으로서는 어쨌든 a나 b를 선수로 둘 수 있으면 되는데 결론은 패다. 참고로 이 모양은 정해가 3가지다.

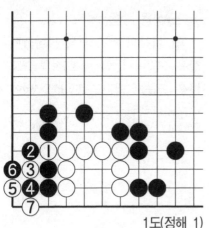

1도(정해 1)

1도(패)

이 수순이 가장 솔직하다. 백7 때 흑은 패를 할 것인지 살려 줄 것인지 결정해야 한다. 참고로 수순중 백5로는―

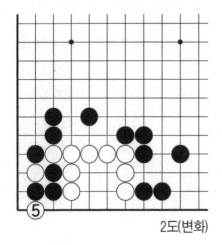

2도(변화)

2도(절묘한 붙임)

본도 백5에 두어도 된다. 이 수 역시 같은 맥락이다. 과연 절묘한 붙임이지 않은가. 따라서―

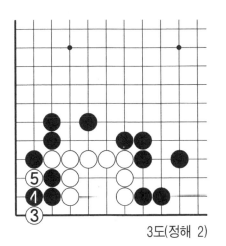

3도(정해 2)

3도(역수순)

1도의 백1과 흑2를 교환한 다음 본도 백3·5로 두는 역수순도 성립할 수밖에 없다. 이 수순이 가능한 이유는―

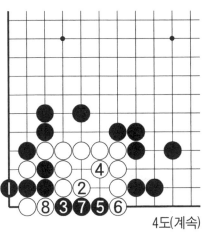

4도(계속)

4도(촉촉수)

흑1로 패를 피할 때 백2 이하 백8까지 촉촉수가 성립하기 때문이다. 촉촉수는 자충과 같은 것이다.

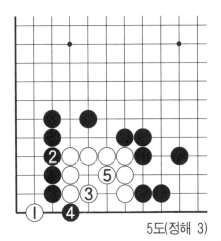

5도(정해 3)

5도(같은 이치)

지금까지의 변화를 본다면 단순히 백1에 두는 것도 성립할 수밖에 없다. 이후의 진행을 생각할 때 이치는 같은 것이다. 지금처럼 흑2로 약점을 없앤다면 백3·5로 사는 모양이 만들어진다. 여기서도 흑은 역시 패모양으로 몰고 갈 수 있는데, 앞서 배운 수법을 확인하기 바란다.

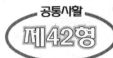
변7궁(세워진 형)—오직 한 길

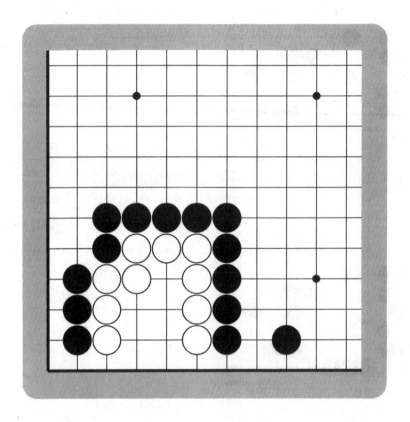

　본형은 '세워진 변6궁'의 가장 넓은 궁도로 '세워진 변7궁'이라고 해야 옳을 것이다. '세워진 변8궁'은 잡을 수 없기 때문이다. 이 모양을 잡는 수순은 단 한 가지이며 그 수순이 바뀌면 결코 성공하지 못한다.

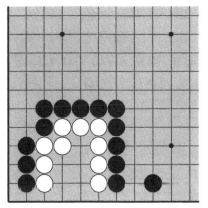

대표형 (흑선)

【대표형】

본형을 잡는 요령은 궁도를 좁혀 오궁도화 모양으로 유도하는 것이지만 유도하는 수순은 한 가지다. 이 수순이 틀리면 어떻게 해도 잡을 수 없다.

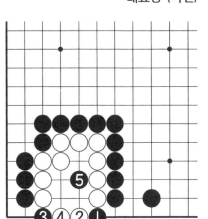

1도(정해)

1도(자동차모양)

본도 흑1·3의 수순이 정답이다. 백4까지 자동차모양 5궁도를 만든 다음 흑5로 치중하면 백은 꼼짝없이 잡힌다. 수순중 백4로―

2도(수순 정확)

본도처럼 백4로 저항해도 흑5로 그만이다. 수순이 정확했기 때문이다. 만약 수순을 바꾸어―

2도(변화)

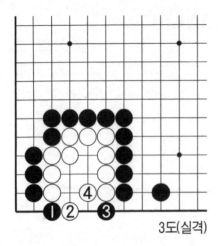

3도(실격)

3도(지그재그 4궁)

본도 흑1쪽을 먼저 젖히는 것은 흑3때 백4로 꼬부려 지그재그 4궁으로 사는 수가 있다.

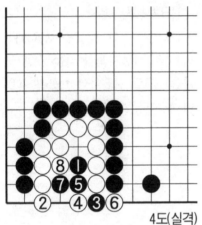

4도(실격)

4도(빅)

흑1로 먼저 치중하는 것도 백2 이하 백8까지의 수순으로 빅이 되어 실격이다.

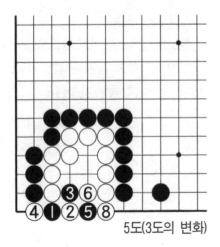

5도(3도의 변화)

5도(촉촉수)

흑1·3과 같은 수순은 억지에 가까운 것으로, 백8까지 촉촉수가 되어 잡을 수 없다.

❼…❶

귀10궁과 변8궁

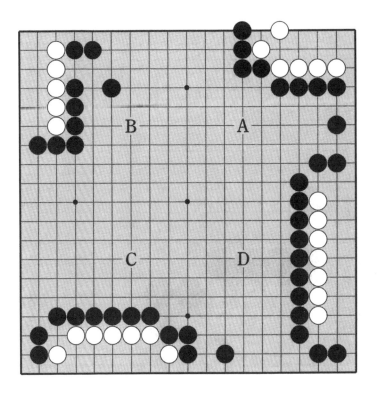

그림 A, B, C, D를 마지막으로 귀8궁과 변6궁을 마무리하기로 하겠다. 귀10궁이란 모양이 그렇다는 것일 뿐 사실은 귀8궁의 가장 넓은 형태를 말한다. 귀10궁은 **그림 A와 B**다. 변8궁이란 변6궁의 가장 넓은 형태를 말하며, 그림 **C, D**와 같은 것이 있다.

귀10궁 – 돌 밑의 수

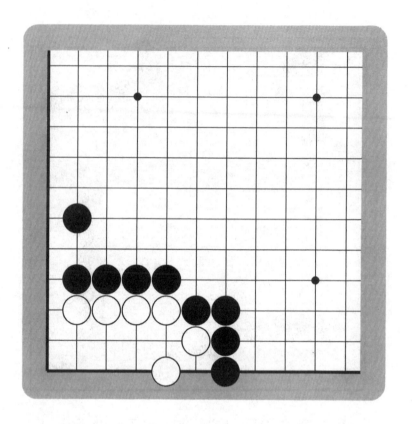

본형은 귀8궁 중 가장 넓은 모양이지만, 흑의 정확한 수순으로 패가 된다. 그리고 그 변화 속에는 '돌 밑의 수'도 포함되어 있다.

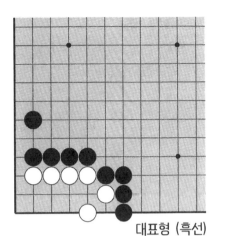

대표형 (흑선)

【대표형】

일반 아마추어라면 실전에서 이
와 같은 모양이 생겼을 때 살아
있으려니 하고 생각했을 만하다.
그러나 이 모양은 제28형−대표형
의 수순을 이용하여 패로 만들 수
있는 것이다.

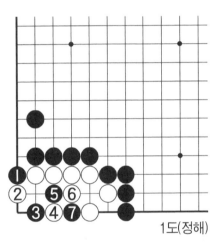

1도(정해)

1도(패)

본도의 수순이 그것으로 흑1・3
은 마치 제28형−대표형의 1도의
수순과 같다. 흑7까지 패가 되는
것이 최선인데, 여기서 만약 백이
−

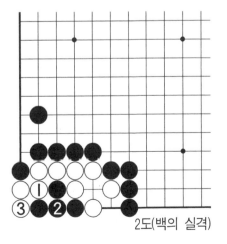

2도(백의 실격)

2도(돌 밑의 수)

패를 피하여 살고자 본도 백1에
단수를 치면 그 유명한 '돌 밑의
수'가 기다리고 있는 것이다. 백3
때 흑4로 흑2의 곳에 치중하는 순
간 그것으로 끝이 난다.

④…❷

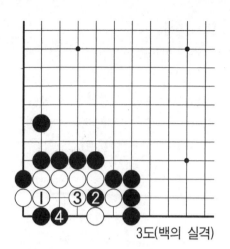

3도(백의 실격)

3도(백 죽음)

백1로 두는 것은 흑2·4의 수순
이 기다리고 있고—

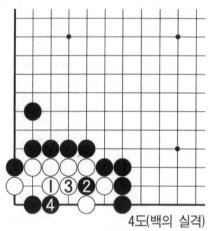

4도(백의 실격)

4도(정교)

본도 백1에는 역시 흑2·4의 수
순이 정교하다.

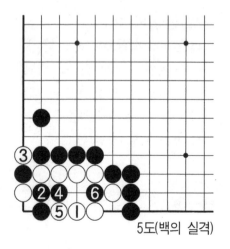

5도(백의 실격)

5도(먹여치는 수순)

본도 백1이라면 흑2·4로 두고
백5때 흑6으로 먹여치는 수순이 정
확하다. 만약 백5로—

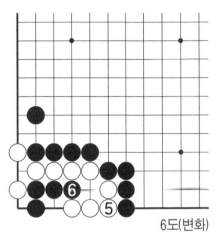

6도(변화)

6도(오궁도화)

본도 백5로 두면 흑6으로 그만이다. 이제 이 모양은 오궁도화, 죽음의 궁도라는 것은 숙지했을 것이다.

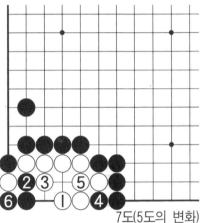

7도(5도의 변화)

7도(자충)

또 5도 백3으로 본도의 백3으로 두어도 흑4·6이면 자충이 되어 백은 더 이상 수가 없다. 수순 중 흑도 만약 흑2로—

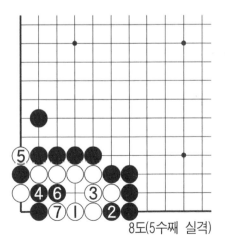

8도(5수째 실격)

8도(빅)

본도 흑2로 먼저 단수하는 것은 수순이 틀린 것이다. 백7까지 빅이 되기 때문이다.

귀10궁-날일자 후에…

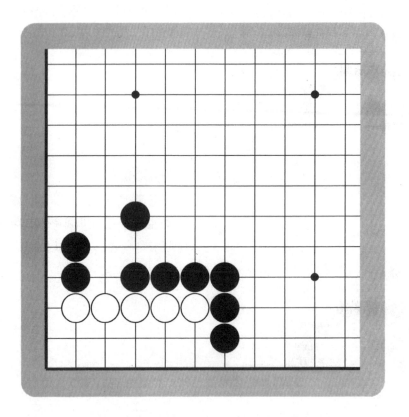

　　본형은 제18형-파생형 7의 유제에서 설명한 바 있다. 형태상으로 귀10궁이라고는 했지만 제43형과 마찬가지로 귀8궁의 가장 넓은 모양이라고 생각하면 된다.

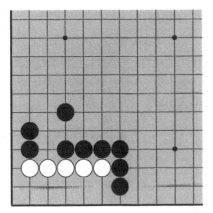

대표형 (흑선)

【대표형】

본형은 제18형－파생형 7의 유제에서 본 것이지만, 결국 잡는 요령은 제18형－파생형 7과 같은 것이다.

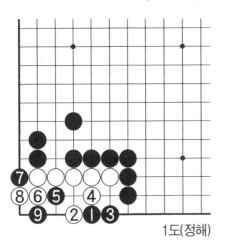

1도(정해)

1도(잡는 수순)

본도의 수순으로만 정확하게 잡을 수 있다. 흑5·7·9의 수순은 반드시 익혀 놓는 것이 좋다. 만약 수순중 흑5로－

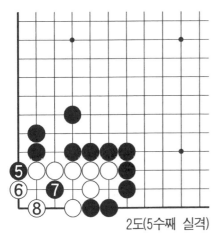

2도(5수째 실격)

2도(백 완생)

본도와 같이 흑5로 먼저 젖힌 다음 흑7로 치중하면 백8로 간단히 살고 만다.

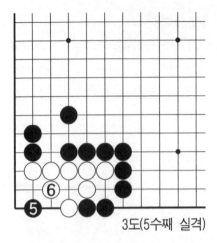

3도(5수째 실격)

3도(패)

또 흑5로 치중하면 백6의 수비에 의해 패가 되어 실격이다. 흑5만이 정해가 되는 때는 파생형 1에서이다.

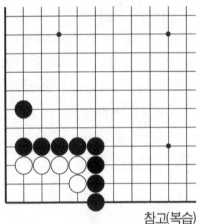

참고(복습)

[참고]

이 모양이 제18형－파생형 7이었다. 복습하는 차원에서 다시 보기 바란다.

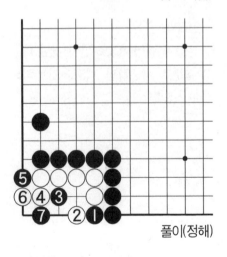

풀이(정해)

풀이(수순 일치)

본도 흑3·5·7의 수순은 1도 흑5·7·9의 수순과 일치하는 것이다.

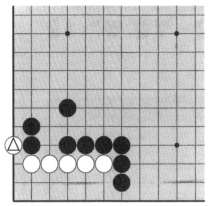

파생형 1 (흑선)

【파생형 1】

백△가 있으면 패가 된다. 이 모양은 제18형－파생형 8과 같은 것이다.

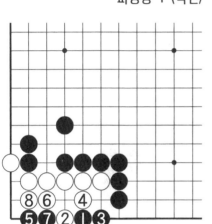

1도(정해)

1도(패)

흑1로 날일자 후에 백8까지의 수순으로 패가 되는 것이 흑으로서도 최선이다. 만약 흑5로 대표형의 1도의 수순처럼－

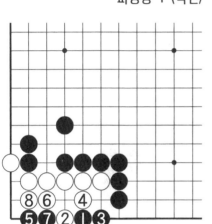

2도(5수째 실격)

2도(웅크리는 수)

본도 흑5·7로 두면 백8로 웅크리는 수가 있어 실패한다. 백△의 역할 때문에 백 완생이다.

변8궁-결함 있는 8궁

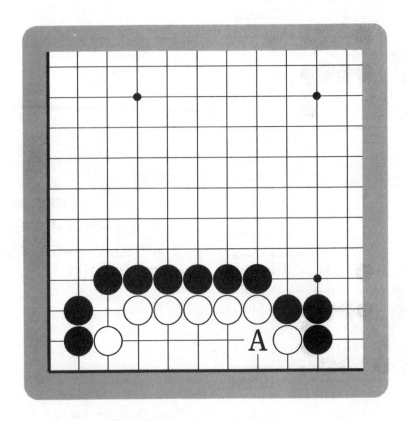

순수한 변8궁을 잡는 수는 없다. 무언가 결함이 있어 변6궁으로 유도해 잡는 것 뿐이다. 그렇게 할 수 없다면, 그 변8궁은 살아 있는 것이다. 따라서 본형도 A의 결함을 이용하는 것인데 문제는 수순이다.

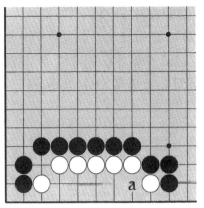

대표형 (흑선)

【대표형】

흑은 a의 약점을 언제 추궁할 것인가 하는 수순상의 고민이 있다.

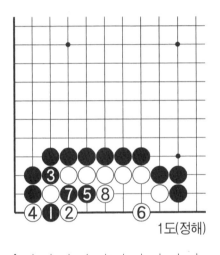

1도(정해)

1도(패)

흑은 본도의 수순으로 그 타이밍을 잡아야 하는데, 흑5때 백은 더 이상 삶의 타개를 할 수 없게 된다. 백8까지 패가 정해다.

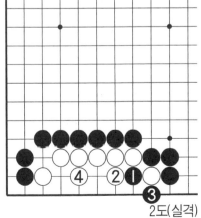

2도(실격)

2도(빅삶)

흑1로 무작정 백 한점을 잡고 보면 백은 선수를 잡아 백4까지 변 6궁의 기본형으로 살게 된다. 최소한 빅삶이 보장되는 것이다.

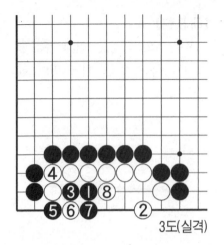

3도(일견 급소)

흑1은 일견 급소로 보이지만 백
2 이후 백8까지 백에게 두 눈을
허락할 수밖에 없어 실격이다.

3도(실격)

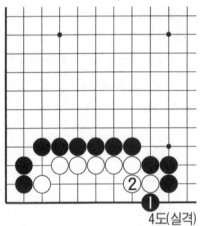

4도(완생형)

흑1의 1선 단수라면 백2로 가만
히 잇는다. 잇고 난 모양은 순수
한 변8궁으로 완생형이다.

4도(실격)

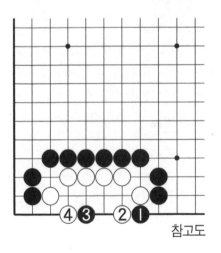

참고도(사는 모양)

본도와 같은 변8궁까지는 잡는
수가 없다. 만일 흑1·3으로 잡으
러 가면 백2·4로 방어하여 아무
일도 생기지 않는다. 이 외 어떤
수도 마찬가지로 성립하지 않는다.

참고도

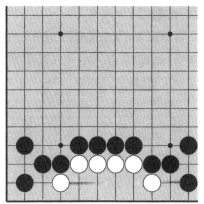

파생형 1 (흑선)

【파생형 1】

본형은 변8궁의 모양을 하고 있지만 자체로 약간의 결함이 있다는 것을 알 수 있다. 어디부터 공략하는 것이 좋을까.

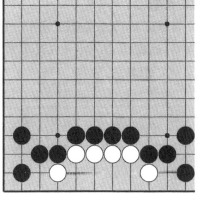

1도(정해)

1도(궁도를 줄이는 붙임)

본도 흑1부터의 공략이 수순이다. 흑1·3·5의 수순은 기억해 둘 만하다. 여기서 흑1의 1선 붙임은 궁도를 줄이는 의미가 있는 것이다. 흑5 다음 어떻게 해도 백은 죽음을 피할 수 없다. 또 수순중 백2로―

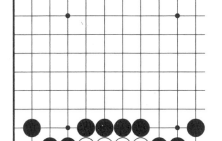

2도(변화)

2도(붙임 두 방)

본도와 같이 백2·4로 응수하면 흑5를 거쳐, 이번에는 오른쪽을 흑7로 붙여 궁도를 줄인다. 궁도를 줄이는 붙임 두 방으로 백은 꼼짝없이 잡힌다.

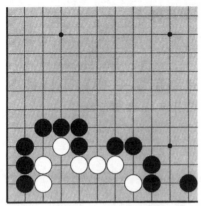

파생형 2 (흑선)

【파생형 2】

본형도 변8궁으로서는 난이도가 높다. 따라서 수순이 정교해야 잡을 수 있다.

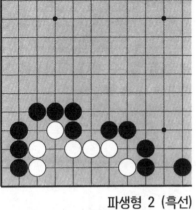

1도(정해)

1도(양1선 젖힘)

본도 흑1·3·5의 수순이 아니면 그냥 잡는 수는 없다. 1선 양쪽을 젖혀 궁도를 좁힌 후 치중하는 수순이 포인트다.

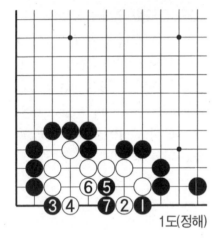

2도(실격)

2도(패)

본도 흑1부터 치중하는 것은 백2로 내려서는 수가 있어 이하 백8까지 패로 저항한다.

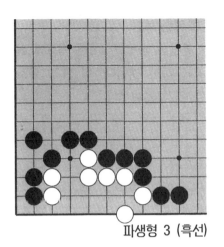

파생형 3 (흑선)

【파생형 3】

변8궁은 '궁도를 줄인 후 치중'
이 대부분이라는 것을 알고 있으
면 된다. 이 모양은 의외로 수순
이 간단하다.

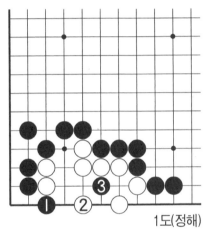

1도(정해)

1도(선젖힘 후치중)

본도의 흑1·3이면 그만이다. 역
시 젖힌 후 치중하여 잡는 형태이
다.

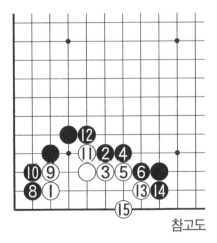

참고도

참고도(실전 진행)

참고로 파생형 3은 본도와 같은
실전 진행에서 나타나는 것으로,
흑6때 백이 손을 뺏기 때문에 생
긴 것이다.

⑦…손뺌

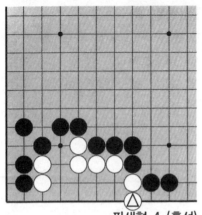

파생형 4 (흑선)

【파생형 4】

본형은 파생형 3에서 백△의 위치가 바뀐 것이다. 이 때는 급소의 위치도 바뀐다.

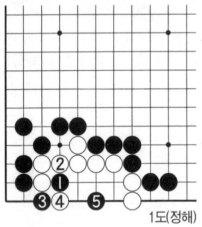

1도(정해)

1도(백 죽음)

흑5의 급소는 눈에 보이는 것이지만 흑1·3의 수순을 거치지 않으면 안 된다.

2도(실격)

2도(패)

이 모양에서는 파생형 3처럼 흑1에 먼저 젖혀서는 잡을 수 없다. 백이 2로 일단 늦춘 다음 4·6의 패로 버틸 수 있기 때문이다.

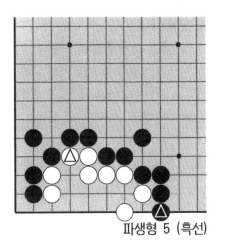

파생형 5 (흑선)

【파생형 5】

본형은 파생형 3에서 흑⬤와 백
⬭가 서로 추가된 것이다. 백을 공
략하는 방법은?

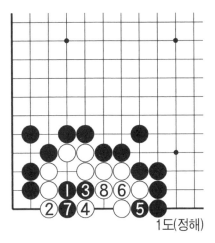

1도(정해)

1도(패)

이 모양에서는 흑1로 붙인 후 백
8까지의 수순으로 패가 되는 것이
쌍방 최선이다. 수순중 흑3으로는
一

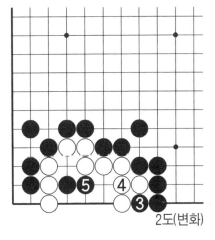

2도(변화)

2도(마찬가지)

본도 흑3과 흑5처럼 수순을 바
꾸어도 결과는 같다.

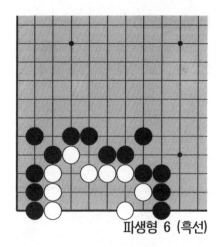

파생형 6 (흑선)

【파생형 6】

본형은 파생형 3이 변형된 것이다. 이런 장면에서 제12형－파생형 1의 1도와 같은 요령이 필요하다면 어떨까. 그러나 사실이다.

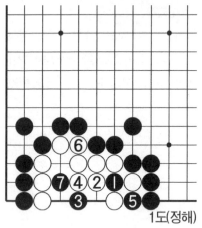

1도(정해)

1도(백 죽음)

본도 흑1·3이 그것이다. 흑7까지, 이 수순만이 백을 죽음으로 몰아갈 수 있다. 이 수순을 바꾸어—

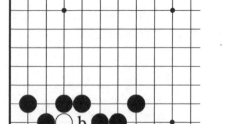

2도(실격)

2도(선치중)

흑1에 먼저 치중하면 백6까지 a와 b를 맞보아 살게 되는데, 이 진행은 제12형－파생형 1의 3도와 같은 것이다. 지금 확인해도 좋다.

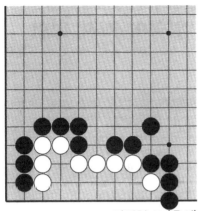

파생형 7 (흑선)

모양으로는 가장 궁도가 넓어 난이도가 높아 보이지만 첫 수는 단한 수뿐이다.

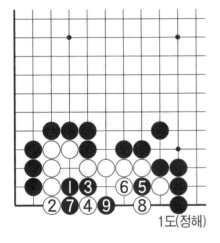

1도(정해)

1도(배붙임)

흑1의 배붙임은 절대다. 이후 백4의 급소로 저항해 올 때 흑5·7의 수순이 긴요하다. 이것으로 흑9까지 백의 죽음이 확인되었다. 만약 흑5로―

2도(5수째 실격)

2도(빅)

본도 흑5쪽을 나가면 백8까지 빅이 되어 실격이다.

변8궁 — 양쪽이 빠져 있어

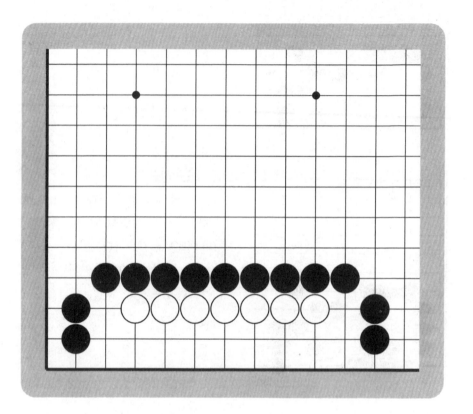

　3선에 돌이 7개나 되므로 이 백을 잡을 방법이 불가능해 보일지 모른다. 그러나 좌우의 흑이 2선까지 내려져 있다는 점에 착안해야 한다. 형태상으로는 변 10궁이라고 해도 좋지만, 사실상은 변8궁의 가장 나약한 모양이다.

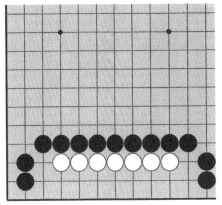

대표형 (흑선)

【대표형】

변8궁에서는 '궁도를 줄이고 치중한다'는 원리를 생각하면 된다.

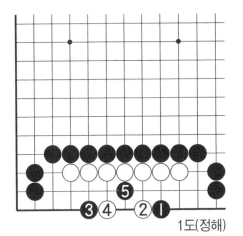

1도(정해)

1도(원리를 아이디어로)

흑1·3·5의 3수로 간단히 잡을 수 있는 것은 아이디어의 차이다. '궁도를 줄이고 치중한다'는 변8궁의 원리다.

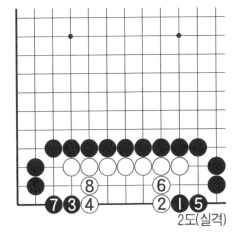

2도(실격)

2도(빗꼴 6궁)

본도의 결과는 변의 빗꼴 6궁으로 만들어 주고 있다. 따라서 백의 완생이다.

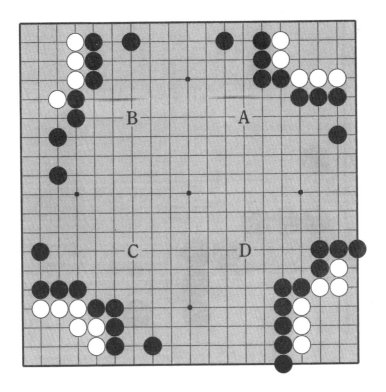

귀12궁이란 귀의 사활로는 가장 넓은 것으로, 이 보다 더 크면 어떻게 해도 잡을 수 없다. 귀12궁의 기본 형은 **그림 A**로 **그림 B, C, D**는 모두 **그림 A**의 파생 형이다.

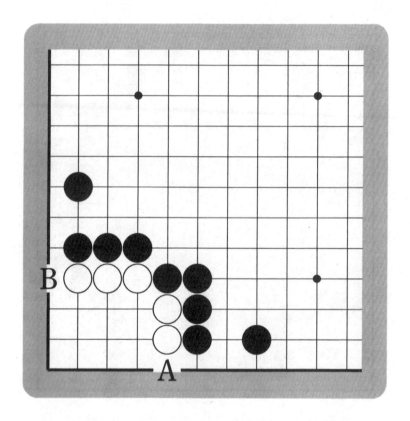

본형에서 A, B를 막으면 12집이 되기 때문에 귀
12궁이라는 이름을 붙인 것인데, 실제로는 귀9궁이
한 칸 넓어졌거나 귀8궁의 긴 쪽이 한 칸 넓어진 것
이다.

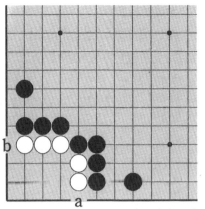

대표형 (흑선)

【대표형】

본형은 귀12궁이라고는 하지만 a, b가 열려 있어 결함이 많다. 그러한 결함 때문에 잡는 방법이 3가지나 된다.

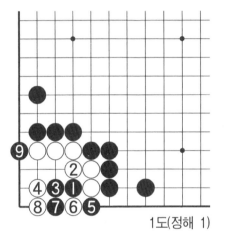

1도(정해 1)

1도(붙임)

흑1로 붙여 잡는 방법은 오로지 본형뿐이다. 흑9가 마지막 결정타가 되어 백은 더 이상 꼼짝할 수 없다.

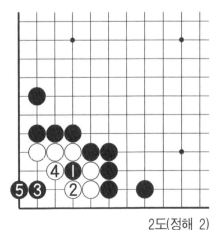

2도(정해 2)

2도(쌍점)

흑1·3의 수순으로도 잡을 수 있다. 특히 흑5의 쌍점은 이런 경우 상용의 맥이다.

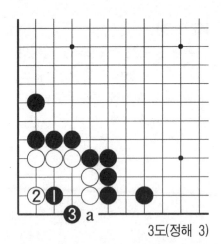

3도(정해 3)

3도(선치중)

흑1·3으로도 잡을 수 있다. 흑1로 선치중한 다음 흑3은 a도 가능하다. 또—

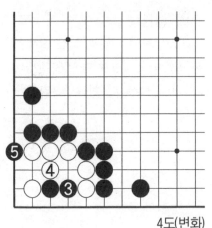

4도(변화)

4도(1선 젖힘)

본도 흑3도 가능하다. 백4에는 흑5의 1선 젖힘으로 그만이다. 이렇게 1선 젖힘이 결정타로 이어지는 경우가 종종 있음을 알아 두도록 한다.

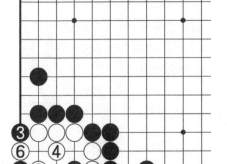

5도(실격)

5도(패)

본도의 수순은 이 모양에서는 실격이다. 그러나 반드시 알아 두어야 하는 수순이다. 난이도가 높아져 제47형—파생형 3과 제48형—대표형에서는 이 방법만이 통하기 때문이다.

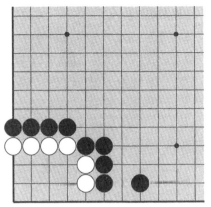

파생형 1 (흑선)

【파생형 1】

본형의 변화 속에는 '양환격'이라는 진귀한 모양이 숨어 있다. 그러나 결론은 패다.

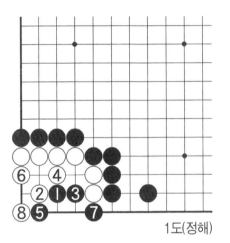

1도(정해)

1도의 수순이 쌍방 최선이다. 백8까지 결국 패가 난다. 백이 이 수순을 피하여 흑5때 2도 백6에 두면 흑9·11이라는 수순으로 잡히게 된다.

또 백4로 3도의 수순을 밟게 되면 흑9·11의 그 유명한 '양환격'으로 죽게 된다.

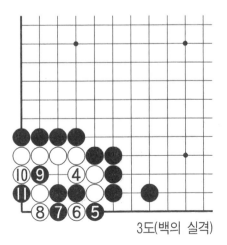

2도(백의 실격)

3도(백의 실격)

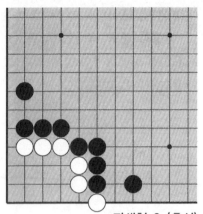

파생형 2 (흑선)

【파생형 2】

본형은 대표형에서 오른쪽이 젖혀져 있다. 따라서 대표형 1도나 3도는 성립하지 않는다.

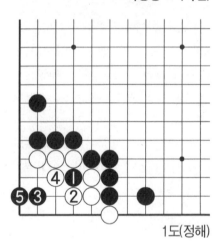

1도(정해)

1도(백 죽음)

이 모양에서는 본도의 수순뿐이다. 여기서도 흑1로 하나 끊어 둔 다음 쌍점의 미사일이 발사되어 백 진영을 강타한다.

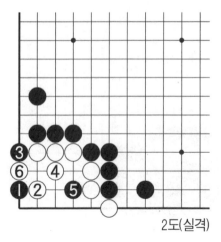

2도(실격)

2도(패)

흑1의 치중은 이 모양까지는 실격으로 처리된다. 백6까지 패가 나기 때문이다. 따라서 아직 사용할 때가 아니다.

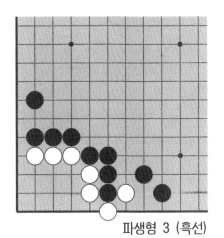

파생형 3 (흑선)

【파생형 3】

오른쪽 상황의 변화로 난이도가 높아졌다. 이제는 패가 아니고는 잡을 수 없는 것이다.

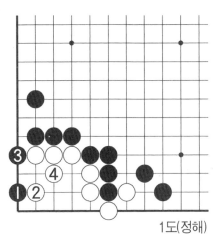

1도(정해)

1도(패)

조금 전까지 실격 처리됐던 이 수순이 이번에는 정해가 된다. 백도 이렇게 둘 수밖에 없는 이유는, 흑1때—

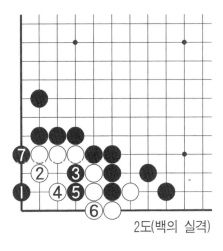

2도(백의 실격)

2도(백 죽음)

백2로 받는 것이 성립하지 않기 때문이다. 백2에는 흑3·5·7로 잡히게 된다. 만약 수순중 백4로—

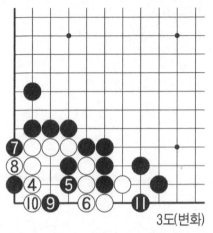

3도(변화)

3도(절묘한 수순)

본도 백4로 두어도 흑7·9·11
의 수순이 절묘해 잡히게 되는 것
이다. 백이 착각한 것은 백6때 흑
7·9의 수순을 보지 못했기 때문
이다. 백은—

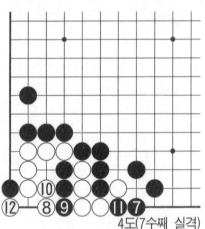

4도(7수째 실격)

4도(요망사항)

흑이 단순히 흑7에 두는 것으로
생각한 것이며, 그때 백8 이하로
산다고 믿은 것이다.

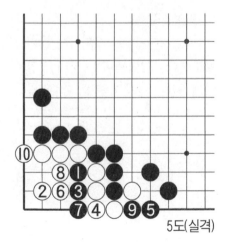

5도(실격)

5도(삶의 급소)

흑1로 끊는 것은 이 모양에서는
통하지 않는다. 백2로 삐딱하게 받
는 것이 삶의 급소다. 이후 백10
까지의 수순으로 살 수 있다.

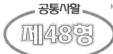
귀12궁 – 고난도 12궁

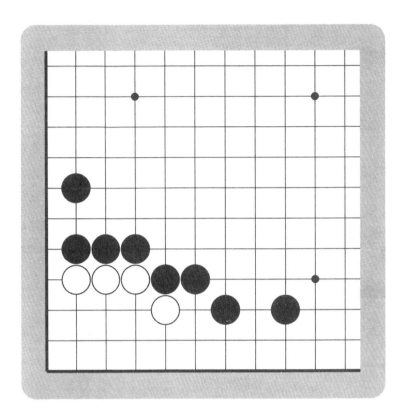

　귀12궁에서는 본형이 가장 난이도가 높다. 그러나 이와 유사한 모든 모양은 제47형–파생형 3의 1도를 먼저 생각하는 것이 바람직하다. 거의 이 수순으로 패가 되는 것이 보통이다.

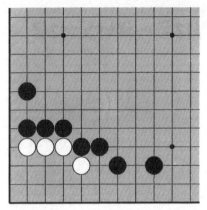

대표형 (흑선)

【대표형】

이런 모양을 대할 때 제47형−파생형 3의 1도를 떠올리면 사활은 어느 정도 안다고 하겠다.

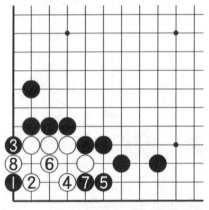

1도(정해)

1도의 수순으로 패를 만드는 것이 정답이다. 이 수순은 기억해 두지 않으면 안될 것이다. 2도의 수순은 결국 다시 1도로 환원되고 만다.

3도의 흑1은 이 경우 실격이다. 흑11때 백12가 좋은 수로 늘어진 패가 되기 때문이다.

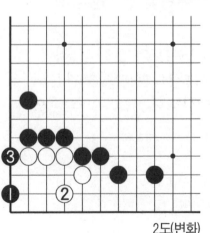

2도(변화)

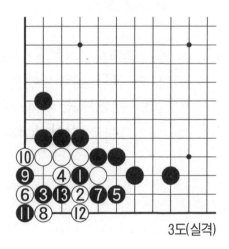

3도(실격)

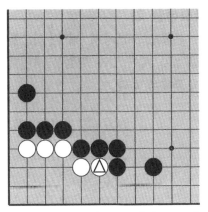

파생형 1 (사는 모양)

【파생형 1】

대표형에서 백△가 추가된 것이다. 결론을 말하면 이 백은 잡을 수 없다. 다만 끝내기 요령은 어떤 수순이 좋은가를 알면 된다.

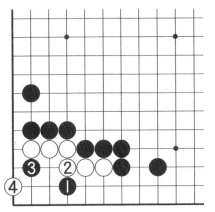

1도(끝내기 정해)

1도 흑1·3은 백을 최대한 조여 붙이는 수법이다. 이때 백은 4로 두어 삶을 모색해야 한다. 이어 2도의 수순으로 결말나는 것이 쌍방 최선이다.

만약 1도 백4로 3도 백4에 두는 것은 위험하다. 흑5 이하의 수순으로 패가 되는 것이다.

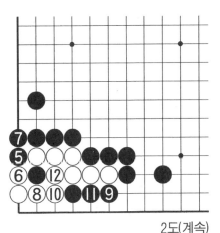

2도(계속)

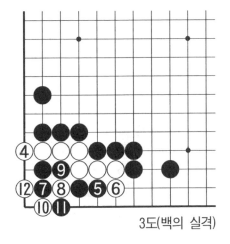

3도(백의 실격)

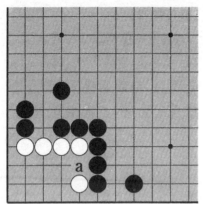

파생형 2 (흑선)

【파생형 2】

본형도 귀12궁에 해당한다. 흑은 a가 비어 있는 약점을 최대한 추궁해야 한다.

1도(매화6궁)

귀12궁에서 자주 쓰이는 치중은 역시 흑1이다. 백2에는 흑11까지의 수순으로 매화6궁이 된다. 수순중 백2로—

1도(정해)

2도(백 죽음)

본도 백2에 두면 흑3으로 간단히 잡을 수 있게 된다. 또—

2도(변화)

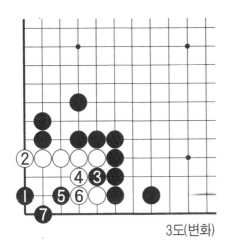

3도(변화)

3도(3대 급소)

흑1때 백2로 두면 흑3·5·7의 수순으로 잡을 수 있다. 흑1, 5, 7의 3곳은 귀9궁을 죽음의 궁도로 만드는 3대 급소이다.

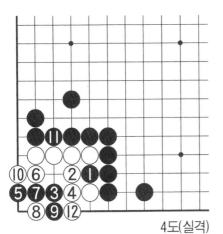

4도(실격)

4도의 수순은 바깥의 공배를 감안하지 않은 탓이다. 백12까지 이 백은 무사하다.

참고도는 귀12궁의 완전형으로 살아 있는 모양이다. 끝내기 수법으로 풀이 정도가 있을 뿐이다.

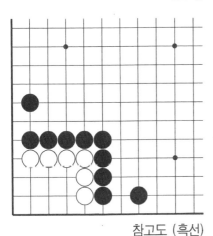

참고도 (흑선)

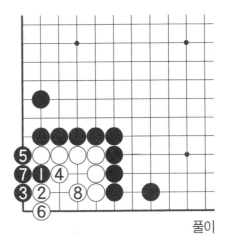

풀이

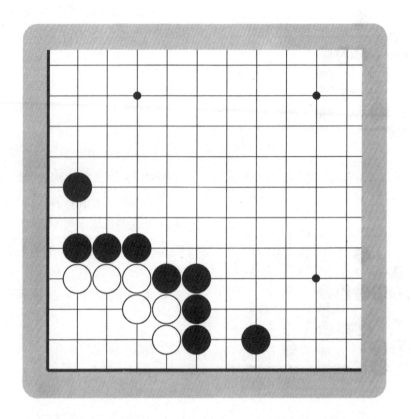

본형은 제47형에서 끊는 점이 보강된 모양으로 이 자체로는 잡을 수 없다. 그러나 외부의 사정에 따라 어떤 영향을 받는가 하는 것은 알고 있어야 한다.

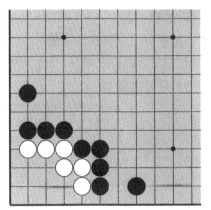

대표형(사는 모양)

【대표형】

본형은 제47형에서 한 수가 가일수된 모양으로 실전 정석 과정에서 나타난다. 그리고 이 자체로는 살아 있다.

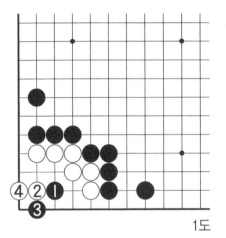

1도

1도(사는 모양)

흑1이 급소임에는 분명하지만 백2·4로 응수하여, 빅 정도는 만들 수 있지만 잡을 수는 없다.

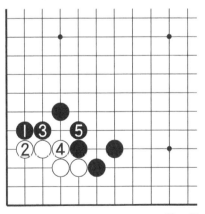

참고도

참고도(정석 관련)

대표형은 본도와 같은 정석 진행에서 나타나는 것이다.

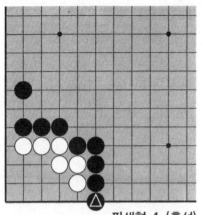

파생형 1 (흑선)

【파생형 1】

본형은 대표형에서 흑△가 추가된 모양이다. 이 때는 귀에 어떤 영향력이 있을까.

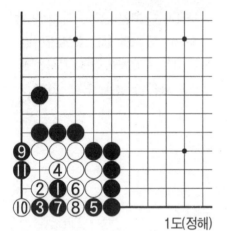

1도(정해)

1도(백 죽음)

이 백은 본도의 수순에 의해 패 없이 죽는다. 흑1의 치중은 급소이며, 이하 흑11까지 몰아붙여 그만이다.

2도(완생)

흑1은 수순이 틀린 것이다. 백2로 수비하면 더 이상 수가 없다. 백2의 곳이 급소였던 것이다.

2도(실격)

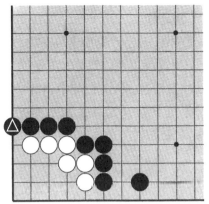

파생형 2 (흑선)

【파생형 2】

본형도 대표형에서 흑●가 추가 된 모양이다. 이 때는 귀에 어떤 영향력을 가질까.

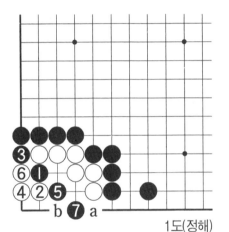

1도(정해)

1도(자충)

이 때는 흑1의 붙임이 급소다. 백2의 껴붙임이 끈질긴 저항이지 만, 흑3 이하 흑7까지 자충으로 잡 는다. 흑7로는 a나 b에 두어도 마 찬가지다. 또 수순중 백2로—

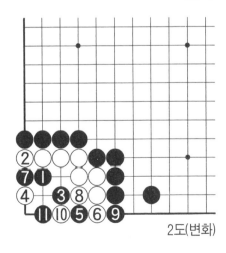

2도(변화)

2도(유가무가)

본도의 수순을 선택해도 흑11까 지 유가무가가 된다.

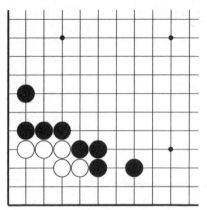

참고형 (흑선)

[참고형]

본형은 정석 과정에서 나타나는 기본형인데 결론을 말하면 잡을 수 있는 모양은 아니다. 빅이 최선이지만 급소를 잘 모르면 크게 살려 줄 수도 있다.

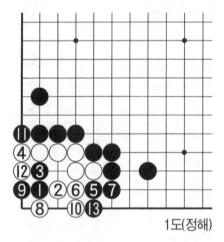

1도(정해)

1도(빅)

흑1·3의 수순이 빅을 만드는 최선의 수순이다. 다만 백이 주의할 점은 흑11때 백12를 간과하면 만년패가 된다는 것이다.

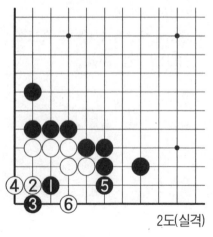

2도(실격)

2도(치중)

흑1의 치중은 이 경우 성립하지 않는다. 백6까지 흑에게는 더 이상의 수단이 없다.

귀12궁 ─ 가장 넓은 모양

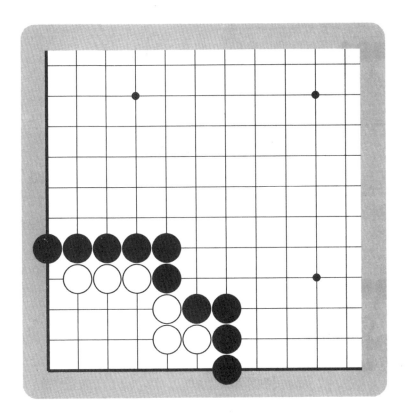

본형은 귀12궁 중 가장 넓은 모양이다. 그냥은 잡을 수 없는 것이지만, 양쪽 1선에 흑돌이 있다는 이유로 잡는 수가 성립한다. 여기서도 '양환격'이 등장한다.

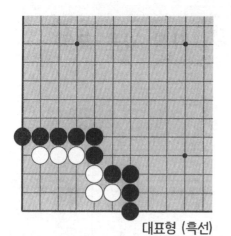

대표형 (흑선)

【대표형】

본형은 얼핏 보아도 자충으로 유도하지 않고서는 잡을 수 없는 모양이다.

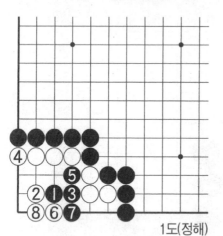

1도(정해)

1도 흑1의 치중은 절대다. 그리고 흑3·5·7은 공배를 메우는 작업이다. 백8 이후 흑은 2도의 수순으로 양환격을 만들 수 있다.

1도의 수순중 백4로 3도 백4에 두면 흑5 이하의 수순으로 자충을 이용하여 잡는다.

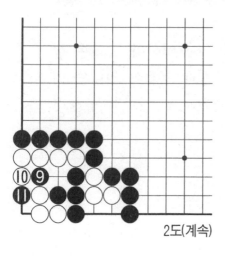

2도(계속)

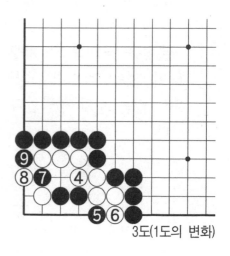

3도(1도의 변화)

Foreign Copyright:
Joonwon Lee
Address: 3F, 127, Yanghwa-ro, Mapo-gu, Seoul, Republic of Korea
            3rd Floor
Telephone: 82-2-3142-4151, 82-10-4624-6629
E-mail: jwlee@cyber.co.kr

바둑 新 사전 시리즈 ❹
공통사활 新 사전

2000. 10. 9. 초 판 1쇄 발행
2011. 6. 24. 초 판 4쇄 발행
2014. 10. 27. 장정개정 1판 1쇄 발행
2016. 2. 24. 장정개정 1판 2쇄 발행
2019. 4. 19. 장정개정 1판 3쇄 발행
2022. 2. 10. 장정개정 1판 4쇄 발행

저작권
본사
소유

지은이 | 양재호 九단
펴낸이 | 이종춘
펴낸곳 | BM ㈜도서출판 성안당

주소 | 04032 서울시 마포구 양화로 127 첨단빌딩 3층(출판기획 R&D 센터)
      | 10881 경기도 파주시 문발로 112 파주 출판 문화도시(제작 및 물류)

전화 | 02) 3142-0036
      | 031) 950-6300

팩스 | 031) 955-0510
등록 | 1973. 2. 1. 제406-2005-000046호
출판사 홈페이지 | www.cyber.co.kr
ISBN | 978-89-315-8800-2 (13690)
      | 978-89-315-7765-5 (세트)
정가 | 18,000원

이 책을 만든 사람들
책임 | 최옥현
진행 | 정지현
표지 | 상:想 company
홍보 | 김계향, 이보람, 유미나, 서세원
국제부 | 이선민, 조혜란, 권수경
마케팅 | 구본철, 차정욱, 나진호, 이동후, 강호묵
마케팅 지원 | 장상범, 박지연
제작 | 김유석

www.cyber.co.kr
성안당 Web 사이트

■ 도서 A/S 안내

성안당에서 발행하는 모든 도서는 저자와 출판사, 그리고 독자가 함께 만들어 나갑니다.
좋은 책을 펴내기 위해 많은 노력을 기울이고 있습니다. 혹시라도 내용상의 오류나 오탈자 등이
발견되면 **"좋은 책은 나라의 보배"**로서 우리 모두가 함께 만들어 간다는 마음으로 연락주시기
바랍니다. 수정 보완하여 더 나은 책이 되도록 최선을 다하겠습니다.
성안당은 늘 독자 여러분들의 소중한 의견을 기다리고 있습니다. 좋은 의견을 보내주시는 분께는
성안당 쇼핑몰의 포인트(3,000포인트)를 적립해 드립니다.

잘못 만들어진 책이나 부록 등이 파손된 경우에는 교환해 드립니다.